مِمَّا قَرَأتُ وَرَأيْتُ وَسَمِعْتُ

قَطَرُ الَّتِي عِشْناها

تَارِيخُهَا وشَعبُهَا وحُكَّامُهَا

دار جامعة حمد بن خليفة للنشر
صندوق بريد 5825
الدوحة، دولة قطر

www.hbkupress.com

جميع الحقوق محفوظة للمؤلف.

لا يجوز استخدام أو إعادة طباعة أي جزء من هذا الكتاب بأي طريقة دون الحصول على الموافقة الخطية من الناشر باستثناء حالة الاقتباسات المختصرة التي تتجسد في الدراسات النقدية أو المراجعات.

الطبعة العربية الأولى عام 2022
توزيع دار جامعة حمد بن خليفة للنشر

رقم الإيداع القطري: 2021/803

الترقيم الدولي: 9789927155765

تمت الطباعة في الدوحة-قطر.

مِمَّا قَرَأْتُ وَرَأَيْتُ وَسَمِعْتُ

قَطَرُ الَّتِي عِشْنَاهَا

تَارِيخُهَا وشَعبُهَا وحُكَامُهَا

فَيصَل بْنُ قَاسِم آل ثَانِي

دار جامعة حمد بن خليفة للنشر
HAMAD BIN KHALIFA UNIVERSITY PRESS

إهداء

إلى روح الوالد الذي سقانا محبَّة هذا الوطن.

إلى الوالدة، جنَّة الخالق على الأرض، حفظها الله.

إلى أسرتي، وأولادي، سَنَدي وإرثي الأغلى في الحياة.

إلى أهل قَطر، أهل الوحدة والعزَّة والولاء والمحبَّة والسلام.

وإلى كلِّ من عَاش بيننا وسَاهم في نهضَة بلادنا بتفانٍ وإخلاص.

وكل مهتم بالتَّجارب المُلهمة لنموٍّ وازدهار الشّعوب والأوطان حول العالم.

مقدمة

حرصتُ في هذا الكتاب على سرد مسيرة قطر التي عشناها، لا لليوم بل للتاريخ، بمصادر موثوقة، ومعلومات دقيقة، وأسلوب بسيط مختصر عن نشأة قطر، وحكامها، وشعبها الأصيل، مع مرور سريع على قصص سمِعتُها، ومواقف رأيتُها، وتجارب عشتُها، في مجالس أهل قطر وحكّامها منذ ميلادي نهاية أربعينيّات القرن الماضي.

لقد عاصرتُ ستة من أصل ثمانية من حكّام هذه الأرض الطيّبة، والشّيخ قاسم بن محمد آل ثاني مؤسّس دولة قطر هو جدّ جدّي. ودأبتُ على توثيق كل كلمة وصورة وحدث، بأسلوب موضوعيّ، متّزن، دون إفراط أو تفريط، بعد أن عشتُ أزمنة وعصورًا مختلفة لأكثر من سبعة عقود، وقرأتُ مذكراتٍ لشخصيَّات خالدة في السّياسة والأدب والتاريخ وغيرها، فضلًا عن أسفار عديدة مع الوالد في سنّ الصّبا والشّباب حين كان أميرًا لمنطقة دخان غرب الدوحة، حيث شهدَت بلادنا ميلاد أولى آبار الذهب الأسود ودخولنا عصر النفط.

وحاولتُ قدر الاستطاعة الإضافة إلى مكتبة الحياة عن قطر وأهلها دون مغالاة أو محاباة، بعد بحث وتدوين وتوثيق لتحديات ونجاحات مسيرتها بين سنوات الشدة والرفاه، في كتابٍ اجتهدتُ أن يكون دقيقَ المعلومة، موثوقَ المصدر، سهلَ التفاصيل، واضحَ المعنى. ولا أزعم أنني أمتلكُ الحقيقة المطلقة، فإن خانتني الذاكرة في شيء، أو قصرتُ أو أخطأتُ، فاعذروني، وتأكدوا أنه عن غير قصد.

وأرجـو أن يبقـى هـذا الكتـاب دليـلًا يُنيـرُ الطريـقَ للأجيـالِ القادمـة، ولـكل زائـر أو وافـد جديـد إلـى أرض قطـر، للتعـرفِ علـى بلادنـا منـذ بـزوغ فجرهـا فـي زمـن الأجداد الأوّليـن إلـى الآن، ولمعرفـةِ جـذور المحبـة والثقـة بيـن شـعبها وحكامهـا، وسـرّ علاقاتهـا القويـة مـع العالـم، وسـيطًا للسـلام وشـريكًا للتنميـة ونموذجًـا لبنـاء وإغاثـة الإنسـان.

وبيـن دفتيـه، يحمـل الكتـاب تأريخًـا لأهـم وأبـرز الأحـداث الفارقـة التـي مـرَّت علـى أرضنـا، ورسـمت ملامحنـا، وشـكلت شـخصيتنا، وصقلـت هويتنـا، بيـن انتقالنـا مـن حيـاة الصحـراء والغـوص علـى اللؤلـؤ قديمًـا، مـرورًا بعصـر النفـط والغـاز، وصـولًا إلـى تنويـع الاقتصـاد والانطـلاق نحـو اقتصـاد قائـم علـى المعرفـة، لتبقَـى هـذه السـطور شـهادةً ووثيقـةً للتاريـخ، ورسـالةً للأجيـال المقبلـة، أنَّ رفعـة الأمـم والشـعوب لا علاقـة لهـا بكثـرةِ العَـدَدِ أو سـعة الرُّقعـة الجغرافيـة، طالمـا توفَّـرت وحـدة الشـعب، ورؤيـةُ القيـادة، والحكـمُ الرشـيد.

فيصل بن قاسم آل ثاني
١٨ - ١٢ - ٢٠٢١

بسم الله الرحمن الرحيم

المقدمه

حرصت في هذا الكتاب على سرد مسيرة قطر التي عشتها ، لا لليوم بل للتاريخ ، بمصادر موثوقة ، ومعلومات دقيقه ، وأسلوب بسيط مختصر عن نشأة قطر ، وحكامها ، وشعبها الأصيل ، مع مرور سريع على قصص سمعتها ، ومواقف رأيتها وتجارب عشتها ، في مجالس أهل قطر وحكامها منذ ميلادي نهاية أربعينات القرن الماضي . لقد عاصرت ستة من أصل ثمانية من حكام هذه الأرض الطيبة ودأبت على توثيق كل كلمة وصورة وحدث بأسلوب موضوعي متزن ، دون افراط أو تفريط بعد أن عشت أزمنة وعصور مختلفة لأكثر من سبعة عقود ، وقرأت مذكرات لشخصيات خالده في السياسه والادب والتاريخ وغيرها فضلاً عن أسفار عديده مع الوالد في سن الصبا والشباب حين كان أميراً لمنطقة دخان غرب الدوحه حيث شهدت بلادنا ميلاد أولى آبار الذهب الاسود ودخولها عصر النفط وحاولت قدر الاستطاعه الإضافة إلى مكتبة الحياة عن قطر وأهلها دون مغالاة او محاباة بعد بحث وتدوين وتوثيق لتحديات ونجاحات مسيرتها بين سنوات الشدة والرخاء في كتاب احترمت ان يكون دقيق المعلومه وموثوق المصدر ، سهل التفاصيل ، واضح المعنى

ولا ازعم انني امتلك الحقيقه المطلقه فإن خانتني الذاكرة في شيء ، او قصرت او اخطأت اعذروني وتأكدوا انه من غير قصد .

وأرجو أن يبقى هذا الكتاب دليلاً ينير الطريق للأجيال القادمة ولكل زائر أو وافد جديد إلى أرض قطر، للتعرف على بلادنا منذ بزوغ فجرها في زمن الأجداد الأولين إلى الآن ومعرفة جذور المحبة والثقة بين شعبها وحكامها، وسر علاقتها القوية مع العالم، وسيطاً للسلام وشريكاً للتنمية ونموذجاً لبناء وإنماء الإنسان.

وبين دفتيه، يحمل الكتاب تاريخاً لأهم وأبرز الأحداث الفارقة التي مرت على أرضنا، ورسمت ملامحنا، وشكلت شخصيتنا، وصقلت هويتنا، بين انتقالنا من حياة الصحراء والغوص على اللؤلؤ

مروراً بعصر النفط والغاز وصولاً إلى تنويع الاقتصاد والانطلاق نحو اقتصاد قائم على المعرفة، لتبقى هذه السطور شهادة ووثيقة للتاريخ ورسالة للأجيال المقبلة. إن رفعة الأمم والشعوب لا علاقة لها بكثرة العدد أو سعة الرقعة الجغرافية طالما توفرت وحدة الشعب ورؤية القيادة والحكم الرشيد.

فيصل بن قاسم بن فيصل آل ثاني

2021-12-18

الشّيخ فيصل بن قاسم آل ثاني

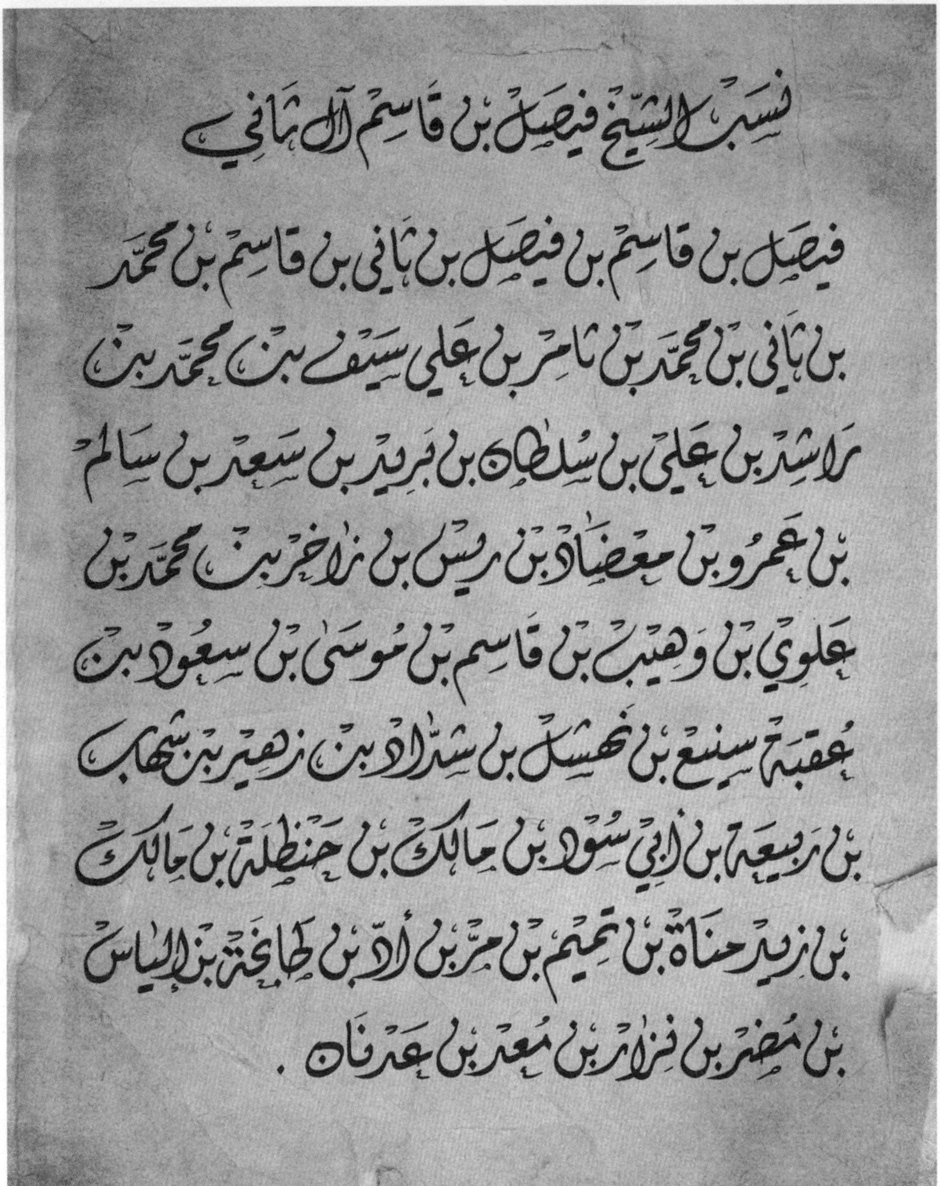

نسب الشيخ فيصل بن قاسم آل ثاني

فيصل بن قاسم بن فيصل بن ثاني بن قاسم بن محمد
بن ثاني بن محمد بن ثامر بن علي سيف بن محمد بن
راشد بن علي بن سلطان بن بريد بن سعد بن سالم
بن عمرو بن معضاد بن ريس بن زاخر بن محمد بن
علوي بن وهيب بن قاسم بن موسى بن سعود بن
عقبة بن سنبع بن نهشل بن شداد بن زهير بن شهاب
بن ربيعة بن أبي سود بن مالك بن حنظلة بن مالك
بن زيد مناة بن تميم بن مر بن أد بن طابخة بن إلياس
بن مضر بن نزار بن معد بن عدنان .

نسبُ العائلة إلى الشّيخ المؤسس والأجداد الأوّلين
فيصل بن قاسم بن فيصل بن ثاني بن قاسم بن محمد بن ثاني

مع صاحب السّمو الأمير الوالد
الشّيخ حمد بن خليفة آل ثاني
مؤسّس دولة قطر الحديثة

مع حضرة صاحب السّمو
الشّيخ تميم بن حمد آل ثاني
أمير دولة قطر
حامي السّيادة وصانع النّهضة

الفَصل الأوّل

قطر
النّشأة والتاريخ

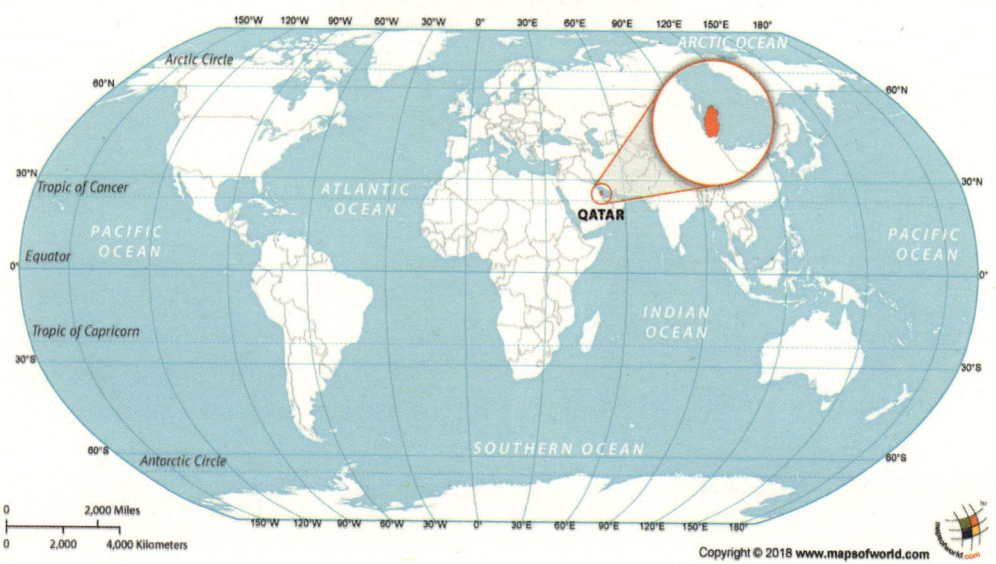

موقع قطر على خريطة العالم

Al Ruwais
الرويس
rain
Ad-Dahirah
الظاهرة
Al Khor
الخور
Al-Jumayliyah
الجميلية
Dukhan
دخان
Ash-Shahaniyah
الشحانية
Lusail
لوسيل
Qatar
Doha
الدوحة
39
Umm Bab
أم باب
5
Al Wakrah
الوكرة
Abū Nakhlah
أبو نخله
Al-Kiranah
الكرعانة
Mesaieed
مسيعيد
خشم الز
Ash Shaqra'
Salwa
سلوى
5
Al Sikak
السكك
Ras Abu Gamys
رأس أبو قميص
Sawda Natheel
Saudi Arabia
السعودية
7075
7085
5
7085

مدن قطر

البداية

"مرّت قطر بالعديد من التّحديات الصّعبة وسنوات الشّدة، التي لا تخطر على بال بشر، قبل أن تتصدّر قائمة الأغنى، والأعلى دخلًا للفرد سنويًّا، وأكبر مُصدِّر للغاز الطبيعي المُسال في العالم مطلع القرن الحادي والعشرين، ولتلك التّحديات والإنجازات مسيرة مُلهمة"

البداية

بدأت مسيرة قطر، شبه الجزيرة العائمة على الشاطئ الشرقي من شبه الجزيرة العربية، جنوب غرب آسيا، منذ آلاف السنين.

واشتهرت بلادنا بإهداء الأناقة الإنسانيّة أجمل أنواع اللؤلؤ قديمًا، وإمداد الملايين من شعوب الأرض بأنقَى مصادر الطاقة في العصر الحديث، فيما ذكرها العالِم الإغريقي الشهير بطليموس - الذي عاش في القرن الثاني بعد الميلاد - في خريطته القديمة لبلاد العرب باسم (كتارا /Catara)[1].

ومرّت قطر بالعديد من التحديات الصّعبة وسنوات الشدّة، التي لا تخطر على بال بشر، قبل أن تتصدّر قائمة الأغنى، والأعلى دخلًا للفرد سنويًّا[2]، وأكبر مُصدِّر للغاز الطبيعي المُسال مطلع القرن الحادي والعشرين[3]. كما استطاعت تجاوز الكثير من إكراهات الطبيعة والجغرافيا، برقعتها الصغيرة على الكرة الأرضية بمساحة ١١٫٥ ألف كم٢ فقط، وتعداد سكان يبلغ ٢٫٦ مليون نسمة أغلبهم من الوافدين،[4]

---

(١) د. بي. جيه. سلوت، أرشيف شركة الهند الشرقية الهولندية، صور قطر (١٧٧٢-١٣٠٠م) في التراث الخرائطي القديم، متاح على: https://cutt.us/ned9H

(٢) صحيفة يو إس توداي، هذه هي أغنى ٢٥ دولة في العالم، تاريخ النشر ٧ يوليو ٢٠١٩، متاح على: https://www.usatoday.com/story/money/2019/07/07/39630693/richest-countries-in-the-world

(٣) إن إس انيرجي بيزنس: قطر تتصدر صادرات الغاز الطبيعي المسال العالمية، تاريخ النشر ٢٣ أغسطس ٢٠١٩، متاح على: https://www.nsenergybusiness.com/features/qatar-global-lng-exports-top-5/

(٤) جهاز التخطيط والإحصاء، دولة قطر، التعداد السكاني، أكتوبر ٢٠٢١.

قطر في خريطة بطليموس للجزيرة العربية، وفي الإطار تبرز إشارته إليها باسم كتارا Catara، خريطة معدلة بواسطة جراند ميراكتور، أعيدت طباعتها أكثر من مرة خلال القرنين ١٧ و١٨ الميلاديين.

لتمتلك الخطوط الجوية القطريّة البارزة على قائمة الأفضل في العالم[1]، وشبكة الجزيرة الإخبارية ذائعة الصيت، فضلًا عن صدارتها للدول الأكثر أمانًا[2]، ووساطتها الموثوقة للسلام بين الولايات المتحدة الأمريكية وطالبان أفغانستان[3]، ومن قبلها تتويجها بتنظيم كأس العالم لكرة القدم ٢٠٢٢ لأول مرة في المنطقة العربيّة والشّرق أوسطيّة.

ومن أصل ثمانية حكام لدولة قطر، عاصرتُ ستةً منهم، وكان والدي الشيخ قاسم، أميرًا لمنطقة "دخان" - غرب الدوحة- وهو منصب إداري مثل محافظ أو عمدة مدينة، حيث دخلت قطر عصر النفط من بوابة تلك المنطقة باكتشاف أول بئر للذهب الأسود بها، ثم تصدير أول شحنة بترول تجارية عام ١٩٤٩م[4]، أي بعد ميلادي بعام واحد فقط.

ورأيتُ أحداثًا فارقة، وتطورات ملهمة في مسيرة قطر وشعبها وقادتها، بحكم منصب الوالد، وأيضًا بحكم انتمائي للأسرة الحاكمة، فوالدي الشيخ قاسم هو حفيد ثالث حكام قطر الشيخ عبد الله بن قاسم آل ثانيَ (١٩١٣-١٩٤٩)، فهو جده لأمه. ومعه عاصرتُ نموّ بلادنا عبر الزمن في عهد حكام قطر الشيخ علي بن عبد الله، والشيخ أحمد بن علي، والشيخ خليفة بن حمد، ثم عشت الطفرة الكبرى والنقلة النوعية في عهد سمو الأمير الوالد الشيخ حمد بن خليفة آل ثاني، مؤسس دولة قطر الحديثة، وصولًا إلى عهد سمو الشيخ تميم بن حمد

(١) سي إن إن، الخطوط القطرية أفضل شركة طيران في العالم للمرة الخامسة عام ٢٠١٩، النشر ١٨ يونيو ٢٠١٩، متاح على:https://cutt.us/VNzw4
(٢) مؤشر نامبيو للجريمة، قطر أكثر دول العالم أمانًا ٢٠٢٠، متاح على: https://www.numbeo.com/crime/rankings_bycountry.jsp
(٣) نيويورك تايمز، اتفاق طالبان والولايات المتحدة لسحب القوات الأمريكية من أفغانستان، النشر ٢٩ فبراير ٢٠٢٠، متاح على: world/asia/us-taliban-deal.html/29/02/https://www.nytimes.com/2020
(٤) أرشيف شركة قطر للبترول، متاح على: https://qp.com.qa/en/AboutQP/Pages/QPHistory.aspx

آل ثاني، حامي السيادة الذي تجاوز بهدوء وحكمة تحديات قاسية كادت تعصف باستقلالية قرارنا، ومنجزات شعبنا، إلا أنها لم تزد قطر إلا همّة وعِزّة واستقلالية ووَحدة.

وشاء القدر أن أكون شاهدًا على تاريخ ممتد لأهل قطر الكرام، بين ما سمعته في مجالس الحكام - التي كنت أذهب إليها برفقة الوالد- ومجالس عيالهم وعيال عيالهم، وسوالف وروايات شيبان قطر الحكماء عن الماضي وتحدياته، وبين ما رأيته وعشته وقرأته عن بشائر انتقالنا من حياة الصحراء والصيد وتجارة اللؤلؤ إلى حقبة النفط والغاز وطموحات تنويع الاقتصاد، والاقتصاد القائم على المعرفة وعصر الرقمنة والذكاء الاصطناعي.

"قطر" التي فاجأت الشرق والغرب بطموحها ونجاحها، تعني "أول الغيث" أي "أول المطر" حيث اشتهرت بكثرة الأمطار قديمًا، فيما يشهد كثيرٌ من الحفريات والآثار المُكتشفة بها أن حضارات عريقة مرت من هنا، مثل حضارات بلاد الرافدين والهند والسند. كما تشير بعض الدلائل إلى أنها كانت مأهولة بالسكان منذ الألف الرابع قبل الميلاد، فيما أشار المؤرخ اليوناني المعروف "هيرودوتس" إلى أن أول من سَكن قطر هم القبائل الكنعانية التي اشتهرت بفنون الملاحة والتجارة البحرية.[1]

(١) وزارة الخارجية القطرية، قطر، نبذة تاريخية، متاح على: https://cutt.us/vuGKa

أول بئر للنفط في قطر، دخان ١، قامت بحفرها شركة قطر للبترول في أكتوبر ١٩٣٨، وبلغ إنتاجها ٥٠٠٠ برميل يوميًّا في ٨ يناير ١٩٤٠، ولكنها تعطلت لسنوات بسبب تطورات الحرب العالميَّة الثانية (أرشيف قطر للبترول)

وامتلك أهل قطر قديمًا أساطيل مبهرة من السفن الشراعية المصنوعة يدويًّا، استطاعوا بها تطويع الطبيعة وترويضها، فبقدر خيرات البَرّ حينذاك، كان البحر كريمًا سخيًّا بوفرة الأسماك واللؤلؤ النفيس، الذي تهفو له قلوب الأوروبيين العاشقين لعجائب الشرق.

ورغم صمت الصحراء المنهكة بأشعة الشمس الحارقة برًّا، كانت الحياة صاخبة على شواطئ قطر، تنتعش برائحة البحر وتجدد شبابها بخيراته كل موسم صيد. وكانت مياه سواحلنا الزرقاء الرقراقة الممزوجة باللون الفيروزي الصافي الشفاف، تعج بأساطيل السفن الخشبية الشراعية، استعدادًا لخوض غمار البحار والمحيطات، لجلب وتبادل مختلف أنواع السلع والبضائع. وتعتمد في ذلك على مواسم الرياح ذهابًا وإيابًا، فلا فحم ولا نفط ولا غاز في تلك الأيَّام، فتأخذهم الرياح شرقًا إلى الهند تارة، وإلى زنجبار على الساحل الشرقي للقارة الإفريقية تارة أخرى، فيما يحرصون على الإبحار بمحاذاة الشواطئ تجنبًا للمخاطر.

وشكّل البحر شريان حياة لأهل قطر، يقضون به نصف العام تقريبًا في صيد الأسماك واستخراج اللؤلؤ والنصف الآخر في بيعه، فكانت الشواطئ أسواقَهم، والسفن بيوتَهم، والأسماك واللؤلؤ الجميل مصدر رزقهم وثرائهم، وكانت أجود أنواع اللؤلؤ تُستخرج من شواطئ قطر بشهادة كثير من التجار والمؤرخين، ويقول المؤرخ والرحالة البرتغالي بيدرو تييكزيرا الذي قام برحلة حول العالم ونشرها عام ١٦١٠م، وتُرجمت للغة الفرنسية «إن أفضل مكان في الخليج لصيد أجمل لؤلؤ يوجد في قطر»[١].

(١) كزافيي بجين بيلكوك، قطر والفرنسيون: خمسة قرون من حكايات الرحلات والنصوص المعرفية، ترجمة أ.د. يونس لوليدي، باريس ٢٠٠٨، ص ١٩

وما زلنا نعتز بإرث حبات الذهب الأبيض، التي ترصّع تاريخنا القديم حتى اليوم، ونحتفظ بأسماء الطواشة (تجار اللؤلؤ)، والنوخذة (أصحاب السفن)، وأيضًا أسماء السفن والقوارب، وأماكن العثور على اللؤلؤ (الهيرات) في مياه الخليج.

وقبل الإسلام كانت قطر موطنًا لبعض القبائل العربية، وتغنَّى العرب الأوائل في أشعارهم بنجائب الإبل القطرية، وأشادوا ببرودها ونسجها، وبمهارة أهلها في صناعة الرماح وتقويمها. كما اشتهرت بتربية الجمال والخيول قبل ازدهار الغوص على اللؤلؤ وتجارته. ونحافظ على هذا الإرث وإحيائه في سباقات دورية للهجن ومهرجانات من طراز رفيع للفروسية والخيول العربية الأصيلة في قطر وخارجها ودخلت قطر وعموم منطقة شبه الجزيرة العربية الإسلام في عهد الرسول محمد صلى الله عليه وسلم، واستمرت تحت حكم الخلفاء الراشدين ثم العصرين الأموي والعباسي إلى أن وقعت تحت حكم القرامطة.

ومرت السنون، وبهدف السيطرة على طرق التجارة، وصل البرتغاليون إلى شواطئ الخليج العربي عام ١٥١٧م، وهاجموا القرى الساحلية في قطر وأحدثوا دمارًا كبيرًا بها. ومنذ القدم تميزت قطر بموقعها الجغرافي الفريد في قلب مياه الخليج، فكانت سواحلها مركزًا حيويًّا للتبادل التجاري ومعبرًا للقوافل التجارية بين الشرق والغرب، مثلما كانت ميدانًا لصراعات وحروب بين أطراف متعددة.

وقبل نشأة العاصمة الدوحة [١] من قلب بلدة «البِدع»، كانت «الزُّبارة» هي المدينة الأهم في قطر، بفضل موقعها المميز على الساحل الشمالي الغربي، ما جعلها أهم مراكز التجارة في الخليج في القرنين الـ ١٨ و١٩ الميلاديين.[٢]

واشتهرت الزبارة بأنها من أكبر المراكز الإقليمية لتجارة اللؤلؤ وتصديره إلى مناطق مختلفة من العالم - خاصة الهند وأوروبا - وأيضًا تجارة "الترانزيت" بتصدير جميع البضائع إلى وسط الجزيرة العربية، وأمَّها واستوطنها الكثيرُ من تجار البصرة والخليج. ويُقال إنه كان بها قنصل فرنسي وآخر روسي في زمن ازدهار تجارة اللؤلؤ.

وبالعودة إلى الغزاة البرتغاليين وبهدف طردهم من مواقعهم، تحالف أهل الخليج ومنهم أهل قطر مع الأسطول العثماني عام ١٥٣٧، وعلى أثر ذلك دخلت قطر في دائرة النفوذ العثماني كبقية بلدان المنطقة، ثم شهدت قيام كيانات قبلية، كان لها تأثير مباشر، كبني خالد الذين حكموا منطقة تمتد من قطر إلى الكويت.

وفي ستينيَّات القرن التاسع عشر، عانت البلاد من تجاذبات وصراعات القبائل المختلفة والقوى الطامعة، حتى استتب الأمر لأسرة آل ثاني، بزعامة الشيخ محمد بن ثاني، بعد أن تمكن من توحيد القبائل القطرية، وإقامة كيان مستقل تمخض عن تأسيس قطر على يد ابنه الشيخ قاسم سنة ١٨٧٨م، والذي جرت العادة على نطق اسمه بحرف الجيم (جاسم) فيما يُكتب في وثائق التاريخ بالقاف (قاسم).

---

(١) الدوحة تعني ما انداح واستدار من الماء بدخوله اليابسة فيُسمى الخليج الضحل المستدير «دوحة» والخليج العميق داخل البر «خور» ولذا كانت الدوحة مرسى لسفن الصيد والغوص بعيدًا عن خطر التيارات المائية، فيما كانت «البدع» مركزًا رئيسيًا، و"الجسرة" للأسواق والمحال التجارية .

(٢) المكتبة البريطانية، مكتبة قطر الرقمية، «ملف ١٣/٤ الزبارة ٣»: أوراق خاصة وسجلات من مكتب الهند، متاح على: https://www.qdl.qa/archive/81055/vdc_100000000193.0x0003ab

وتسارعت الأحداث، وخاض أهل قطر وحكامها الأولون معارك عديدة، لتأسيس الدولة والحفاظ على استقلاليتها. وتغلبوا على العديد من معوقات البناء والاستقرار؛ كالنزاعات القبلية، والحروب الإقليمية، فيما حافظت قيادات قطر على علاقات طيّبة بمختلف القوى النافذة في المنطقة ـ آنذاك ـ ممثلة في الدولة العثمانية والإنجليز، مع الاحتفاظ باستقلال القرار والرؤية.

وتحددت العلاقات القطرية البريطانية في أول معاهدة بين الطرفين عام ١٨٦٨، ووقّعها الشيخ محمد بن ثاني مع المقيم البريطاني في الخليج العقيد "لويس بيلي"، ثم في معاهدة ١٩١٦ التي وقّعها الشيخ عبد الله بن قاسم آل ثاني مع الحكومة البريطانية، والتي انتهت بخروج بريطانيا من الخليج بعد قرارها، سحبَ قواتها من المناطق الواقعة شرق السويس عام ١٩٦٨، وصولًا إلى إعلان استقلال قطر يوم ٣ سبتمبر ١٩٧١ في عهد الشيخ أحمد بن علي آل ثاني.

وكبرت بلدنا سريعًا، وتطوّرت سفنها الشراعية ـ التي كانت تهب العالم أجمل أنواع اللؤلؤ ـ إلى أساطيل ضخمة من أحدث الناقلات البحرية لنقل الغاز الطبيعي المُسال، وتأمين الطاقة للعديد من الشعوب في كافة أصقاع الأرض، لتصبح أكبر مصدر للغاز الطبيعي المُسال في العالم مطلع القرن الحادي والعشرين، ولذلك قصة ملهمة.

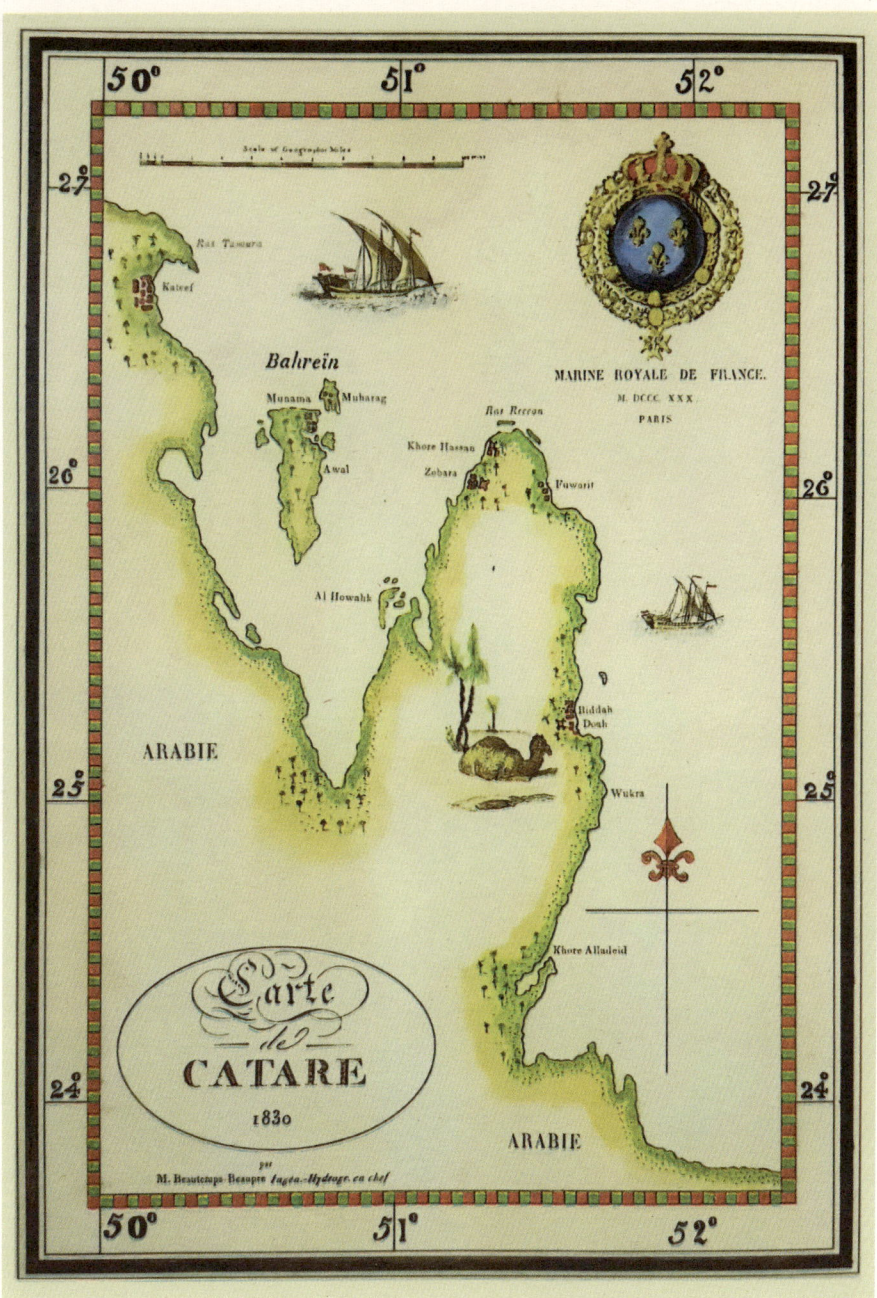

خريطة قطر - رسم بوطو بوبري - ١٨٣٠

خريطة قطر تعود لعام ١٨٣٠م، تظهر فيها مدينتا الزبارة، والدوحة (البدع)، والسفن الشراعية وسيلة النقل والتجارة الأساسية في تلك الحقبة من الزمن

الشيخ عبد الله بن قاسم آل ثاني - رحمه الله - حاكم قطر السابق (١٩١٣-١٩٤٩)، في منزله بمنطقة دخان، مع هارولد ديكسون المعتمد السياسي في الكويت، ثلاثينيَّات القرن الماضي.

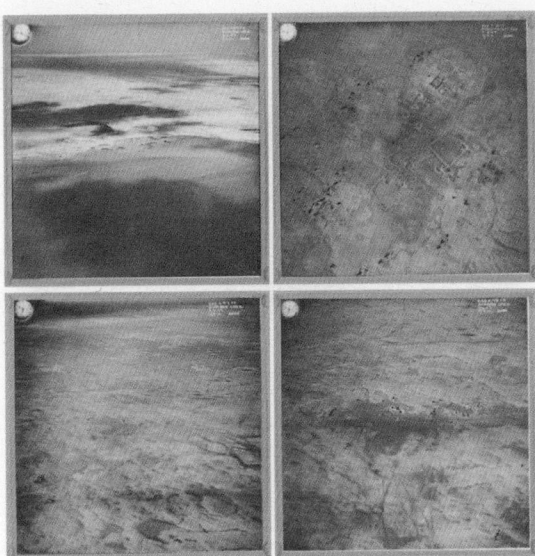

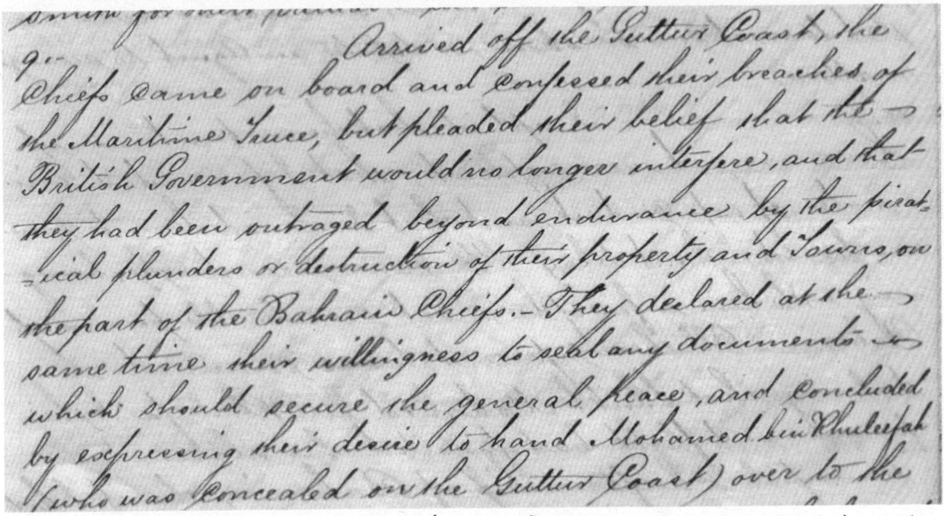

أربع صور جوية لمدينة الزُبارة في شبه جزيرة قطر، التقطها سلاح الجو الملكي. IOR/R/15/1/370 ، ص. ١٦٠

خريطة مبدئية قطر - IOR/R/15/1/370، ص. ١٦٤

Arrived off the Guttur Coast, the
Chiefs came on board and confessed their breaches of
the Maritime Truce, but pleaded their belief that the
British Government would no longer interfere, and that
they had been outraged beyond endurance by the pirat-
-ical plunders or destruction of their property and Towns, on
the part of the Bahrain Chiefs. – They declared at the
same time their willingness to seal any documents
which should secure the general peace, and concluded
by expressing their desire to hand Mohamed bin Khuleefah
(who was concealed on the Guttur Coast) over to the

بيان يسجل اعتقاد محمد بن ثاني - وحكام آخرين - بأن الحكومة البريطانية لن تتدخل في أعمالهم الأخيرة. Mss Eur F١٢٦/٤٠ ص. ٣١

وثائق تظهر صورًا جوية لمدينة الزبارة التي ذُكرت لأول مرة في سجلات مكتب الهند عام ١٧٨٢م، وخريطة مبدئية لشبه جزيرة قطر، وبيان الشيخ محمد بن ثاني عن العلاقة مع الإمبراطورية البريطانية، في ملف يعود تاريخه إلى عام ١٩٣٧م [1]

(١) نبذة عن قطر، المكتبة البريطانية، مكتبة قطر الرقمية، مرجع سابق

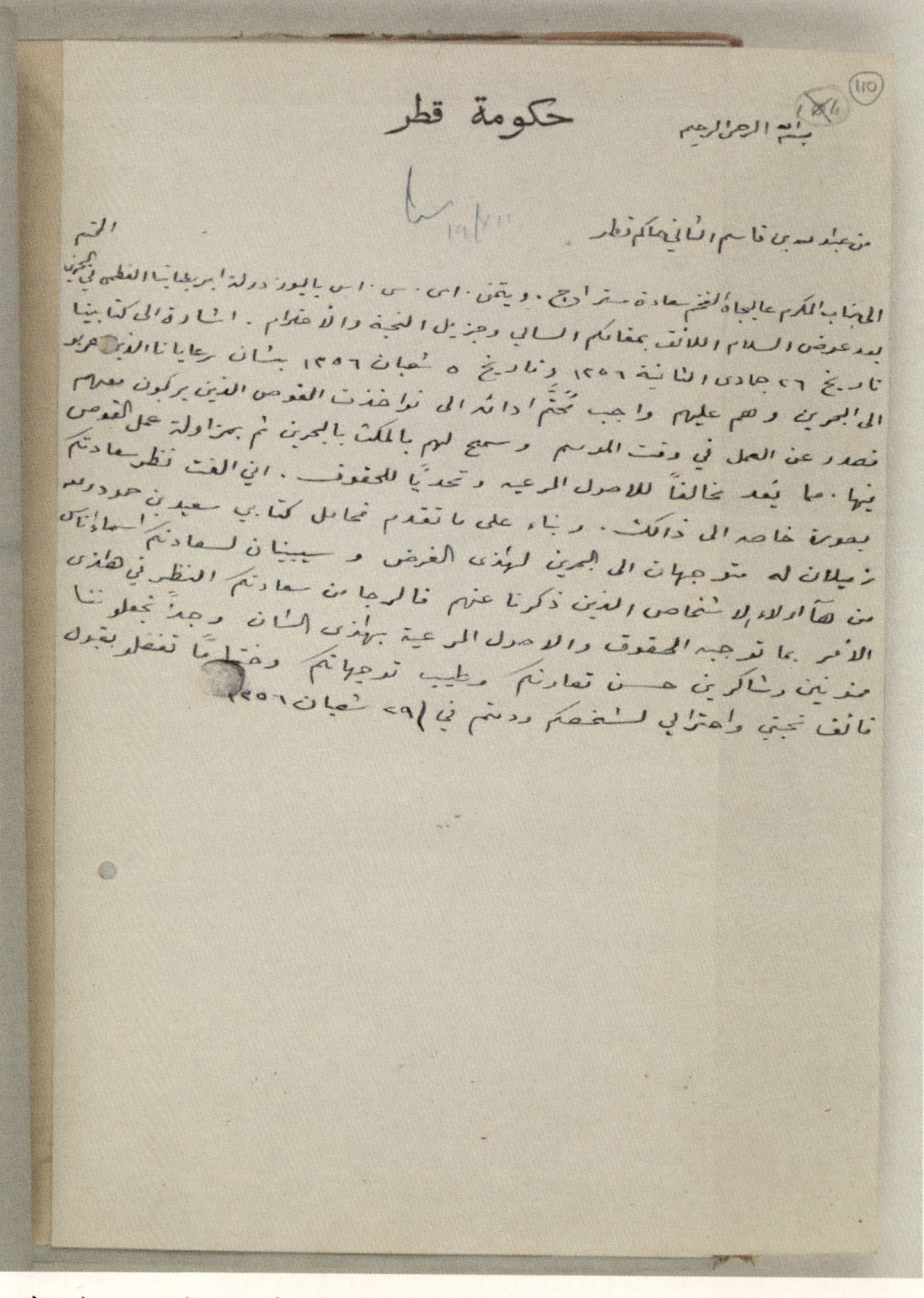

بسم الله الرحمن الرحيم

حكومة قطر

من عبد الله بن قاسم آل ثاني حاكم قطر

الى جناب المكرم عالي الجاه الافخم سعادة مستر اج. ويتمن. اي. سي. اس. باليوز دولة بريطانيا العظمى في البحرين المحترم

بعد عرض السلام اللائق بمقامكم السامي وجزيل التحية والاحترام. اشارة الى كتابينا
تاريخ ٢٦ جمادى الثانية ١٣٥٦ وتاريخ ٥ شعبان ١٣٥٦ بشأن رعايانا الذين هربوا
الى البحرين وهم عليهم واجب تحتم اداؤه الى نواخذت الغوص الذين يركبون معهم
فصدروا عن العمل في وقت الموسم وسمح لهم بالمكث بالبحرين ثم بمزاولة عمل الغوص
فيها. مما يعد مخالفاً للاصول المرعيه وتحدياً للحقوق. اني الفت نظر سعادتكم
بصورة خاصة الى ذالك. وبناء على ما تقدم تحامل كتابي سعيد بن حمود وهو
زميلان له متوجهان الى البحرين لهذى الغرض وسيبينان لسعادتكم اسماء اولائك
من هؤلاء الاشخاص الذين ذكرنا عنهم فالرجا من سعادتكم النظر في هذى
الامر بما توجبه الحقوق والاصول المرعية بهذى الشأن وجد تجعلونا
ممنونين وشاكرين حسن تعاونكم وطيب توجهاتكم وختاماً تفضلوا بقبول
فائق تحيتي واحترامي لشخصكم ودمتم في ٢٩ شعبان ١٣٥٦

وثيقة خطاب من الشيخ عبد الله بن قاسم إلى المقيم السياسي البريطاني في البحرين حول تنظيم شؤون الصيد والغوص عام ١٩٣٧، من ملف الزبارة بالمكتبة البريطانية ومكتبة قطر الرقمية [1]

(١) المكتبة البريطانية، مكتبة قطر الرقمية، ملف الزبارة، مرجع سابق

المدد سي / ٩٢٤ ــ ٤/١٣

في ٢١ ديسمبر ١٩٣٧ موافق ٨
١٣٥٦

حضرة الاكرم الافخم حميد الشيم
السعادة المحب الشيخ عبدالله
آل ثاني سي آى ئي حاكم قطر ال

بعد عرض التحية وفائق الاح
لقد استلمت كتاب سعادتكم المؤ
٢٩ شعبان ١٣٥٦ الذى اتى
رسولكم سعيد بن حمود وقد
قائمة تتضمن اسماء بحرية الغوص
والمبالغ التي يقال انهم مديرين
الآ انه لم يبرزلي دفاتر الغو
الاصلية غير اني كتبت الى سعاد
مستشار حكومة البحرين وطلبت
ان يعمل التحقيقات عن هؤلاء
وساكتب لكم مرة ثانية فيما بعد
يصلني الجواب منه . وعندئ
ان يكون من اللازم ان اطلب منـ
ترسلولي الحسابات الاصلية الـ
عند نواخذة قطر .
ارجوان سعادتكم بصحة
كافة الامور في جهاتكم على خير
هذا وتقبلوا فائق احترا

ستراك . وبنص
بالبوز دولة بريطا

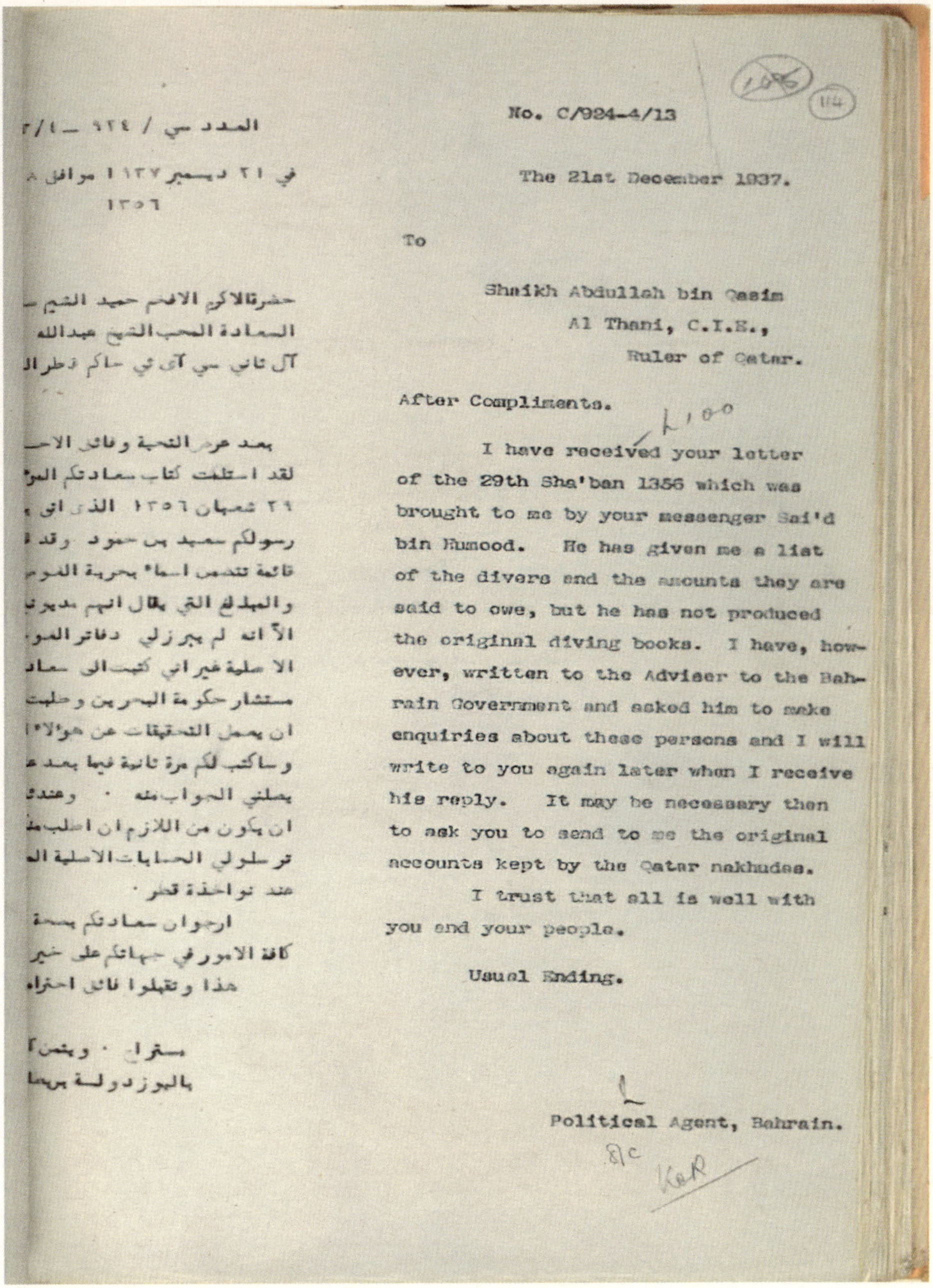

No. C/924-4/13

The 21st December 1937.

To

Shaikh Abdullah bin Qasim
Al Thani, C.I.E.,
Ruler of Qatar.

After Compliments.

I have received your letter of the 29th Sha'ban 1356 which was brought to me by your messenger Sai'd bin Humood. He has given me a list of the divers and the amounts they are said to owe, but he has not produced the original diving books. I have, however, written to the Adviser to the Bahrain Government and asked him to make enquiries about these persons and I will write to you again later when I receive his reply. It may be necessary then to ask you to send to me the original accounts kept by the Qatar nakhudas.

I trust that all is well with you and your people.

Usual Ending.

Political Agent, Bahrain.

وثيقة رد المقيم السياسي البريطاني في البحرين على الشيخ عبد الله بن قاسم بخصوص شؤون الغوص والصيد بتاريخ ٢١ ديسمبر ١٩٣٧

مدينة الزبارة الأثرية تم إدراجها على قائمة اليونسكو للتراث العالمي يونيو ٢٠١٣ - صورة من فيلم وثائقي عن المدينة القديمة.

قلعة الزبارة صامدة تخلد تاريخ قطر العريق كمحور للتجارة بين الشرق والغرب

سفن الصيد و الغوص على اللؤلؤ قديمًا

بعض الغواصين على اللؤلؤ في الضفاف الساحلية الغنية بالمحار

تجار لؤلؤ قطريون منهم الوجيه محمد بو ثامر آل علي المعاضيد رحمه الله يلبس الثوب البني، والوجيه مهدي الماجد رحمه الله يلبس الكوت/جاكت رمادي على اليسار سنة ١٩٥٨

إحياء تراث الصيد في المهرجان السنوي للسفن التقليدية بالحي الثقافي كتارا بالدوحة

توثيق لأسماء أشهر السفن القطرية وأصحابها من رجال البحر[1]

يُلاحظ تنوع مهام السفن بين الغوص على اللؤلؤ والسياحة والسفر

مالك السفينة	اسم السفينة	نوع السفينة	عمل السفينة	مالك السفينة	اسم السفينة	نوع السفينة	عمل السفينة
الشيخ جاسم بن محمد بن ثاني آل ثاني (المؤسس)		بتيل-	سفينة حاكم 1880م	الشيخ جاسم بن محمد بن ثاني آل ثاني (المؤسس)		سنبوك	سفينة حاكم 1880م
الشيخ جاسم بن محمد بن جاسم آل ثاني		جالبوت	الطواشة	الشيخ قاسم بن فيصل بن ثاني آل ثاني	ام سعيد	سيف	سياحة/سفر
الشيخ عبدالله بن جاسم بن محمد آل ثاني	البوسطة	جالبوت	الطواشة	الشيخ قاسم بن فيصل بن ثاني آل ثاني	القرش	سيف	سياحة/سفر
الشيخ عبدالله بن جاسم بن محمد آل ثاني	تركية	بغلة	الطواشة	الشيخ ثاني بن جاسم بن محمد آل ثاني	أثميد	سنبوك	غوص
الشيخ عبدالله بن جاسم بن محمد آل ثاني	منيفة	جالبوت	الطواشة	الشيخ ثاني بن جاسم بن محمد آل ثاني	سليمة	جالبوت	غوص
الشيخ ثاني بن جاسم بن محمد آل ثاني	باريس	بوم	الطواشة	الشيخ خليفة بن جاسم بن محمد آل ثاني	الوسمي	سنبوك	غوص
الشيخ علي بن جاسم آل ثاني	النيرة	جالبوت	الطواشة	إبراهيم و يوسف الهيل			غوص
الشيخ خليفة بن جاسم بن محمد آل ثاني	أم الحنايا	جالبوت	الطواشة	إبراهيم بن راشد بن علي المالكي	بوكربان	سنبوك	غوص
الشيخ عبدالعزيز بن جاسم آل ثاني	الساحر	جالبوت	الطواشة	إبراهيم بن سعيد بن محمد المسلماني	برزان	سنبوك	غوص
الشيخ حمد بن عبدالله بن جاسم آل ثاني	فتح الخير	جالبوت	الطواشة	إبراهيم بن علي بن محمد السادة	ام النمل	جلبوت	غوص
الشيخ حمد بن عبدالله بن جاسم آل ثاني	نايف	جالبوت	الطواشة	إبراهيم بن نصر النصر	مشهور	سنبوك	غوص
الشيخ علي بن عبدالله بن جاسم آل ثاني	الجشية	جالبوت	الطواشة	إبراهيم بن نصر النصر	الفرس	سنبوك/جالبوت	غوص
الشيخ جبر بن محمد آل ثاني	بمبي	جالبوت	الطواشة	إبراهيم بن نصر النصر	بوفرح	سنبوك	غوص
الشيخ عبدالعزيز بن عبدالرحمن آل ثاني	القايد	جالبوت	الطواشة	إبراهيم بن يحيى المالكي	مساعد	سنبوك	غوص
الشيخ أحمد بن علي بن جاسم آل ثاني	نايف	جابلوت	الطواشة	أبناء علي بن خميس المهندي	موسى	سنبوك	غوص
الشيخ أحمد بن علي الأحمد آل ثاني	الراشدي	بوم	الطواشة	أبناء معيوف الكشاشي المهندي		جالبوت	غوص
الشيخ محمد بن أحمد بن محمد آل ثاني	الصفا	جابلوت	الطواشة	أحمد بن إبراهيم الحسن المهندي	بخيتان	سنبوك	غوص
الشيخ أحمدبن محمد بن أحمد آل ثاني	أمان الله		الطواشة	أحمد بن إبراهيم الناجم المناعي	دغيس	سنبوك	غوص
أحمد بن عبدالرحمن الملا		سنبوك	الطواشة	أحمد بن إبراهيم بن خميس المهندي	ريدح	سنبوك	غوص1930م
أحمد بن عبدالله بن محمد	الهبوب		الطواشة	أحمد أبو مطر المهندي	الزيتون	سنبوك	غوص
أحمد عيسى المهندي	الحصان	جالبوت	الطواشة	أحمد بن أحمد الحسن المهندي	عنتر	سنبوك	غوص1925م
أحمد عيسى المهندي	النعيمية	جالبوت	الطواشة	أحمد بن جمعة بن عبدالله البوعينين	مهبطة	جالبوت	غوص
أرحمة بن منيف الكعبي	النعيمية	جالبوت	الطواشة	أحمد بن جمعة بن عبدالله البوعينين	الموتر	جالبوت	غوص
جمعة بن هلال بن عبود المعاضيد	المقلطة	جالبوت	الطواشة	أحمد بن جمعة بن عبدالله البوعينين	الناقل	جالبوت	غوص
جمعة بن هلال بن عبود المعاضيد	المعدية	جالبوت	الطواشة	أحمد بن حمد (لأهوب) المهندي		جالبوت	غوص1938م
جمعة بن هلال بن عبود المعاضيد	الكاور	جالبوت	الطواشة	أحمد بن خلف بن أحمد البوعينين	المنور	جالبوت	غوص
حسن و محمد الهيل			الطواشة	أحمد بن سلمان الحسن المهندي	يلوى	جالبوت	غوص1940م
خالد بن محمد الغانم	مبارك		الطواشة	أحمد بن شاهين بن أحمد العسيري	مشعاب	سنبوك	غوص
خليفة بن مبارك الهتمي البنعلي	العنود	جالبوت	الطواشة	أحمد بن صالح الخليفي	الفرس	جالبوت	غوص
خليفة بن مبارك الهتمي البنعلي	جدة	جالبوت	الطواشة	أحمد بن علي السليطي	كامل الزين	جالبوت	غوص
خليفة بن مبارك الهتمي البنعلي	الحصان	سنبوك	الطواشة	أحمد بن علي السليطي	سمحة	جالبوت	غوص
خليل ومحمد أبناء ابراهيم الباكر	فتح الخير	جالبوت	الطواشة	أحمد بن علي السليطي	الطواش	جالبوت	غوص
سلطان بن خلف المريخي	الصير	جالبوت	الطواشة	أحمد بن علي السليطي	بمبي	جالبوت	غوص
سلطان بن ناصر السويدي	منصور	بتيل	الطواشة	أحمد بن عياش الكبيسي	اسكينة	جالبوت	غوص
صالح بن عبدالرحمن السليطي	الطيارة	جالبوت	الطواشة	أحمد بن عيسى آل إبراهيم المهندي	النعيمية	جالبوت	غوص
عبدالله بن إبراهيم الجفيري	الاعنبة		الطواشة	أحمد بن عيسى الكبيسي	حب الهيل		غوص
عبدالله بن علي بن عمر بن العطية	الوايلي	سنبوك	الطواشة	أحمد بن عيسى المهندي	الفلاحي	جالبوت	غوص
علي بن راشد الخاطر	الحجاز	جالبوت	الطواشة	أحمد بن عيسى المهندي	العود	سنبوك	غوص
علي بن عمران الكواري	الصير	جالبوت	الطواشة	أحمد بن عيسى بن سلمان المهندي	الجالس	سنبوك	غوص1940م
علي بن عمران الكواري	الملاية	جالبوت	الطواشة	أحمد بن عيسى بن علي المهندي	الفلاحي	سنبوك	غوص1920م
علي بن عيسى بن دعلوج الكبيسي	دلي		الطواشة	أحمد بن عيسى بن علي المهندي	النعيمية	جالبوت	غوص1928م
عيسى بن خليفة بن محمد الكبيسي	الشوعي	شوعي	الطواشة	أحمد بن محمد بن بوجسوم البدر	أم دحيم	جالبوت	غوص
غانم بن عبدالرحمن الربيعة الكواري	غضبان	بوم	الطواشة	بدر بن علي السادة	المنور	جالبوت	غوص
ماجد بن عبدالله الخليفي	النابند	جالبوت	الطواشة	بدر بن ماجد البدر/إبراهيم البدر	مهيوب	جالبوت	غوص
مبارك بن نصر النصر		جالبوت	الطواشة	بدر بن ماجد البدر	مرمريس	سنبوك	غوص
مبارك بن هتمي الهتمي	الوسمية	جالبوت	الطواشة	بريد وإخوانه أبناء مترف الحميدي		سنبوك	غوص
محمد بن حسن المعضادي		جالبوت	الطواشة	بيات بن محمد بن شاهين	مشعاب	سنبوك	غوص
محمد بن راشد العسيري	الجازي	جالبوت	الطواشة	ثامر بن محمد بو ثامر المعاضيد	سمحا	جالبوت	غوص
محمد بن عبداللطيف المانع	البيضاء	لنج	الطواشة	ثاني بن راشد القشاش المهندي	أم المغانج	جالبوت	غوص
مسند بن سعد المسند المهندي	النايل	جالبوت	الطواشة	ثاني بن راشد القشاش المهندي		جالبوت	غوص
ناصر بن شاهين طوار الكواري		سنبوك	الطواشة	جابر بن ناصر الجابر البوعينين	تيسير	جالبوت	غوص
الوجيه ناصر بن عبدالله بن علي العطية		جالبوت	الطواشة	جاسم بن سعيد المالكي	المنور	سنبوك	غوص
حجي بوغانم السليطي	رسلان	جالبوت	غوص	جاسم بن محمد الغانم البوعينين		جالبوت	غوص
حسن بن أحمد بن مطر الكبيسي	اعجيوه	جالبوت	غوص	جاسم بن محمد الغانم البوعينين	فريحة	جالبوت	غوص
حسن بن رحمة	رياض	جالبوت	غوص	جاسم بن محمد الغانم البوعينين	مسيعيد	شوعي	غوص

السفن وأصحابها (١)

(١) مجموعة مؤلفين، "الغوص على اللؤلؤ في قطر، تأصيل وتوثيق"، جزئين، إصدار المؤسسة العامة للحي الثقافي «كتارا»، عام ٢٠١٢، و"من التراث البحري القطري"، إعداد وتحقيق، جاسم عبد الرحمن المناعي، الطبعة الأولى، ٢٠٢١.

حسن بن سعد العلي البوعنين	عود وغليمي	شوعي	غوص	جمعة بن أحمد السليطي	الصابونة	جالبوت	غوص
حسن بن سعد بن خميس المهندي	محروق	سنبوك	غوص1930م	جمعة بن حمد الحسن المهندي	ربدا	جالبوت	غوص1938م
حسن بن صقر البوحسين البوعينين	بشارة	جالبوت	غوص	جمعة بن شقر العرابيد	الفرس	جالبوت	غوص
حسن بن صقر البوحسين البوعينين	الشقراوية	بقارة	غوص	جمعة بن عبدالله المريخي	كرنتيلة	جالبوت	غوص
حسن بن صقر البوحسين البوعينين	مقديم		غوص	جمعة بن عبدالله المريخي	النافعة	جالبوت	غوص
حسن بن عبدالله الحاي المناعي	لعبيدلية	جالبوت	غوص	جمعة بن عبدالله المريخي	جرادة	جالبوت	غوص
حسن بن عبدالله الحاي المناعي	الفيحاء	جالبوت	غوص1937م	جمعة بن عبدالله بن خميس الكبيسي	أم البنادق	جالبوت	غوص
حسن بن عبدالله الحاي المناعي	بخيتة	جالبوت	غوص	جمعة بن غانم العطشان السليطي	الدسمية	جالبوت	غوص
حسن بن علي بن خميس المهندي	طويحة	بوم جالبوت	غوص	جهام بن غيث الكواري	بن عجاج		غوص
حسن بن لحدان بوجنعه الخميس المهندي	الجربا	جالبوت	غوص	حاجي علي أبو جدوم -حاجي علي الماجد	الرياض	جالبوت	غوص
حسن بن مبارك المطوي	خرسة	جالبوت	غوص	خميس بن سعد بن خميس الحسن المهندي	منصور	سنبوك	غوص 1913م
حسن بن مبارك بن بخيت السليطي	سمحة	بقارة	غوص	خميس بن سعد بن خميس الحسن المهندي	امسيلة	جالبوت	غوص1940م
حسين بن محمد بن جمعة المهندي	اللحم	جالبوت	غوص1930م	خميس بن عبدالله بن مبارك السليطي	مشهور	سنبوك	غوص
حمد بن سالم بن محمد المناعي	الفرس	جالبوت	غوص1930م	خميس بن علي بن خميس المهندي	الصابونة	جالبوت	غوص1940م
حمد بن سالم بن محمد المناعي	البوم	جالبوت	غوص1943م	خميس بن عيسى بن زامل الكواري	مطران	سنبوك	غوص
حمد بن سالم بن محمد المناعي	ام دريس	جالبوت	غوص1945م	خميس وحسن أبناء علي بن خميس المهندي	طويحة	جالبوت	غوص1935م
حمد بن سعيد السليطي	منيره	جالبوت	غوص	خميس وحسن أبناء علي بن خميس المهندي	كريم	جالبوت	غوص1935م
حمد بن سلمان القريس المهندي	بندر	سنبوك	غوص	درويش بن راشد المريخي	فيلكة	جالبوت	غوص
حمد بن سلمان القريس المهندي	صويلحة	سنبوك	غوص1940م	راشد وعيسى الخليفي	سلسال	سنبوك	غوص
حمد بن لحدان الحسن المهندي	برزان	سنبوك	غوص1920م	راشد بن خليفة بن دعفوس المناعي	يدوع	جالبوت	غوص1944م
حمد بن محمد بن حمد المناعي	المنصورية	جالبوت	غوص1930م	راشد بن خليفة بن دعفوس المناعي	سمحان	سنبوك	غوص
حمد بن محمد بن طوق الكبيسي	حل وطار		غوص	راشد بن سعد		جالبوت	غوص
خالد بن محمد الغانم	موافق	جالبوت	غوص	راشد بن شبيب بن راشد المناعي	طيارة	جالبوت	غوص1935م
خالد بن محمد الغانم	الوسمي	سنبوك	غوص	راشد بن علي الغانم البوعينين	البطاقة	جالبوت	غوص
خالد بن راشد الشاهين البوعينين	فرحة	جالبوت	غوص	راشد بن علي المحري المهندي		جالبوت	غوص
خالد بن راشد الشاهين البوعينين	الطيارة	جالبوت	غوص	راشد بن علي بن راشد البوعينين	الساحرة	جالبوت	غوص
خالد بن علي الخليفي	القايد	جالبوت	غوص	راشد بن محمد المسند المهندي		جالبوت	غوص
خالد بن علي الخليفي	برزة	جالبوت	غوص	راشد بن محمد بن ثاني	البدرية	جالبوت	غوص
خالد بن علي الخليفي	بوحمدي	سنبوك	غوص	راشد بن محمد بن راشد العسيري	سمحا	لنج (محرك)	غوص
خالد بن علي الخليفي	منيفة	جالبوت	غوص	سالم بن راشد الرومي البوعنين	النيرة	جالبوت	غوص
خالد بن محمد الغانم	مقديم	سنبوك	غوص	سالم بن غانم الصمخان الكبيسي	غاية	جالبوت	غوص
خالد بن محمد الغانم	مساعد	سنبوك	غوص	سالم بن محمد الصمخان الكبيسي	أمريكان		غوص
خالد بن محمد الغانم	موافج	سنبوك	غوص	سالمين بن محمد السويدي		جالبوت	غوص
خالد بن محمد الغانم	ضحيان	سنبوك	غوص	سبت بوجسوم البوجسوم	حكم	شوعي	غوص
خالد بن محمد الغانم	الوسمي	جالبوت	غوص	سعد الحرقان	العاطية	جالبوت	غوص1935م
خالد بن محمد الغانم	القايد	جالبوت	غوص	سعد بن إبراهيم آل إبراهيم المهندي		جالبوت	غوص
خالد بن محمد الغانم	السحاره	جالبوت	غوص	سعد بن أحمد العلي البوعينين	ملسا	جالبوت	غوص
خالد بن محمد الغانم	مصفح		غوص	سعد بن أحمد السليطي	البشرى	جالبوت	غوص
خالد وغانم بن محمد الغانم المعاضيد	الغانم	سنبوك	غوص	سعد بن أحمد السليطي	النعامة	جالبوت	غوص
خلف بن راشد بن سعد البوعينين	لحجاز	جالبوت	غوص	سعد بن حمد النصف	فتح الخير	جالبوت	غوص
خلف بن ماجد العرابيد		جالبوت	غوص1945م	سعد بن خلف بن حسن المناعي	أم زلف	جالبوت	غوص1943م
خليفة بن أحمد الفياض	حل وطار		غوص	سعد بن سيف		بقارة	غوص
خليفة بن أحمد الفياض	امحنتيني		غوص	سعد بن شاهين بن أحمد العسيري	الجازي	لنج محرك	غوص
خليفة بن أحمد الكواري	بستان	سنبوك	غوص	سعد بن شاهين العسيري	ثريا	جالبوت	غوص
خليفة بن جاسم السالم البوعينين	الهاجر	جالبوت	غوص	سعد ومحمد أبناء عبدالوهاب المهندي	الكمامة	جالبوت	غوص
خليفة بن جاسم السالم البوعينين	الساحرة	جالبوت	غوص	سعد بن علي المسند المهندي	الفلاحي	سنبوك	غوص
خليفة بن خميس بن أرحمة الكبيسي	حورني		غوص	سعد بن علي المسند المهندي	سمحان	سنبوك	غوص
خليفة بن خميس بن أرحمة الكبيسي	حب الهيل		غوص	سعد بن علي المسند المهندي	سمحة	جالبوت	غوص
خليفة بن راشد بن سعد العسيري	الشارد	سنبوك	غوص	سعد بن محمد بن عيسى المهندي	دلي	جالبوت	غوص1930م
خليفة بن علي بن دعلوج الكبيسي	وشرة	جالبوت	غوص	سعد بن محمد بن عيسى المهندي	طويسة	جالبوت	غوص1940م
خليفة بن عيسى بن برغش الكبيسي	خشم الزينة		غوص	سعود بن راشد السليطي	الفنر	جالبوت	غوص
خليفة بن ماجد السليطي	الياه	جالبوت	غوص	سعود بن علي الخليفي	برزة	جالبوت	غوص
خليفة بن مبارك الهتمي البنعلي	عناد	سنبوك	غوص	سعيد بن أحمد السليطي	النقي		غوص
خليفة بن مبارك الهتمي البنعلي	الجازي	جالبوت	غوص	سعيد بن جاسم المالكي	الوسمي	سنبوك	غوص
خليفة بن مبارك الهتمي البنعلي	السراية	جالبوت	غوص	سعيد بن راشد الرومي البوعينين	الحصباة	جالبوت	غوص
خليفة بن محمد الخليفي	بمبي	سنبوك	غوص	سعيد بن سالم البديد المناعي	النوط	جالبوت	غوص
خليفة بن محمد بن راشد العسيري	سمحا	لنج(محرك)	غوص	سعيد بن صالح بن بخيت السليطي	منيرة	جالبوت	غوص

خليفة بن ناصر السويدي		جالبوت	غوص	سعيد بن صالح بن بخيت السليطي	سعيدة	جالبوت	غوص
خميس بن أرحمه بن دعلوج الكبيسي	أمريكان		غوص	سعيد بن محمد المسلماني	برزان	سنبوك	غوص
خميس بن سعد الحسن المهندي	محروق	سنبوك	غوص	سعيد بن محمد النابت (غليفيص)	كحيل	جالبوت	غوص
سلطان بن محمد السليطي	الفندي	سنبوك	غوص	سلطان بن بدر البدر	الموتر	جالبوت	غوص
سلطان بن محمد السليطي	مصفي	سنبوك	غوص	سلطان بن خلف الكواري	الصبر		غوص
سلطان بن محمد السليطي	الأسود	سنبوك	غوص	سلطان بن خلف المريخي	دسمة	جالبوت	غوص
سلطان بن محمد بن صباح	البدرية	جالبوت	غوص	سلطان بن دعلوج الكبيسي	أم العرايس	جالبوت	غوص
سلمان بن حمد الحسن المهندي	برزان	سنبوك	غوص	سلطان بن سعيد المسلماني	برزان	سنبوك	غوص
سلمان بن حمد الحسن المهندي	بندر	سنبوك	غوص	سلطان بن سعيد المسلماني	الوسمي	سنبوك	غوص
سلمان بن حمد الحسن المهندي	الرسلان		غوص1930م	سلطان بن سلطان الراشد البوعينين	منيفة	جالبوت	غوص
سنان بن سعيد		بقارة	غوص	سلطان بن عبدالله بن أحمد العسيري	البدرية	جالبوت	غوص
سنان عبدالرحمن عبداللطيف المسلماني	الفلو	سنبوك	غوص	سلطان بن عبدالله بن أحمد العسيري	مساعد	سنبوك	غوص
سند بن عبدالله المسند المهندي	الصابونة	جالبوت	غوص	سلطان بن غانم الغانم المعاضيد	السبع	بقارة	غوص
سيف بن شاهين بن أحمد العسيري	البدرية	جالبوت	غوص	سلطان بن علي البدر	رياض	جالبوت	غوص
سيف بن محمد الناوي البوعينين	أمريكا	جالبوت	غوص	سلطان بن علي البدر	رياض	سنبوك	غوص
شاهين بن أحمد بن يوسف العسيري	سمحان	سنبوك	غوص	عبدالله بن صالح بن بخيت السليطي	اليازي	جالبوت	غوص
شاهين بن أحمد بن يوسف العسيري	مطرب	شوعي	غوص	عبدالله بن صالح بن نجم المناعي		شوعي	غوص1935م
شاهين بن أحمد بن يوسف العسيري	النيرة	جالبوت	غوص	عبدالله بن عبدالرحمن المسحل البوعينين	الفرس	جالبوت	غوص
شاهين بن أحمد بن يوسف العسيري	مشعاب	سنبوك	غوص	عبدالله بن عبدالرحمن		بقارة	غوص
شاهين بن أحمد بن يوسف العسيري	المجهولة	جالبوت	غوص	عبدالله بن علي الفضالة السليطي	القني	سنبوك	غوص
شاهين بن أحمد بن يوسف العسيري	السوجر	سنبوك	غوص	عبدالله بن علي المسند المهندي	الزبارة	جالبوت	غوص
شاهين بن أحمد بن يوسف العسيري	الشارد	سنبوك	غوص	عبدالله بن سلطان المريخي	ملحس	جالبوت	غوص
شاهين بن أحمد بن يوسف العسيري	الجابريه	جالبوت	غوص	عبدالله بن محمد عثمان الخليفي / واخوانه	الريم	جالبوت	غوص
شاهين ومحمد أبناء إسماعيل البوعينين	الغزال	سنبوك	غوص	عبدالله بن نصر النصر	الجازي	جالبوت	غوص
شاهين ومحمد أبناء إسماعيل البوعينين	سعيدة	جالبوت	غوص	عبدالله أخوه أبناء إبراهيم بن سالم البوعينين	الفرس	جالبوت	غوص
شاهين بن سعد الحميدي المهندي		جالبوت	غوص	عبدالله أخوه أبناء إبراهيم بن سالم البوعينين	سمحة	جالبوت	غوص
شاهين بن ماجد المعاضيد	املولس	بقارة	غوص	عبدالله أخوه أبناء إبراهيم بن سالم البوعينين	الليلة	جالبوت	غوص
شاهين بن ماجد المعاضيد	بنت الهجر	بقارة	غوص	عبدالله و شافي أبناء ابراهيم السبع البوعينين	المنور	سنبوك	غوص
شبيب بن سالم بن محمد المناعي	الفاضلة	جالبوت	غوص1945م	عبدالله و شافي أبناء ابراهيم السبع البوعينين	الراشدين	جالبوت	غوص
شبيب بن سالم بن محمد المناعي	النافلة	جالبوت	غوص1946م	عبدالوهاب بن حمد آل إبراهيم المهندي		جالبوت	غوص1925م
صالح بن أحمد بومطر المهندي	البصرة	جالبوت	غوص	عبدالوهاب بن علي المحري المهندي	جوهر السفن	سنبوك	غوص1925م
صالح بن أحمد بومطر المهندي	البستان	جالبوت	غوص	عبدالوهاب بن علي المحري المهندي	البلدية	جالبوت	غوص1925م
صالح بن سالم صالح المناعي	تيسير	جالبوت	غوص	عبدالوهاب بن محمد المطاوعة الكواري	البصيرة	جالبوت	غوص
صالح بن سالم صالح المناعي	العمية	جالبوت	غوص1940م	عبدالوهاب بن محمد المطاوعة الكواري	الطيارة	جالبوت	غوص
صالح بن سالم صالح المناعي	سمحة	جالبوت	غوص	عتيق بن راشد آل بن عتيق	الجني	سنبوك	غوص
صالح بن سلطان البدر	همام	سنبوك	غوص	عتيق بن صخر الخليفي	صمعا	جالبوت	غوص
صالح بن صباح العسيري	البدرية	جالبوت	غوص	علي بن ثاني بن محمد البوعينين	برزة	جالبوت	غوص
صالح بن عبدالله اليازي	الجالبوت	جالبوت	غوص	علي بن جاسم بودعيج الكبيسي	الأوشار		غوص
صالح بن ماجد الخليفي	بوحمدى		غوص	علي بن جمعة العطشان السليطي	سمحان	شوعي	غوص
صالح ومحمد أبناء ماجد الخليفي	النافل		غوص	علي بن جمعة العلي البوعينين	مرزوق	شوعي	غوص
صالح بن محمد الغانم	سمحان	بتيل	غوص	علي بن خليفة الغنام البوعينين	المرزم	سنبوك	غوص
صقر بن حمد المريخي وإخوانه	سمحة	جالبوت	غوص	علي بن خليفة بوحماد المناعي		شوعي	غوص1947م
صقر وسعد البوحمود البوعينين	النعيمية	جالبوت	غوص	علي بن خميس الحسن المهندي	النيرة	جالبوت	غوص1900م
صالح بومطوي الشقيري المهندي	البستان	جالبوت	غوص	علي بن خميس بن علي المهندي	رزيمة	جالبوت	غوص1880م
صقر بن راشد الشاهين البوعينين	سمحة	جالبوت	غوص	علي بن راشد العيوني البوعينين	الميدان	سنبوك	غوص
صقر بن عبدالله الضبيعي البوعينين	مجهولة	جالبوت	غوص	علي بن راشد بن عبدالله المناعي	الحمرة	جالبوت	غوص1935م
صقر بن عبدالله الضبيعي البوعينين	أبو محماس	شوعي	غوص	علي وعبدالرحمن أبناء شاهين الكواري	الغواصة	جالبوت	غوص
صلهام بن عيد الكبيسي	الشوعي	شوعي	غوص	علي بن عيد بن محمد ال شيخ الكواري		سنبوك	غوص
عبدالرحمن بن عيسى بن حمد المناعي	اليوسفية	جالبوت	غوص1945م	علي بن صالح بن خميس المهندي	المجنونة	بقارة	غوص1925م
عبدالرحمن بن عيسى بن حمد المناعي		جالبوت	غوص	علي بن صالح بن خميس المهندي	منصور	سنبوك	غوص1900م
عبدالعزيز بن إبراهيم آل إبراهيم المهندي		جالبوت	غوص	علي بن عبدالرحمن الشقيري المهندي	بخيتان	سنبوك	غوص1925م
عبدالعزيز بن محمد المناعي	ام المراري	سنبوك	غوص 1937م	علي بن عبدالله الحسن المهندي	الذيبة	جالبوت	غوص
عبدالعزيز بن محمد المناعي	سمحة	جالبوت	غوص	علي بن عبدالله بن صقر الفياض	أم جاسم		غوص
عبدالله بن أحمد العسيري	مساعد	سنبوك	غوص	علي بن عبدالله المناعي	سمحة	جالبوت	غوص
عبدالله السليطي	الجن	سنبوك	غوص	علي بن عبدالله بن عيسى المهندي	الذيبة	جالبوت	غوص1940م
عبدالله بن جاسم المسلماني	برزان	سنبوك	غوص	علي بن علي الجبران البوعينين	المجرى	جالبوت	غوص

السفن وأصحابها (٣)

عبدالله بن جاسم المسلماني	بستان	سنبوك	غوص	علي بن علي الخليفي	مرافق	شوعي	غوص
عبدالله بن جاسم المسلماني	سنان	شوعي	غوص	علي بن علي الخليفي	برزة	جالبوت	غوص
عبدالله بن جاسم المسلماني	الهيدي	جالبوت	غوص	علي بن علي الخليفي	بوحمدي	سنبوك	غوص
عبدالله بن جاسم المسلماني	سمحا	جالبوت	غوص	علي بن عمران الكواري	عريضه	جالبوت	غوص
عبدالله بن جمعة المناعي		شوعي	غوص	علي بن عمران الكواري	سمحه	جالبوت	غوص
عبدالله بن خميس الخليفي	الجالبوت	جالبوت	غوص	علي بن عمران الكواري	ام البرنيوش	جالبوت	غوص
عبدالله بن خميس الشاعر البوعينين	المدرسة	جالبوت	غوص	علي بن محمد السبيعي	المسيحلية	جالبوت	غوص
عبدالله بن خميس بن سلوم الكبيسي	البتراء	جالبوت	غوص	علي بن محمد بوجمهور الحسن المهندي	الجني	سنبوك	غوص
عبدالله بن خميس بن سلوم الكبيسي	أم البنادق	جالبوت	غوص	علي بن محمد بوجمهور الحسن المهندي	العجوز	الخوجة	غوص
عبدالله بن خميس بن سلوم الكبيسي		جالبوت	غوص	علي بن محمد بوجمهور الحسن المهندي	الخوجة	جالبوت	غوص
عبدالله بن خميس بن سلوم الكبيسي	المنصور ية	جالبوت	غوص	علي بن محمد بوجمهور الحسن المهندي	بخيتان	سنبوك	غوص1925م
عبدالله بن راشد المحري المهندي	احراد	سنبوك	غوص1935م	علي بن محمد بوجمهور الحسن المهندي	القني	سنبوك	غوص1925م
عبدالله بن سلطان السليطي	الفندي	جالبوت	غوص	علي بن محمد بوشرود المناعي	سعيدة	جالبوت	غوص
عبدالله بن سلطان المريخي	ملحس	جالبوت	غوص	علي بن محمد بن علي السادة	الوسمية	جالبوت	غوص
عبدالله بن سيف العماري	ضحية	بقارة	غوص	علي بن نصر النصر	ولد الماس		غوص
عبدالله بن صالح السليطي	اليازي	سنبوك	غوص	عمران بن علي الكواري	الصير	جالبوت	غوص
عيسى بن عبدالله بن أحمد العسيري	البدرية	جالبوت	غوص	عمران بن علي الكواري	الملاية	جالبوت	غوص
عيسى بن علي (بوجمهور)الحسن المهندي	احراد	سنبوك	غوص1940م	عمر بن سالم بن محمد المناعي	سمحان	سنبوك	غوص1940م
عيسى بن محمد الدسم الكبيسي	سترة		غوص	عمر بن محمد الدسم الكبيسي	العشار		غوص
غانم بن شاهين البنعلي المهندي		جالبوت	غوص	عيد بن جبران الجبران البوعينين	العنبر	سنبوك	غوص
غانم بن محمد بوثامر المعاضيد	الجازي	لنج محرك	غوص	عيسى بن حمد بن إبراهيم البوعينين	الورد	شوعي	غوص
غانم بن محمد بو صابر الكبيسي	سعيدة	جالبوت	غوص	عيسى بن حمد بن صالح المناعي	الشطي	سنبوك	غوص1900م
غيث بن جبر البوحمود البوعينين	افطيمة	جالبوت	غوص	عيسى بن حمد بن صالح المناعي	الفنري	جالبوت	غوص1910م
غيث بن جبر البوحمود البوعينين	العريضة	جالبوت	غوص	عيسى بن حمد بن صالح المناعي	سويدة	جالبوت	غوص1915م
فاضل بن سيف البنعلي	قريص	بتيل	غوص	عيسى بن حمد بن صالح المناعي	الجالبوت	جالبوت	غوص1906م
فاضل بن سيف البنعلي	حمامان	بتيل	غوص	عيسى بن خليفة الكبيسي	كامل الزين		غوص
فضل بن راشد الرومي البوعينين	الديرة	جالبوت	غوص	محمد بن علي البدر	ظبيان	سنبوك	غوص
فضل بن سلطان الراشد البوعينين	البندر	بتيل	غوص	محمد بن علي البدر	الموتر	سنبوك	غوص
فضل بن سلطان الراشد البوعينين	البندر	سنبوك	غوص	محمد بن علي الحسن المهندي	الفتح	جالبوت	غوص1935م
فهد بن أحمد الكواري	بوفرح	سنبوك	غوص	محمد بن علي بن نصف المهندي		جالبوت	غوص
فهد بن جاسم الشاهين البوعينين	الحجاز	جالبوت	غوص	محمد بن عيسى بن دعلوج الكبيسي	دلي	جالبوت	غوص
مبارك أبو مطوي الشقيري المهندي	خرسة	جالبوت	غوص	محمد بن محمد بن مسند المهندي	النيرة	جالبوت	غوص1930م
مبارك بن راشد آلظمن المهندي		جالبوت	غوص	محمد بن ناصر البوحسين البوعينين	سمحة	جالبوت	غوص
مبارك بن راشد السليطي	الياروف	سنبوك	غوص	محمد بن ناصر البوحسين البوعينين	عريدة	جالبوت	غوص
مبارك بن شاهين محمد البوعنين	بروده	جالبوت	غوص	محمد بن ناصر الجبران البوعينين	الفضة	جالبوت	غوص
مبارك بن صالح الخليفي	ام بوزى	جالبوت	غوص	محمد بن ناصر بوشرود المناعي	يدوع	جالبوت	غوص
مبارك بن عوض الشقيري المهندي		جالبوت	غوص	محمد بن ناصر بوشرود المناعي	الصفراء	جالبوت	غوص1930م
محمد بن إبراهيم الجفيري	الطالبي	سنبوك	غوص	محمد بن يوسف سرور	الغورى	جالبوت	غوص
محمد بن إبراهيم الجفيري	مقديم	سنبوك	غوص	مطر بن راشد البوغدير المناعي		جالبوت	غوص
محمد بن إبراهيم الجفيري	التقي	سنبوك	غوص	مهنا بن سيف العماري	ضحيان	سنبوك	غوص
محمد بن إبراهيم الجفيري	بن عجاج	جالبوت	غوص	ناصر بن سلطان البدر	المرى		غوص
محمد بن إبراهيم السويدي	عقاب	سنبوك	غوص	ناصر بن صالح الفضالة	بنت البصرة	جالبوت	غوص
محمد بن إبراهيم بن شمسان السادة	زهية	جالبوت	غوص	ناصر بن مبارك بن زامل الكواري	طويسين	سنبوك	غوص
محمد بن إبراهيم بن شمسان السادة	الوسمية	جالبوت	غوص	نصربن عبدالله بن إبراهيم النصر السليطي	سمحان	سنبوك	غوص
محمد بن إبراهيم بن شمسان السادة	أم النمل	جالبوت	غوص	نصربن عبدالله بن إبراهيم النصر السليطي	مصفي	سنبوك	غوص
محمد بن إبراهيم بن طيف المريخي	طويحة	جالبوت	غوص1940م	نصربن عبدالله بن إبراهيم النصر السليطي	الودعاني	سنبوك	غوص
محمد بن أحمد الأحمد البوعينين	فتح الخير	جالبوت	غوص	هلال بن خليفة الخليفي	الكاتلية	جالبوت	غوص
محمد بن أحمد الأحمد البوعينين	الوسمي	جالبوت	غوص	يوسف بن أحمد السليطي	سعيدة	جالبوت	غوص
محمد بن أحمد الأحمد البوعينين	السيد	جالبوت	غوص	يوسف بن أحمد السليطي	الودعاني	سنبوك	غوص
محمد بن أحمد الأحمد البوعينين	برزان	جالبوت	غوص	يوسف بن أحمد السليطي	العباسية	جالبوت	غوص
محمد بن أحمد بن زامل الكواري	المرونة	جالبوت	غوص	يوسف بن جابر المالكي	المنجب	سنبوك	غوص
محمد بن ثامر (بوثامر) المعاضيد	البدرية	جالبوت	غوص	يوسف بن جابر المالكي	الجاروف	سنبوك	غوص
محمد بن جاسم بن شاهين البوعينين	مصيحة	جالبوت	غوص	يوسف بن حمد النصف	السباح	سنبوك	غوص
محمد بن جهام الكواري	الطرزي	سنبوك	غوص	يحيى بن إبراهيم المالكي	مساعد	سنبوك	غوص

السفن وأصحابها (٤)

محمد بن حسن السليطي	الفندي	بتيل	غوص	أحمد بن جاسم السالم البوعينين	ظبيان	بوم	أسفار
محمد بن حسين بن محمد المناعي	النعامة	جالبوت	غوص	أحمد بن جاسم السالم البوعينين	سهيل	بتيل	أسفار
محمد بن حسين بن محمد المناعي	الفرس	جالبوت	غوص	أحمد بن رمثة السويدي		جالبوت	أسفار
محمد بن حسين بن محمد المناعي	ظبيان	سنبوك	غوص	أحمد بن زامل الكواري		بوم	أسفار
محمد بن حمد بن بحر الحجي النعيمي	الطيارة	جالبوت	غوص	جاسم بن محمد بن خلف البوعينين	فرحان	بوم	أسفار
محمد بن حمد بن بحر الحجي النعيمي	دلهي		غوص	جاسم بن محمد بن خلف البوعينين	الميزان	بتيل	أسفار
محمد بن حمد بن بحر الحجي النعيمي	العريضة	جالبوت	غوص	حسين محمد النعمة	مرمريس	بوم	أسفار
محمد بن حمد بن بحر الحجي النعيمي	الرياض		غوص	حمد بن محمد حمد المناعي	فلحه	جالبوت	أسفار1944م
محمد بن حمد بن لاهوب المهندي	بندر	سنبوك	غوص	راشد بن محمد بومرشد الكبيسي	المناعية	جالبوت	أسفار
محمد بن حمد بن لاهوب المهندي	النيرة	جالبوت	غوص	سالم بن شبيب بن شبيب المناعي	سمحان	سنبوك	أسفار
محمد بن خليفة السويدي	الباشا	جالبوت	غوص	سالم بن شبيب بن شبيب المناعي	العركاني	سنبوك	أسفار1963م
محمد بن خليفة المعاضيد	أم الحنايا	بقارة	غوص	سالم بن شبيب بن شبيب المناعي	جميلة	جالبوت	أسفار1975م
محمد بن راشد العسيري	بومبي	جالبوت	غوص	سالم بن شبيب بن شبيب المناعي	مارد	شوعي	أسفار
محمد بن راشد العسيري	سمحة	جالبوت	غوص	سالم بن شبيب بن شبيب المناعي	دغيس	سنبوك	أسفار1944م
محمد بن راشد بومرشد الكبيسي	البسطة	جالبوت	غوص	سالم بن صالح بن سالم المناعي	نايف	بوم	أسفار
محمد بن راشد بومرشد الكبيسي	حب الهيل		غوص	سالم بن صالح بن سالم المناعي	جوهر السفن	بوم	أسفار
محمد بن راشد النفيحي الكبيسي	لخنيزية	جالبوت	غوص	سالم بن صالح بن سالم المناعي	الوسمي	بوم	أسفار1946
محمد بن سعد الحسن المهندي	دلي	جالبوت	غوص	سعد بن خلف بن حسن المناعي	فلاح	سنبوك	أسفار1967م
محمد بن سعد السعيد	العودة	جالبوت	غوص	سلطان بن سلطان الراشد البوعينين	العنبر	بوم	أسفار
محمد بن سعد السعيد	مصيحة	جالبوت	غوص	سيف بن مبارك بن محمد المناعي	سعيد	جالبوت	أسفار1970م
محمد بن سعيد البوحمود البوعينين	الفسقانة	جالبوت	غوص	سيف بن مبارك بن محمد المناعي	مساعد	سنبوك	أسفار1975م
محمد بن سعيد البوحمود البوعينين	العريضة	جالبوت	غوص	سيف بن مبارك بن محمد المناعي	الكسارة	سنبوك	أسفار1980م
محمد بن سعيد الجهام الكواري	بتيل ولد سعيد	بتيل	غوص	صالح بن سليمان المانع		جالبوت	أسفار
محمد بن سلطان البادي	الواقية		غوص	عبدالرحمن بن عيسى بن حمد المناعي		بقارة صغيرة	أسفار1945م
محمد بن سلطان بن صباح العسيري	البدرية	جالبوت	غوص	عبدالرحمن بن نجم بن صالح المناعي		شوعي	أسفار1303م
محمد بن سلمان القريز الحسن المهندي	بندر	سنبوك	غوص	عبدالله بن أحمد الخال فخرو	الميمون	سنبوك	أسفار
محمد بن سند البنعلي المهندي	الجالس	سنبوك	غوص1940م	عبدالله بن أحمد الخال فخرو	بن عياي	بوم	أسفار
محمد بن شاهين بن أحمد العسيري	الشارد	سنبوك	غوص	عبدالله بن أحمد الخال فخرو	الهبرة		أسفار
محمد شبيب بن خلف المناعي	سمحان	سنبوك	غوص1894م	عبدالله ومحمد أبناء أحمد محمود الخال	المحروق	بوم	أسفار
محمد بن صقر البوحسين البوعينين	سعيدة	جالوت	غوص	عبدالله بن حمد رقيط المناعي	ميسر	سنبوك	أسفار1960م
محمد بن عبداللطيف آل إبراهيم المهندي	الفتح	جالبوت	غوص1935م	عبدالله بن حمد رقيط المناعي	فلحه	جالبوت	أسفار1970م
محمد بن عبداللطيف آل إبراهيم المهندي		جالبوت	غوص	عبدالله بن عبدالرحمن المسحل البوعينين	سمحان	بوم	أسفار
محمد بن جاسم بن محمد عبدالوهاب الفيحاني	فريجة	جالبوت	غوص	عبدالله بن عبدالرحمن المسحل البوعينين	الحصان	بوم	أسفار
علي بن شبيب بن شبيب المناعي	ريح بالك	جالبوت	قطاعة1939م	علي بن خليفة الغانم البوعينين	نايف	بوم	أسفار
علي بن شبيب بن شبيب المناعي	مساعد	جالبوت	قطاعة1947م	عيسى بن زامل الكواري	مطران	سنبوك	أسفار
علي بن شبيب بن شبيب المناعي	العنود	جالبوت	قطاعة1945م	عيسى بن زامل الكواري	أم المراري	جالبوت	أسفار
غانم بن مرشد بن محمد المناعي	العبرة	جالبوت	قطاعة1945م	مبارك بن زامل الكواري	طويسين	سنبوك	أسفار
محمد بن ناصر بوشرود المناعي	الباجلاء	جالبوت	قطاعة1937م	مبارك بن زامل الكواري	الحمراء	جالبوت	أسفار
علي بن شبيب بن شبيب المناعي	ريح بالك	جالبوت	قطاعة1939م	محمد بن صقر البوحسين البوعينين	مرزوق	بوم	أسفار
عبدالله أحمد الفياض	تيسير		قطاعة	محمد بن عبدالعزيز بن محمد المناعي	حب الهيل	جالبوت	أسفار
علي بن شبيب بن شبيب المناعي	ريح بالك	جالبوت	قطاعة1939م	محمد بن عبدالعزيز بن محمد المناعي	رسلان	جالبوت	أسفار
علي بن شبيب بن شبيب المناعي	مساعد	جالبوت	قطاعة1947م	محمد بن عبدالعزيز بن محمد المناعي	الغزال	جالبوت	أسفار
علي بن شبيب بن شبيب المناعي	العنود	جالبوت	قطاعة1945م	محمد بن عبدالعزيز بن محمد المناعي	اربيلة	جالبوت	أسفار
غانم بن مرشد بن محمد المناعي	العبرة	جالبوت	قطاعة1945م	محمد بن عبداللطيف المانع	مشهور	بوم	أسفار
محمد بن ناصر بوشرود المناعي	الباجلاء	جالبوت	قطاعة1937م	ملا صالح بن جابر الملا	أم الصواطر	جالبوت	أسفار
عبداللهبن علي الفضالة	المكني			ناصر بن حسن البوحسين البوعينين	لندن	جالبوت	أسفار
				يوسف بن سيف بن راشد الحسيني		بقارة	أسفار

السفن وأصحابها (٥) [1]

---

(١) يذكر أنه كانت هناك قوارب أخرى توفر الماء والحطب والمواد الغذائية ومختلف الخدمات لسفن الصيد والغوص، وتأتي كل موسم من القرى القطرية ومدن الساحل المقابل، لنجة وبوشهر وبندر عباس، وفيما تميزت قطر والبحرين والكويت وسلطنة عمان بسفن الغوص على اللؤلؤ، تميزت الكويت وسلطنة عمان أكثر بسفن الأسفار.

سفينة قطرية وقارب صغير حيث كان البحر شريان حياة للقطريين في الزمن القديم

قارب وسفينة صيد بشاطئ الدوحة عام ١٩٦٢

الأسرة الحاكمة

" هيأ الأجداد الأولون من أسرة آل ثاني، مسيرة حكم لا فرق فيها بين حاكم ومحكوم، بعد اجتيازهم مع أهل قطر الكرام المخلصين، مصاعب فارقة، كانوا يؤدون خلالها دورًا تطوعيًّا سرعان ما تبلور إلى دور قيادي، وعامل استقرار لا غنى عنه لبلادنا في مواجهة أزمات طاحنة "

الأسرة الحاكمة

اكتسبت الأسرة الحاكمة في قطر شرعيتها من أهل قطر ومحبتهم؛ بعد عقود طويلة من العطاء والعمل معًا؛ من أجل تأسيس وازدهار دولة قطر المستقلة.

وهيأ الأجداد الأوّلون من آل ثاني، مسيرة حكم لا فرق فيها بين حاكم ومحكوم، بعد اجتياز تحديات متلاحقة، كانوا يؤدون خلالها دورًا تطوعيًّا سرعان ما تبلور إلى دور قيادي، وعامل استقرار لا غنى عنه لأهل قطر في مواجهة أزمات طاحنة، مرّت بها بلادنا في فترات زمنية مختلفة، إلا أن تلك الأزمات، شدت عضدها، وعززت صلابة وصمود شعبها، والتفافَهُ حول قيادته على مر العصور للحين.

ومع ظهور الشيخ محمد بن ثاني آل ثاني، الذي وحّد القبائل القطرية بفضل حكمته وسمعته الطيبة، تحولت قطر من مجرد مفهوم جغرافي إلى كيان سياسي في حدود سنة ١٨٥٠م، حيث كانت قطر فضاءً جغرافيًّا تعيش فيه قبائل مستقلة على طول البحر أو بجانبه أكثر منها بلدًا بمفهومه الحقيقي، وهو ما أكده الباحث الفرنسي كزافيي بجين بيلكوك في كتابه «قطر والفرنسيون، خمسة قرون من حكايات الرحلات والنصوص المعرفية».[١]

١ كزافيي بجين بيلكوك، قطر والفرنسيون، ص ٢٨، مرجع سابق.

صورة تجمع حكام قطر

سمو الأمير الشيخ تميم بن حمد آل ثاني، على اليمين، ويتحدث مع سمو الأمير الوالد الشيخ حمد بن خليفة آل ثاني، (أسفل اليسار)، وصعودًا على التوالي الشيخ حمد مع والده سمو الأمير الأب الشيخ خليفة، ثم الشيخ علي بن عبد الله مع نجله الشيخ أحمد بن علي، أول من حمل لقب الأمير في حكم قطر، وأعلى الصورة الشيخ عبد الله بن قاسم آل ثاني، وعلى يساره نجله وولي عهده الشيخ حمد بن عبدالله الذي توفي قبل توليه الحكم.

ومثل جميع العرب تعود جذور أهل قطر إلى شبه الجزيرة العربية، ففي بداية القرن الثامن عشر، نزحت أسر وقبائل كثيرة من نجد إلى منطقة الخليج، وذلك بسبب سوء الأحوال الاقتصادية والاجتماعية ونتيجة خلافات ونزاعات قبلية وحدوث مجاعات قاسية، حيث شكلت سواحل قطر مناطق جذب لأبناء الجزيرة العربية لما تتميز به من ازدهار ورواج تجاري، خاصة في مواسم الصيد والغوص على اللؤلؤ.

وبنى الأجداد الأوّلون للأسرة الحاكمة في قطر، الشيخ ثاني بن محمد ونجله الشيخ محمد ثم الجد المؤسس الشيخ قاسم، جسورًا من الثقة والتضامن مع أهل قطر، كونهم رجال علم ودين، وتجار لؤلؤ بارزين منخرطين في حل المشكلات وفض النزاعات بالعدل والحكمة والمشورة الحسنة، فضلًا عن شجاعتهم في الدفاع عن البلاد ضد الغزاة والمعتدين، بدعم ومساندة من أهل قطر، فلم يكن هناك جيش نظامي وإنما كل مواطن وقبيلة تساهم بأسلحتها وتمويلها الخاص في الذود عن الأرض، وكانوا دائمًا على أهبة الاستعداد، ما يحقق سرعة الاستجابة في رد الغزاة، وهو أمر يفتخرون به إلى اليوم.

وأسس الشيخ محمد بن ثاني علاقة قوية مع أهل قطر وخاض وأبناؤه من بعده العديد من المعارك للدفاع عن أرضها مع تعاقب حكم العثمانيين والبريطانيين.

وتشير المصادر التّاريخية إلى أن أجدادنا من آل ثاني هاجروا من أشيقر بمنطقة الوشم في نجد، واستقروا في بلدة يبرين إلى الجنوب الشرقي من شبه جزيرة قطر، ومن هناك انتقلوا إلى «اسكك» في

جنوب البلاد، ثم ارتحلوا شمالًا إلى الرّويس وفويرط، ثم إلى الزبارة حيث وُلد الشيخ ثاني بن محمد، إلى أن استقرت الأسرة في الدوحة وتولت الحكم وتأسيس إمارة قطر في ظروف شديدة الاضطراب.

ولم تكن القبائل التي استقرت في شبه الجزيرة القطرية، حتى أواسط القرن التاسع عشر، في وضع سياسي متماسك يساعدها على إقامة إمارة، إلا أن قوة آل ثاني نمت في هذه الفترة بفضل تضامنهم مع أهل قطر، فضلًا عن رواج تجارة اللؤلؤ، ما عزز من مركزهم الاجتماعي والمالي، فتمكنوا من توحيد القبائل وقيادة البلاد في ظل ظروف متوترة تمثلت أساسًا في الصراع البريطاني-العثماني للسيطرة على المنطقة.

وكانت الأسرة قد استقرت في الدوحة عام 1848م، واستتب الأمر للشيخ محمد بن ثاني الذي تَزَعَّمَ عشيرته بعد وفاة والده، واستطاع توحيد القبائل القطرية تحت راية واحدة. وفي تلك الفترة ساءت الأمور بين قطر حديثة الولادة وبين البحرين، ووقعت معارك برية وبحرية تولّى قيادتها مع أهل قطر، الشيخ محمد بن ثاني، واستطاع من خلالها مواجهة خصومه من البحرين، وألحق بهم هزيمة في مدينة الوكرة، عام 1868م. ووقّع مع البريطانيين معاهدة في العام نفسه يتم بموجبها الاعتراف به حاكمًا شرعيًّا لمجموع قطر آنذاك.

ولكن بعد بضع سنوات، وفي عام 1872م، أقام الأتراك ثكنة عسكرية في قلعة الدوحة بطلب من حاكم قطر بعد انتشار الأساطيل الاستعمارية في الخليج ورغبته في الانضمام للواء الدولة العثمانية

الإسلامية، وكان الأتراك موجودين في الإحساء قبلها، ما جعل البلاد بشكل اسميّ تحت الحكم العثماني. وجاء نجله الشيخ قاسم ليحقق انتصارًا تاريخيًّا على جيش أكبر دولة في العالم آنذاك، ولم يكن للشيخ قاسم أي عداوة ضد الدولة العثمانية ولكنه لم يرض بظلم بعض الولاة العثمانيين ومحاولاتهم التدخل في شؤون قطر، وتحقق له النصر في معركة الوجبة ضد الجيش العثماني عام ١٨٩٣م، وسميت بذلك نسبة إلى المنطقة التي تقع فيها قلعة الوجبة جنوب الدوحة، وما زالت هذه القلعة قائمة حتى الآن، ووثق تفاصيل المعركة كتاب «إمارة قطر العربية بين الماضي والحاضر». وبعدها زادت شعبية الشيخ قاسم وترسخت محبته، ومحبة أبنائه من بعده في قلوب أهل قطر.[١]

ويعود نسب آل ثاني إلى المعاضيد وهم عشيرة من الوهبة إحدى بطون حنظلة بن مالك من بني تميم.

وثاني جد الأسرة هو ثاني بن محمد بن ثامر بن علي بن سيف بن محمد بن راشد بن علي بن سلطان بن بُريد بن سعد بن سالم بن عمرو بن معضاد بن ريّس بن زاخر بن محمد بن علوي بن وُهَيب بن قاسم بن موسى بن مسعود بن عقبة بن سُنَيع بن نهشل بن شداد بن زهير بن شهاب بن ربيعة ابن أبي سُود بن مالك بن حنظلة بن مالك بن زيد مناة بن تميم بن مُرّ بن أُدّ بن طابخة بن إلياس بن مضر بن نزار بن مَعدّ بن عدنان.

---

(١) محمد شريف الشيباني، مؤرخ الأسرة الحاكمة في قطر، إمارة قطر العربية بين الماضي والحاضر، ٥ أكتوبر ١٩٦٢، متاح على: https://ia801603.us.archive.org/10/items/Qatar_20170128/Qatar.pdf

سنوات الشدة

" خلال تلك السنوات، عصفت ببلادنا محن وأزمات غير مسبوقة في تاريخنا من كوارث طبيعية وأمراض وأوبئة فتاكة لا تقل خطورة عن وباء كورونا (كوفيد-١٩) الذي ضرب رئة العالم بقسوة عام ٢٠٢٠ "

سنوات الشدة

خاض أهل قطر مع أسرة آل ثاني تحديات كبيرة، ولعبوا دورًا مهمًا في تجاوز سنوات مليئة بالأزمات والكوارث الإنسانية، حتى قبل تولي آل ثاني الحكم فيما يمكن تسميتها بسنوات الشدة.

وخلال تلك السنوات، عصفت ببلادنا محن غير مسبوقة في تاريخنا من أمراض وأوبئة فتاكة لا تقل خطورة عن وباء كورونا (كوفيد-١٩) الذي ضرب رئة العالم بقسوة عام ٢٠٢٠، فقديمًا مع اعتماد قطر بشكل كبير على البحر كمصدر للرزق والحياة، كانت مدنها وبلداتها الساحلية تستقبل البحارة والتجار على الدوام من مختلف أنحاء العالم، ما جعلها عرضة للأوبئة والأمراض التي كانوا يحملونها.

وضرب الطاعون شمال البلاد في عام ١٨٢٠م، ما اضطرّ الناجين للفرار بسبب المجاعة التي خلفها الوباء، وفي سنة ١٩٠٣م انتشر مرض الجدري في كامل منطقة الخليج، وتعرضت المنطقة أيضًا لموجات من مرض الكوليرا حتى عام ١٩١١م، وتعددت المراسلات حول الوباء، وأبرزها برقية أرسلها حاكم البصرة عام ١٩٠٣م إلى وزارة الداخلية العثمانية يذكر فيها أن الناس يموتون بسبب وباء الكوليرا، وأنه يجب اتخاذ التدابير الوقائية اللازمة.

ويحتفظ متحف قطر الوطني بنسخة مطابقة من هذه البرقية في إحدى صالات العرض التي تحمل اسم «اكتشاف النفط».

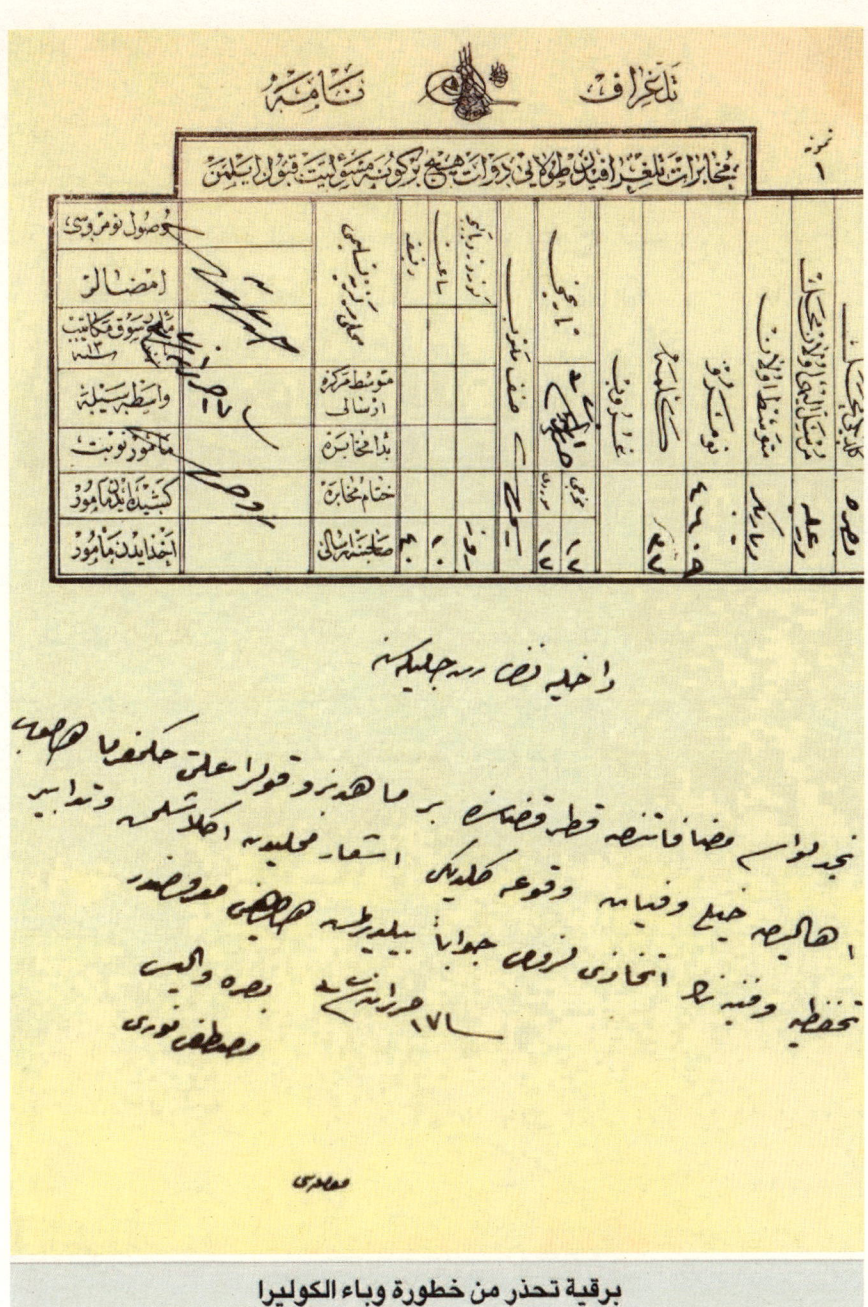

تلغرافنامه

مخابرات تلغرافیه دن طولایی دولت هیچ بر گونه مسئولیت قبول ایتمز

برقية تحذر من خطورة وباء الكوليرا

نسخة مطابقة من برقية أرسلها حاكم البصرة عام ١٩٠٣م إلى وزارة الداخلية العثمانية يذكر فيها أن الناس يموتون بسبب وباء الكوليرا- متحف قطر الوطني.

سنة الرحمة

في عام ١٩١٨م، اجتاحت الإنفلونزا الإسبانية مناطق واسعة من العالم، ووصل الوباء إلى قطر، وأودى بحياة الكثيرين من سكانها، وأطلق أهلنا على هذه السنة اسم «سنة الرحمة» لكثرة الأموات وكثرة الترحّم عليهم خلالها.

وتوفي جدي الشيخ فيصل بن ثاني -رحمه الله- في سنة الرحمة وهو في العشرينيات من عمره، فقد تأثر بالوباء ومات هو وزوجته شيخة بنت عبد الله بن جاسم، وطفلهما الصغير سعود الذي لم يتجاوز ربيعه الثاني أو الثالث في الحياة، ومعهم ستة عشر شخصًا من مرافقيهم. وكان هناك ثلاثة بيوت لأقاربه من المعاضيد، وجميعهم من منطقة مكينس جنوب غرب الدوحة، ومات كل من فيها في مدة قصيرة، ولم يتبق منهم سوى أربعة أطفال صغار بينهم والدي.

وروَى لي صديق جدي كارثة هذا الوباء وكيف فتك بالناس، وما رآه العائدون بعد ثلاث سنوات من الهروب الجماعي إلى صحراء الربع الخالي من موت الناس في منازلهم، والإبل النافقة على عيون الماء لم تجد من يسقيها، فقد كانت «سنة الرحمة» كارثة كبيرة على منطقة الخليج والعالم.

سنة الطبعة

ضربت عاصفة «سنة الطبعة» دول الساحل الشرقي للجزيرة العربية وبينها قطر عام ١٩٢٣م، والطبع في اللغة الدارجة لأهل الخليج يعني «الغرق» فيقال إن المركب «طُبع» أي غرق. وأدت العاصفة إلى

تدمير كبير لأساطيل السفن، وغرق الآلاف من الناس، ومن ثم هجرة الكثيرين للعمل في دول مجاورة خاصة بعد كساد اللؤلؤ في ثلاثينيّات القرن العشرين.

وعبْر هذه الاختبارات الصعبة، تعززت علاقة الثقة والمحبة بين الشعب والحاكم، واصطف أهل قطر وراء قادتهم، وكان الشيخ ثاني بن محمد شيخًا حكيمًا وقاضيًا ذا علم ودين، ونال ونجله من بعده الشيخ محمد، ثقة الناس.

ومما سمعتُ من مجالس أهل قطر قديمًا، أنه من قبل أيام حُكم الشيخ ثاني بن محمد، تعرضت بلادنا للعديد من هجمات وغارات الغزاة برًّا وبحرًا. وتعامل أهل قطر مع هذه الهجمات بذكاء شديد في حدود ما تمنحه لهم الطبيعة من إمكانيات ومقومات للمواجهة والمراوغة والدفاع، فأقاموا بيوتهم على طول الساحل المميز بمياهه الضحلة التي يصعب اختراقها من جانب سفن الغزاة، فتحميهم من هجماتهم المباغتة من جهة البحر، فيما تقيهم الطبيعة شر المعتدين برًّا بوجود رمال متحركة تكبل حركة الخيول من جهة صحراء الربع الخالي.

كما اكتسب القطريون خبرة التعامل مع مثل هذه الهجمات الخطيرة، ففي حالة قدوم الغزو من جهة البر، ومع امتلاكهم عددًا كبيرًا من السفن، كان الرجال يوفرون الحماية لنسائهم وأطفالهم بإرسالهم في مجموعات على تلك السفن إلى جزر في عمق البحر لإبعادهم عن خطر المواجهات مع الغزاة، ولكن وقع الكثيرُ من الأحداث المأساوية بغرق سفن مليئة بالنساء والأطفال. ويُقال إن قبيلة مثل العمامرة فقدت أكثر من ٦٠ امرأة وفتاة في تلك الأوقات المضطربة.

أما في حالة قدوم الغزاة من البحر، فكان الأهالي من النساء والأطفال وكبار السن ينسحبون من المدن الساحلية إلى مدن في عمق البر، فيما يمكن وصفه بالعمق الاستراتيجي للمدن الساحلية، فالدوحة عمقها الريان، والوكرة عمقها الوكير. وحين تقع محاولة الغزو، يتوجه الأهالي إلى المدن الداخلية للبعد عن مدى المدفعية البحرية، فيما يضطر الغزاة إلى الدخول في عمق الصحراء التي تتحول إلى مصيدة موت لهم لأنهم لا يخبرون تفاصيلها وأسرارها كما يعرفها القطريون.

وامتاز أهل قطر باستثمارهم جهل الغزاة والمعتدين بطبيعة أرضهم، باستدراجهم إلى مناطق نائية لاتوجد بها آبار للمياه حتى يستنفد الغزاة طاقاتهم، ويتملكهم الإرهاق والتعب، فينقضّون عليهم ويهزمونهم، فيما كانوا يسمّمون بعض الآبار للفتك بالمعتدين.

ورغم تعاقب الغزاة، امتازت قطر بالأمن والأمان الداخلي بين أفراد شعبها، وبقيت آمنة على مر الزمان، فلا نهب ولا سرقة بين القطريين ولا مكان للجريمة بينهم على مر التاريخ حتى الآن، وهو ما أكده تصدر قطر للدول الأكثر أمانًا والأقل جريمة في العالم، طبقًا لمؤشر الجريمة الصادر عن موسوعة قاعدة البيانات العالميَّة (NUMBEO) في النصف الأول من عام ٢٠٢٠م.

وعلى مدار تلك السنوات والعقود الطويلة، ترسّخت الثقة والمحبة بين أهل قطر والأسرة الحاكمة دون أن يكون هناك فرق بين حاكم ومحكوم، فالكل على قلب رجل واحد، ومصيرهم مشترك، وهدفهم واحد: رفعة قطر.

قطر تأثرت بجائحة الإنفلونزا الإسبانية التي أدت إلى وفاة ملايين الأشخاص حول العالم سنة ١٩١٨م وسُميت بـ"سنة الرحمة" لكثرة الترحم على الأموات خلالها. وانتقلت الجائحة إليها مع الوافدين على متن السفن التجارية

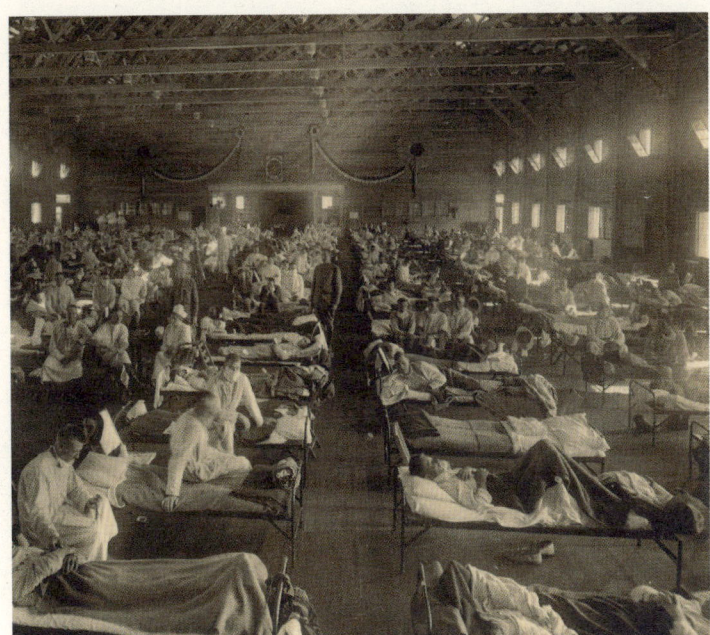

مستشفى طوارئ عسكري في ولاية كنساس الأمريكية أثناء انتشار الوباء عام ١٩١٨

عاصفة «سنة الطبعة» ضربت دول الساحل الشرقي للجزيرة العربية وبينها قطر عام ١٩٢٣م، وأدت إلى تدمير كبير لأساطيل السفن، وغرق الآلاف من البشر.

شخصية قطر وتأسيس الدولة

" تبرز شخصية قطر المميزة منذ القدم في حسن قراءتها لواقع جغرافيتها وعدد سكانها المحدود، بحفاظها على علاقات متزنة مع العالم، وعقدها شراكات استراتيجية وفق أسس ومبادئ تعزز أمنها وسيادتها على مر التاريخ حتى اليوم "

شخصية قطر

أشرقت شمس التاريخ الحديث لدولة قطر في النصف الثاني من القرن الثامن عشر، بوحدة وتكاتف القبائل القطرية مع آل ثاني، لإرساء سبل الاستقرار، والاستقلال عن الجيران، وإقامة علاقات متزنة مع مختلف الأطراف النافذة في المنطقة حينذاك.

وتبرز شخصية قطر المميزة منذ القدم، في حسن قراءتها لواقع جغرافيتها وعدد سكانها المحدود، بحفاظها على علاقات متزنة مع العالم، وعقدها شراكات استراتيجية وفق أسس ومبادئ تصون أمنها وسيادتها، وهي رؤية ثاقبة ثبت صوابها منذ تحالف حاكم قطر الأول الشيخ محمد بن ثاني مع الإمام فيصل بن تركي أمير الدولة السعودية الثانية، وعلى مر التاريخ حتى الآن.

وبعد توقيع الشيخ محمد بن ثاني سنة ١٨٦٨م اتفاقية مع السلطات البريطانية في الخليج، تم الاعتراف بقطر كيانًا سياسيًّا مستقلًا، وتعهدت بموجبها بريطانيا بحماية قطر من أي عدوان خارجي.

وفي الربع الأخير من القرن التاسع عشر دخلت قطر في مظلة الخلافة العثمانية وحافظت تحت حكم شيخها، قاسم بن محمد آل ثاني، على روابطها بدولة الخلافة، مع وجود تباين في المواقف تجاه بعض الأمور، حتى وفاة الشيخ (في ١٧ يوليو ١٩١٣)، وقيام الحرب العالميَّة الأولى.

وفي عام ١٩١٦ وقّع الشيخ عبد الله بن قاسم آل ثاني حاكم قطر آنذاك، معاهدة حماية مع بريطانيا، تضمنت أحد عشر بندًا وتحفّظ الشيخ على ثلاثة منها، رأى أنها تمس بالسيادة الوطنية وهي:

البند السابع الذي يسمح لرعايا بريطانيا بمنافسة السكان المحليين في تجارة اللؤلؤ.
والثامن الذي ينص على تعيين مقيم بريطاني في قطر.
والتاسع الذي يسمح لبريطانيا بإنشاء مكتب للبريد والبرق في البلاد.

وبموجب البنود الثاني والعاشر والحادي عشر تعهدت بريطانيا بحماية قطر من جهة البحر، وبمنع أي جهة خارجية من التدخل في شؤونها الداخلية.

وفي سنة ١٩٣٥ قام الشيخ عبد الله بتجديد تلك المعاهدة، ومنح شركة البترول الإنجليزية الفارسية امتيازًا للتنقيب عن النفط في البلاد، إضافة إلى الموافقة على تعيين مقيم بريطاني في قطر، وإن لم يتحقق هذا الأمر الأخير إلا في سنة ١٩٤٩، لتكون قطر بذلك آخر بلد خليجي يوافق على تعيين مقيم بريطاني.

ورغم أن بشائر النفط بدأت في نهاية عام ١٩٣٩ إلا أن عمليات الاستكشاف توقفت في سنوات الحرب العالميَّة الثانية، ومع تدهور صناعة الغوص وبوار سوق اللؤلؤ الطبيعي، ساءت الأحوال الاقتصادية في البلاد، حتى بداية الخمسينيّات حين بدأ تأثير تصدير النفط يترك بصمته على الحياة في قطر.

وتنامت أهمية النفط كمصدر للدخل بعد أزمة صناعة استخراج اللؤلؤ، التي نتجت بشكل جزئي عن إدخال اليابان اللؤلؤ الصناعي إلى السوق. كما لعب هبوط قيمة السلع الثمينة - بعد انهيار وول ستريت سنة ١٩٢٩- دوره في إعادة توجيه بوصلة الاقتصاد القطري نحو النفط.[١]

(١) المكتبة البريطانية، مكتبة قطر الرقمية، فالنتينا ميرابللا، متخصصة أرشيف، امتياز النفط القطري يستهل عهدًا جديدًا في العلاقات البريطانية مع الدوحة، متاح على: https://cutt.us/PlYGx

وتمكنت قطر في الستينيّات من الاشتراك في بعض الأنشطة الدولية، وذلك بالانضمام إلى منظمات تابعة للأمم المتحدة كمنظمة اليونسكو ومنظمة الصحة العالميَّة، كما اشتركت في مؤتمرات الدول المنتجة للنفط.

وفي يناير ١٩٦٨ سحبت الحكومة البريطانية قواتها من شرق قناة السويس، مُنهية بذلك عصر معاهدات الحماية مع حكام الخليج العربي.

وأصدر الشيخ أحمد بن علي آل ثاني -حاكم قطر آنذاك- مرسومًا بالقانون رقم (١١) لعام ١٩٦٩ بإنشاء إدارة للشؤون الخارجية كانت نواة لوزارة خارجية دولة قطر فيما بعد.

وصدر أول دستور قطري في شكل نظام أساسي في أبريل ١٩٧٠، متضمنًا تشكيل أول مجلس وزراء، وصدر مرسوم في ٢٩ مايو ١٩٧٠ بتشكيل مجلس الوزراء وتعيين اختصاصاتهم وعمل الأجهزة الحكومية الأخرى.

واجتمع مجلس الوزراء القطري للمرة الأولى يوم ٣ يونيو ١٩٧٠، وضم عشرة وزراء.

وفي ٣ سبتمبر ١٩٧١ أعلن الشيخ خليفة بن حمد آل ثاني ولي العهد، رئيس مجلس الوزراء آنذاك إنهاء معاهدة ١٩١٦، مؤْذنًا بمرحلة جديدة من تاريخ البلاد تسلمت فيها الحكومة كامل زمام الأمور، وأصبحت قطر دولة مستقلة.

(1)

INDIA OFFICE.
PZ. 8143/33.
B. 429.

Text of Treaty, dated November 3, 1916, and ratified on March 23, 1918, between His Majesty's Government and Sheikh Abdullah-bin-Jasim-bin-Thani of al-Katar.

Whereas my grandfather, the late Sheikh Mohammed-bin-Thani, signed an agreement on the 12th September, 1868, engaging not to commit any breach of the maritime peace, and whereas these obligations to the British Government have devolved on me his successor in Qatar;

I.

I, Sheikh Abdullah-bin-Jasim-bin-Thani, undertake that I will, as do the friendly Arab Shaikhs of Abu Dhabi, Dibai, Shargah, Ajman, Ras-ul-Khaima, and Umm-al-Qawain, co-operate with the High British Government in the suppression of the slave trade and piracy, and generally in the maintenance of the maritime peace.

To this end, Lieutenant-Colonel Sir Percy Cox, Political Resident in the Persian Gulf, has favoured me with the treaties and engagements entered into between the Sheikhs above mentioned and the High British Government, and I hereby declare that I will abide by the spirit and obligations of the aforesaid treaties and engagements.

II.

On the other hand, the British Government undertakes that I and my subjects and my and their vassals shall receive all the immunities, privileges, and advantages that are conferred on the friendly Sheikhs, their subjects and their vassals. In token whereof, Sir Percy Cox has affixed his signature with the date thereof to each and every one of the aforesaid treaties and engagements in the copy granted to me, and I have also affixed my signature and seal with the date thereof to each and every one of the aforesaid treaties and engagements, in two other printed copies of the same treaties and engagements, that it may not be hidden.

III.

And in particular, I, Sheikh Abdullah, have further published a proclamation, forbidding the import and sale of arms into my territories and port of Qatar; and in consideration of the undertaking into which I now enter, the British Government on its part agrees to grant me facilities to purchase and import, from the Maskat Arms Warehouse, or such other place as the British Government may approve, for my personal use, and for the arming of my dependents, such arms and ammunition as I may reasonably need and apply for in such fashion as may be arranged hereafter through the Political Agent, Bahrein. I undertake absolutely that arms and ammunition thus supplied to me shall under no circumstances be re-exported from my territories or sold to the public, but shall be reserved solely for supplying the needs of my tribesmen and dependents, whom I have to arm for the maintenance of order in my territories and the protection of my frontiers. In my opinion, the amount of my early requirements will be up to five hundred weapons.

IV.

I, Shaikh Abdullah, further undertake that I will not have relations nor correspond with, nor receive the agent of, any other Power without the consent of the High British Government; neither will I, without such consent, cede, to any other Power or its subjects, land, either on lease, sale, transfer, gift, or in any other way whatsoever.

V.

I also declare that, without the consent of the High British Government, I will not grant pearl-fishery concessions, or any other monopolies, concessions, or cable landing rights to anyone whomsoever.

VI.

The customs dues on the goods of British merchants imported to Qatar shall not exceed those levied from my own subjects on their goods, and shall in no case exceed 5 per cent. *ad valorem*. British goods shall be liable to the payment of no other dues or taxes of any other kind whatsoever, beyond that already specified.

2383 75 12.33

وثيقة معاهدة ٣ نوفمبر ١٩١٦، معتمدة في ٢٣ مارس ١٩١٨، بين الشيخ عبد الله بن قاسم آل ثاني - حاكم قطر وحكومة بريطانيا [١]

(١) المكتبة البريطانية ومكتبة قطر الرقمية، أوراق خاصة وسجلات من مكتب الهند، نص معاهدة بتاريخ ٣ نوفمبر ١٩١٦، ومعتمدة في ٢٣ مارس ١٩١٨، بين حكومة بريطانيا والشيخ عبد الله بن قاسم آل ثاني، حاكم قطر، متاح على: https://cutt.us/mnWV5

VII.

I, Shaikh Abdullah, further, in particular, undertake to allow British subjects to reside in Qatar for trade and to protect their lives and property.

VIII.

I also undertake to receive, should the British Government deem it advisable, an agent from the British Government, who shall remain at Al-Bidaa for the transaction of such business as the British Government may have with me, and to watch over the interests of British traders, residing at my ports or visiting them upon their lawful occasions.

IX.

Further, I undertake to allow the establishment of a British post office and a telegraph installation anywhere in my territory whenever the British Government should hereafter desire them. I also undertake to protect them when established.

X.

On their part, the High British Government, in consideration of these treaties and engagements that I have entered into with them, undertake to protect me and my subjects and territory from all aggression by sea, and to do their utmost to exact reparation for all injuries that I, or my subjects, may suffer when proceeding to sea upon our lawful occasions.

XI.

They also undertake to grant me good offices, should I or my subjects be assailed by land within the territories of Qatar. It is, however, thoroughly understood that this obligation rests upon the British Government only in the event of such aggression, whether by land or sea, being unprovoked by any act or aggression on the part of myself or my subjects against others.

In token whereof I, Lieutenant-Colonel Sir Percy Cox, Political Resident in the Persian Gulf, and I, Shaikh Abdullah-bin-Jasim-bin-Thani, have respectively signed and affixed our seal to this original document and four copies thereof.

Dated 6th Moharram, 1335, corresponding to the 3rd November, 1916.

(Signed and sealed)   ABDULLAH-BIN-JASIM.
P. Z. COX, *Lieutenant-Colonel,*
Political Resident in the Persian Gulf.

(Signed)   C[HELMSFORD],
Viceroy and Governor-General of India.

This treaty was ratified by the Viceroy and Governor-General of India in Council at Delhi on the 23rd day of March A.D. one thousand nine hundred and eighteen.

(Signed)   A. H. GRANT,
Secretary to the Government of India,
Foreign and Political Department.

APPENDIX A.

Translation of Letter addressed by Political Resident, Persian Gulf, to Sheikh Abdullah.

(After compliments.)

Whereas your Honour has to-day entered into and signed with me, on behalf of the British Government, an agreement or treaty, with the object of cementing the relations between the High British Government and yourself, and whereas your Honour has expressed the opinion that the time has not yet come for giving effect to articles (7), (8), and (9), which relate to:—

(1) The admission of British subjects to Qatar for trade.
(2) The admission of an agent on behalf of Government.
(3) The establishment of post and telegraph offices in your territory.

Therefore I, on behalf of the British Government, accept your opinion, and hereby inform you that the British Government see no present necessity for the

وثيقة معاهدة ١٩١٦ بين الشيخ عبد الله بن قاسم آل ثاني والحكومة البريطانية (٢)

execution of these measures, and will refrain from pressing for them until some future time when the need for them shall be manifest, and the effect will not be given to these articles without full consultation with you and the obtaining of your consent.

And whereas you have represented to me that you and your dependents possess a good many slaves from of old time, previous to this treaty, and that it would be difficult if the officials of Government were to interfere between them and their masters, accordingly I inform you that I recognise how you are placed in regard to this question, and that supposing that you accord your negroes fair and just treatment there will not be interference on the part of Government representatives in the matter.

This is what had to be explained, and may God preserve you.

P. Z. COX, *Lieutenant-Colonel,*
Political Resident in the Persian Gulf.

Dated, Al Bida, November 3, 1916 (Moharram 6, 1335).

APPENDIX B.
Proclamation by Sheikh Abdullah regarding the Arms Traffic.

Be it known to all who may see this:

Whereas it has become known to us that traffic in arms into British India, Persia, Kuwait, Bahrain, and the Trucial Coast is prohibited;

I, the undersigned, Abdullah-bin-Jasim-bin-Thani, Shaikh of Qatar, have decided to do all in my power to assist the British Government in putting a stop to this illegal traffic, and I hereby declare that from the date of this proclamation, the importation and sale of arms, cartridges, and all munitions into our territory, and the exportation of the same to other places, are absolutely prohibited. All arms and ammunition imported into Qatar territory, or exported therefrom, will in future be liable to seizure and confiscation.

That it may not be hidden.

(Signature and seal of) ABDULLAH-BIN-JASIM AL-THANI,
Chief of Qatar.

Dated at Al Bida, Moharram 6, 1335 (November 3, 1916).

وثيقة معاهدة ١٩١٦ بين الشيخ عبد الله بن قاسم آل ثاني وحكومة بريطانيا (٣)

معاهدة نوفمبر عام ١٩١٦ البريطانية - القطرية

نص الاتفاقية المؤرخة في ٣ تشرين ثاني - نوفمبر ١٩١٦م والتي تم التصديق عليها في ٢٣ آذار - مارس ١٩١٨م ، بين حكومة جلالته والشيخ عبد الله آل ثاني حاكم قطر .

«حيث أن جدي ، المرحوم الشيخ محمد بن ثاني وقع اتفاقاً يوم ١٢ أيلول - سبتمبر ١٨٦٨م ملتزماً فيه عدم القيام بأي خرق للسلام البحري وحيث أن هذه الالتزامات تجاه الحكومة البريطانية قد انتقلت إلي بصفتي خلفه على قطر ، فإنني :

١ - أتعهد أنا الشيخ عبد الله بن جاسم بن ثاني ، كما فعل الشيوخ العرب الأصدقاء حكام أبو ظبي ودبي والشارقة وعجمان ورأس الخيمة وأم القوين بالتعاون مع الحكومة البريطانية السامية ، بالقضاء على تجارة العبيد والقرصنة وعلى الحفاظ على السلام البحري عموماً .

لهذا الغرض قام الكولونيل السير برسي كوكس المقيم السياسي في الخليج (الفارسي) بتزويدي بالاتفاقيات والالتزامات السارية المفعول بين الشيوخ المذكورين أعلاه والحكومة البريطانية السامية ، وأنا أعلن بهذا بأنني سوف أتقيد بروح ونصوص الاتفاقيات والالتزامات السالفة الذكر .

٢ - من جهة أخرى ، تتعهد الحكومة البريطانية بأن تمنحني أنا وسفني ، ورعاياي وسفنهم ، كافة الحصانات والامتيازات والأفضليات التي تمنحها للشيوخ أصدقائها ، وكذلك لرعاياهم ولسفنهم . تصديقاً على ذلك فقد

نص معاهدة ١٩١٦ باللغة العربية (١)

(١) أحمد زكريا الشلق، فصول من تاريخ قطر السياسي، صـ٢٣٥، متاح على: https://cutt.us/Mafoe

قام السير برسي كوكس ، في التاريخ المذكور ، بتوقيع كافة الاتفاقيات والالتزامات في النسخة الممنوحة لي . كما أنني من جهتي أقوم في نفس التاريخ بختم كافة الاتفاقيات والالتزامات بتوقيعي وخاتمي ، وذلك على نسختين أخريين مطبوعتين لنفس المعاهدات والالتزامات حتى يكون ذلك معلوماً .

٣ - وقد قمت بشكل خاص ، أنا الشيخ عبد الله ، بالإضافة إلى ذلك ، بإصدار إعلان يمنع استيراد وبيع الأسلحة في الأراضي التابعة لي وفي مرافئ قطر ؛ وتقديراً للالتزامات التي أدخل فيها الآن ، توافق الحكومة من جهتها على منحي تسهيلات لشراء واستيراد الأسلحة من مخازن مسقط أو من أي مكان آخر توافق عليه الحكومة البريطانية وذلك لاستعمالي الشخصي وتسليح أتباعي ، وذلك من الأسلحة والذخائر التي قد أحتاجها بكميات معقولة أقوم بطلبها بطريقة يمكن ترتيبها فيما بعد عن طريق المعتمد السياسي في البحرين . كما أنني أتعهد بشكل قاطع بأن الأسلحة والذخائر التي أحصل عليها بهذه الطريقة لن يعاد تصديرها بشكل من الأشكال خارج أراضي ، أو بيعها لعامة الناس ، ولكنها ستكون مخصصة فقط لتلبية احتياجات رجال القبائل التابعين لي وأتباعي الذين يجب علي تسليحهم للمحافظة على الأمن في الأراضي التابعة لي ولحماية حدودي . وفي تقديري ، أن الكمية التي أحتجاها في البداية ستكون بحدود خمسمائة قطعة سلاح .

٤ - ألتزم أيضاً ، أنا الشيخ عبد الله ، بأن لا أقيم علاقات أو أراسل أو استقبل مندوب أية دولة أخرى دون موافقة الحكومة البريطانية السامية ؛ كما أنني بدون تلك الموافقة لن أمنح أية دولة أخرى أو رعاياها أي أراضٍ

بقية نص معاهدة ١٩١٦ (٢)

سواء عن طريق الإيجار أو البيع أو أو نقل الملكية ، أو كهدية أو بأية طريقة أخرى مهما كانت .

٥ - كما أعلن أيضاً بأنني لن أمنح أحداً ، حق صيد اللؤلؤ أو أية امتيازات أو احتكارات أخرى أو حقوق تمديد كابلات ، دون موافقة الحكومة البريطانية السامية .

٦ - لن تزيد الضرائب الجمركية على بضائع التجار البريطانيين المستوردة إلى قطر ، عن تلك المحصلة من رعاياي على بضائعهم ، والتي لن تزيد بحال من الأحوال على ٥٪ من قيمة البضائع . كما أن البضائع البريطانية لن تكون عرضة لأية مستحقات أو ضرائب أخرى من أي نوع كان بخلاف تلك التي تم تحديدها .

٧ - بالإضافة إلى ذلك أتعهد أنا الشيخ عبد الله ، تعهداً خاصاً ، بالسماح للرعايا البريطانيين بالإقامة في قطر بغرض التجارة وأن أحمي أرواحهم وممتلكاتهم .

٨ - كما أتعهد أيضاً ، إذا وجدت الحكومة البريطانية ضرورة لذلك ، باستقبال معتمد من قبل الحكومة البريطانية يكون مقر إقامته في البدع ، ليكون وسيطاً في تسيير الأعمال التي قد تكون للحكومة البريطانية معي ولرعاية مصالح التجار البريطانيين المقيمين في موانئ أو الذين يقومون بزيارة تلك الموانئ بطريقة قانونية .

٩ - أتعهد أيضاً بالسماح بإقامة مركز بريد بريطاني وتمديد خطوط البرق في أي مكان من الأراضي التابعة لي من الآن فصاعداً عندما ترغب الحكومة البريطانية في ذلك . كما أتعهد بحماية هذه المنشآت عند إقامتها

بقية نص معاهدة ١٩١٦ (٣)

١٠ - تتعهد الحكومة البريطانية السامية ، من جهتها ، تقديراً للاتفاقيات والالتزامات التي دخلت فيها معها ، بحمايتي وحماية رعاياي والأراضي التابعة لي من أي اعتداء من جهة البحر وأن تفعل ما بإستطاعتها لتحصيل التعويضات عن أي أذى قد يلحق بي أو برعاياي عند ركوبنا البحر للقيام بنشاطنا المشروع فيه .

١١ - كما أنها تلتزم بالوقوف إلى جانبي إذا ما تعرضت أنا أو رعاياي لأي اعتداء من جهة البر داخل الأراضي القطرية . مع ذلك فإنه يُفهم من ذلك بأن هذا التعهد يلزم الحكومة البريطانية فقط في الحالات التي لم يأت هذا الاعتداء سواء من ناحية البر أو البحر من حادث استفزازي أو اعتداء من قبلي أو من قبل رعاياي ضد الآخرين .

تصديقاً لذلك قمنا أنا ليوتنانت - كولونيل سير برسي كوكس المقيم السياسي في الخليج (الفارسي) وأنا الشيخ عبد الله بن جاسم آل ثاني على التوالي بتوقيع ووضع أختامنا على هذا المستند الأصلي وعلى أربع نسخ أخرى منه .

تحرر في السادس من محرم ١٣٣٥هـ الموافق للثالث من تشرين ثاني - نوفمبر ١٩١٦م .

(وُقِّع وَخُتِمَ من)

عبد الله بن قاسم آل ثاني **شيخ قطر**	**ليوتنانت كولونيل بي . زد. كوكس** **المقيم السياسي في الخليج (الفارسي)**

سي . هيلمز فورد
نائب الملك وحاكم عام الهند

بقية نص معاهدة ١٩١٦ (٤)

مرفق (١) بمعاهدة عام ١٩١٦

الرسالة الموجهة من المقيم السياسي، في الخليج (كوكس)
إلى الشيخ عبد الله بن قاسم آل ثاني حاكم قطر.

بعد التحية :

حيث أن سموكم قد أبرمتم اليوم معي نيابة عن الحكومة البريطانية ، معاهدة بغرض توثيق العلاقات بين الحكومة البريطانية السامية وبينكم وحيث أن سموكم قد عبر عن رأيه بأن الوقت لم يحن بعد لوضع البنود ٧ و ٨ و ٩ موضع التنفيذ والتي تتعلق بـ :

١ - السماح بدخول الرعايا البريطانيين إلى قطر والإقامة فيها بغرض التجارة .

٢ - السماح بوجود معتمد مقيم نيابة عن الحكومة البريطانية .

٣ - إقامة مكاتب بريد وبرق في أراضيكم .

لذا فإنني ، نيابة عن الحكومة البريطانية ، قبلت برأيكم وأخبركم بهذا وبأن الحكومة البريطانية لا ترى ضرورة في الوقت الحاضر لتنفيذ هذه الاجراءات وسوف تمتنع عن الضغط عليكم من أجلها إلى أن تنشأ الحاجة إليها في المستقبل . كما أن هذه البنود لن توضع موضع التنفيذ بدون التشاور التام معكم والحصول على موافقتكم .

* وثيقة موافقة الحكومة البريطانية على تحفظات الشيخ عبد الله بن قاسم على عدد من بنود المعاهدة، مرفق (١)، نوفمبر ١٩١٦.

وحيث أنكم أوضحتم لي بأنكم وأتباعكم تمتلكون عدداً لا بأس به من العبيد منذ أمد طويل، سابق لهذه المعاهدة، وأنه سيكون من الصعب على موظفي الحكومة التدخل بينهم وبين أربابهم، بناء عليه فإني أخبركم بأني أقدر موقفكم من هذه المسألة وأنه لو حصل عبيدكم على المعاملة الحسنة والعادلة فإنه لن يكون هناك أي تدخل من قبل ممثلي الحكومة في هذه المسألة.

هذا ما لزم توضيحه وليحفظكم الله ...

ليوتنانت كولونيل پي. زد. كوكس
المقيم السياسي في الخليج (الفارسي)

حرر في البدع، الثالث من تشرين ثاني – نوفمبر ١٩١٦م
(السادس من محرم ١٣٣٥هـ).

مأخوذ عن: R/15/1/627, pp. 211 - 212.

بقية مرفق (١) لمعاهدة ١٩١٦

الشعب والحاكم

"اعتاد حكام قطر في تقليد راسخ ومستمر لليوم على عقد مجالس مع المواطنين للاطلاع على مطالبهم وتلبيتها بصورة مباشرة، وكان الحاكم قديمًا مركز كل شيء، فلا وزارات ولا مؤسسات حكومية في الزمن القديم، لدرجة اللجوء إلى الحاكم في طلبات استخراج تراخيص المياه والكهرباء وقيادة السيارات!!"

نظام الحكم

قطر إمارة وراثية دستورية، والأمير هو رئيس الدولة ذاته مصونة، واحترامه واجب، وهو القائد الأعلى للقوات المسلحة، ويمثل الدولة في الداخل والخارج وفي جميع العلاقات الدولية.

ويقوم نظام الحكم على فصل السلطات مع تعاونها، حيث يتولى الأمير السلطة التنفيذية، ويعاونه في ذلك مجلس الوزراء. ويتكون الجهاز الحكومي في دولة قطر من مجلس الوزراء والوزارات والهيئات والمؤسسات والأجهزة الحكومية الأخرى.

ويتولى مجلس الشورى السلطة التشريعية، أما السلطة القضائية فتتولاها المحاكم. ويتولى رئيس مجلس الوزراء رئاسة جلسات المجلس وإدارة مناقشاته، ويشرف على تنسيق العمل بين الوزارات المختلفة تحقيقًا لوحدة الأجهزة الحكومية وتكامل نشاطها.

ويتم تشكيل الوزارة بأمر أميري بناء على اقتراح رئيس مجلس الوزراء، ويحدد القانون صلاحيات الوزراء، واختصاصات الوزارات، والأجهزة والمؤسسات الحكومية الأخرى.

ويناط بمجلس الوزراء بوصفه الهيئة التنفيذية العليا إدارة جميع الشؤون الداخلية والخارجية التي يختص بها، وفقًا للدستور وأحكام القانون. وتتولى الوزارات والجهات الحكومية الأخرى مسؤولية تنفيذ السياسات والبرامج العامة.

الشعب والحاكم

يحرص حكام قطر منذ نشأتها على إقامة مجالس أو لقاءات مباشرة مع المواطنين، في تقليد تاريخي راسخ ممتد ومستمر حتى الآن ،باستقبال سمو الأمير الشيخ تميم بن حمد آل ثاني، لمن يرغب من أهل قطر يوم الأحد من كل أسبوع للاطلاع على طلباتهم ومقترحاتهم بصورة مباشرة.

وعلى مدار عقود قضيتُها في مجالس أهل وحكام قطر، لم أجد فرقًا بين حاكم ومحكوم، فكلنا واحد وهدفنا واحد هو استقرار ونهضة بلدنا.

وكان الحكام الأوّلون مع بساطة الحياة يعقدون المجالس ثلاث مرات يوميًّا : في الصباح، وبعد الظهر، وبعد العصر، للاطلاع على مطالب المواطنين وحلها، فقد كان الحاكم قديمًا مركز كل شيء لدرجة اللجوء إليه في طلبات استخراج تراخيص المياه والكهرباء وقيادة السيارات، ولكن مع تطور الحياة خاصة بعد دخول قطر عصر النفط في خمسينيَّات القرن العشرين، زادت الحاجة إلى الإدارات والدوائر والوزارات المتخصصة في كافة نواحي الحياة.

وتميزت دولة قطر عبر تاريخها بوئام اجتماعي فريد عزز الأواصر بين القيادة والشعب، فكان التواصل والمحبة بينهما سمة قطرية توارثتها الأجيال، ولم تزدها الأيام إلا رسوخًا وصلابة؛ فجلسة الحاكم مع الشعب لبحث طلباتهم وتسهيل أمورهم وإيجاد الحلول لمشاكلهم، ومناقشة القضايا المهمة ثابت من ثوابت دولة قطر، ولارتباط هذه الجلسة بالشعب وشؤونه سميت «جلسة الشعب».

ورغم التطور المؤسساتي الذي تعيشه بلادنا وإقامة مؤسسات ووزارات متخصصة في كل قطاع، إلا أن سمو الأمير الشيخ تميم، حريص على مواصلة عقد "جلسة الشعب" لتبقى على مر التاريخ تقليدًا راسخًا لحكام قطر، فقد حرص سمو الأمير الوالد الشيخ حمد بن خليفة "حفظه الله" على انعقادها وحضورها، كما كان ينيب ولي عهده ـ آنذاك ـ سمو الشيخ تميم في عقدها أثناء غيابه. وكان الأمير الأب الشيخ خليفة، رحمه الله، قد درج خلال فترة حكمه على عقد الجلسة أيضًا لتعميق التواصل مع الشعب، وكان ذلك نهجًا لجميع الحكام من قبلهم.

سمو الأمير الشيخ تميم وسمو الأمير الوالد الشيخ حمد يستقبلان المواطنين المهنئين بالعيد في تقليد راسخ يعكس عمق علاقة الشعب بالحاكم في قطر

جلسة الشعب

معجزة قطر

"تتزاحم أسئلة حائرة في أذهان البعض عن كيفية تعويض بلادنا قلة عدد سكانها وخفة وزن الديمغرافيا، بثقل الدبلوماسية، ومحدودية الجغرافيا باتساع الموثوقية الدولية، واستثمارات مليارية تجوب كبرى اقتصادات العالم إلا أن ما يمكن وصفه بالمعجزة له جذور في تاريخ قطر شعبًا وحاكمًا"

تكشف السطور التالية في مسيرة قطر شعبًا وحاكمًا منذ منتصف القرن التاسع عشر إلى الآن، كيف استطاعت بلادنا بعدد مواطنين حوالي ٣٠٠ ألف نسمة فقط[١]، صناعة معجزة بمعنى الكلمة، وكيف عوّضت قطر خفة وزن الديمغرافيا، بثقل الدبلوماسية، ومحدودية الجغرافيا باتساع الموثوقية، وتنوع علاقاتها الدولية، فاحترافية قطر في إدارة علاقاتها مع العالم لها جذور وأصول منذ عهد الحكام الأولين، ويميزها الحكمة والتوازن وحسن قراءة الواقع دون تنازل عن السيادة واستقلالية القرار مع التفاف وتلاحم فريد بين الشعب والحاكم.

كما تميط اللثام عن سرّ قوة قطر الناعمة في الإعلام والرياضة والتعليم والثقافة وغيرها، وأسباب حفاظها على الأصالة والتفرد وكأن التميّز قدرها من موقعها الاستراتيجي على مفترق طرق تجارة أجود أنواع اللؤلؤ بين الشرق والغرب في الزمن القديم، إلى ريادتها أمن الطاقة العالمي كونها أحد أكبر مصدري الغاز الطبيعي المسال منذ بدايات الألفية الثالثة.

وتفسر أيضًا هذه الصفحات في عُمر قطر - التي عشناها - روحًا وجسدًا، كيف لدولة بهذا الحجم الجغرافي الصغير أن تحتل هذا الحيز الكبير على الساحة العالميَّة، شريكًا استراتيجيًا لا غنى عنه لدول تفوقها مساحة وسكانًا مئات المرات.

وفي الوقت نفسه، سرّ نجاحها في منافسة الكبار وتحولها إلى عاصمة للرياضة العالميَّة، تستضيف وتنظم كبرى الفعاليَّات الرياضيَّة التي تحتاج خبرات وإمكانيات هائلة لاسيما بطولة كأس العالم ٢٠٢٢ كأول دولة عربية تنال هذا الشرف الكبير.

(١) عدد سكان قطر بحسب الجنسية، تقرير غير رسمي، أغسطس ٢٠١٩، متاح على: https://cutt.ly/CT49UL0

وتُجيب هذه السطور على علامات استفهام حائرة لدى البعض حول بلادنا، كيف صارت عاصمتها الدوحة منصةَ حوار، ومنبرَ سلام في منطقة عربية شرق أوسطية تفيض بالأزمات والصراعات، وسر وساطتها الناجعة في نزاعات عصيَّة كالحجر، وخلافات مُعقدة ككرة صوف يصعب حلها دون أن تتعقد مرات ومرات، إلا أنها تنجح في نهاية المطاف، ما يجعلها منارة تتطلع إليها الشعوب الحالمة بالخروج من ظلمات الحروب والتوترات إلى نور التعايش في محبة وسلام.

الفصل الثاني

حكام قطر
وانتقال السلطة

"اللافت في حكم قطر، الانتقال السلمي للسلطة، دون عنف أو اقتتال، فلم يُتَوَفّ حاكم على كرسي السلطة في بلادنا، ودائمًا ما يحدث تسليم الحكم بصورة سلميّة بتوافق الأسرة الحاكمة، وكبار الشخصيات الممثلين لأهل وقبائل قطر الكرام. وكان آخرها تسليم سمو الأمير الوالد الشيخ حمد بن خليفة آل ثاني، (١٩٩٥-٢٠١٣) مقاليد الحكم لنجله وولي عهده الأمين -آنذاك-، سمو الأمير الشيخ تميم بن حمد آل ثاني، يوم الثلاثاء ٢٥ يونيو عام ٢٠١٣م."

الشيوخ المؤسسون والأمراء المتعاقبون وفترات حكمهم:

١- **الحاكم الأول** - الشيخ محمد بن ثاني (١٨٥١-١٨٧٨)

٢- **الجد المؤسس** - الشيخ قاسم بن محمد بن ثاني (١٨٧٨-١٩١٣)

٣- **عهد الصمود** - الشيخ عبد الله بن قاسم آل ثاني (١٩١٣-١٩٤٩)

٤- **عصر النفط** - الشيخ علي بن عبد الله آل ثاني (١٩٤٩-١٩٦٠)

٥- **أول أمير** - الشيخ أحمد بن علي آل ثاني (١٩٦٠-١٩٧٢)

٦- **الأمير الأب** - الشيخ خليفة بن حمد آل ثاني (١٩٧٢-١٩٩٥)

٧- **مؤسس الدولة الحديثة** - الشيخ حمد بن خليفة آل ثاني (١٩٩٥-٢٠١٣)

٨- **حامي السيادة وصانع النهضة** - الشيخ تميم بن حمد آل ثاني (٢٠١٣- الآن)

حكام قطر

ثاني
محمد بن ثاني
(١٨٥١ - ١٨٧٨)
قاسم بن محمد بن ثاني
(١٨٧٨ - ١٩١٣)
عبد الله بن قاسم
(١٩١٣ - ١٩٤٩)
علي بن عبد الله بن قاسم
(١٩٤٩ - ١٩٦٠)
حمد بن عبد الله
توفي ١٩٤٨ ولم يتولى الحكم
أحمد بن علي عبد الله
(١٩٦٠- ١٩٧٢)
خليفة بن حمد آل ثاني
(١٩٧٢ - ١٩٩٥)
حمد بن خليفة آل ثاني
(١٩٩٥- ٢٠١٣)
تميم بن حمد آل ثاني
(٢٠١٣ -الآن)

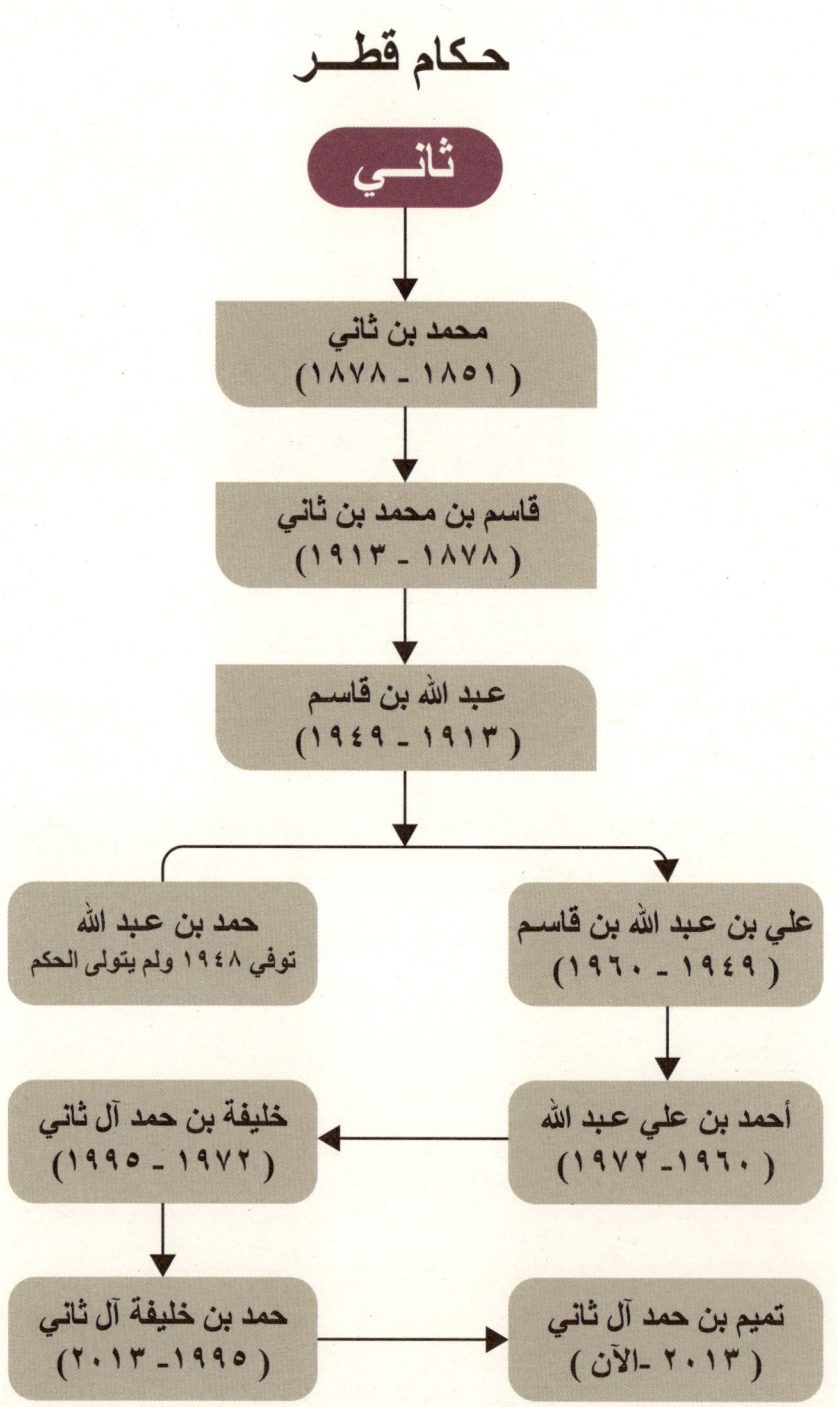

1878 - 1851

الشيخ محمد بن ثاني

أول حاكم لقطر وأحد أبرز قادتها التاريخيين. استطاع أن يؤلف بين القبائل القطرية وأن يوحد البلاد في مرحلة بالغة التعقيد، وقد اشتهر بالحصافة وبعد النظر، وحب الأدب والشعر.

1913 - 1878

الشيخ قاسم بن محمد آل ثاني[1]

مؤسس قطر وبانيها، كان قائدا عسكريا وقاضيا مفتيا، كما كان فارسا شاعرا، وصاحب نخوة وشهامة. خاض حروبا عديدة للدفاع عن قطر، ولم تثنه المخاطر عن اقتحام الصعاب وردع الظلم وإجارة المظلوم.

1949 - 1913

الشيخ عبد الله بن قاسم آل ثاني

الحاكم الثالث لدولة قطر، عرف بالتدين والاستقامة وسعة المعرفة. وقد حفرت أول بئر للبترول في قطر في عهده وأثبت خلال مفاوضاته مع شركات النفط أنه مفاوض بارع ورجل دولة نافذ البصيرة بعيد النظر.

1960 - 1949

الشيخ علي بن عبدالله آل ثاني

الحاكم الرابع لقطر، جمع بين الحكمة في إدارة أمور البلاد وبين التواضع والحلم وحب الإحسان وفعل الخير، وقد أجمع معاصروه على سمو صفاته الشخصية وعلى نبل شمائله وأخلاقه. وفي عهده دخلت قطر فعلياً عصر النفط بتصدير أول شحنة منه، ودخلت البلاد مرحلة جديدة من التطور الاقتصادي والاجتماعي.

1972 - 1960

الشيخ أحمد بن علي آل ثاني

الحاكم الخامس لدولة قطر وأول من حمل لقب أمير قطر. عرف بالمهابة والحكمة، والتأني في معالجة الأمور، والسعي إلى التوافق وجمع الكلمة. في عهده أنشئ مجلس للشورى، وصدر أول نظام أساسي مؤقت للحكم في البلاد.

1972 - 1995

الشيخ خليفة بن حمد آل ثاني

الحاكم السادس لدولة قطر، شهد عهده العديد من الإنجازات؛ فأُعيد تنظيم الحكومة وعُدّل النظام الأساسي المؤقت، وأبرمت الدولة عددا من الاتفاقيات لاستخراج النفط وتسويقه، وأقيمت المدارس والمعاهد وأنشئت أول جامعة في البلاد.

---

* يذكر أن الشيخ قاسم بن محمد آل ثاني، تنازل عن الحكم لشقيقة الشيخ أحمد بن محمد آل ثاني، ولكنه استشهد، فعاد الحكم للشيخ قاسم مرة أخرى حتى عام ١٩١٣

صاحب السمو الأمير الوالد
الشيخ حمد بن خليفة آل ثاني
مؤسس دولة قطر الحديثة
(١٩٩٥-٢٠١٣)

صاحب السمو
الشيخ تميم بن حمد آل ثاني
أمير البلاد المفدى
منذ يونيو ٢٠١٣

حاكم قطر الأول

"الشيخ محمد بن ثاني، ولد عام ١٧٧٦م، واشتهر بالكرم والسمعة الطيبة واستطاع أن يؤلف بين القبائل القطرية ويوحدها في مرحلة بالغة الاضطراب والتعقيد، ويحولها من مجرد قبائل مستقلة تعيش في فضاء جغرافي إلى بلد بمفهومه الحقيقي".

الشيخ محمد بن ثاني
حاكم قطر الأول

هيّـأت مسـيرة العطـاء والمواقـف القياديـة لأسـرة آل ثانـي المليئـة بالنضـال والمثابـرة والعدل والغيـرة علـى قطـر وأهلهـا، أيَّـام الشـيخ ثانـي بـن محمـد آل ثانـي، لنجلـه الشـيخ محمـد بـن ثانـي تأسـيس النـواة الأولـى للدولـة.

وأرسـت هـذه المسـيرة دعائـم راسـخة للحكـم ركيزتهـا الأساسـية محبـة وثقـة أهـل قطـر.

والشـيخ محمـد بـن ثانـي هـو أول حاكـم مـارس سـلطته فـي شـبه جزيـرة قطـر، ويُعـد مؤسـس وعميـد حكـم أسـرة آل ثانـي. اشـتهر بالكـرم والسـمعة الطيبـة، واسـتطاع أن يؤلـف بيـن القبائـل القطريـة ويوحدهـا فـي مرحلـة بالغـة التعقيـد، ويحولهـا مـن مجـرد قبائـل مسـتقلة تعيـش في فضـاء جغرافي شاسـع إلـى بلـد بمفهـوم حقيقـي، كمـا اشـتهر بالحصافـة وبُعـد النظـر، وحـب الأدب والشـعر.[١]

وُلـد الشـيخ محمـد بـن ثانـي فـي حـدود عـام ١٧٧٦م، فـي فويـرط، شـمال شـرق قطـر، وفيهـا شـبّ وترعـرع حتـى صـار شـيخًا لقبيلتـه سـنة ١٨٣٩م.

(١) الديوان الأميري، دولة قطر، حكام قطر، الشيخ محمد بن ثاني، متاح على:
https://www.diwan.gov.qa/about-qatar/qatars-rulers/sheikh-mohammed-bin-thani

وفي عام ١٨٤٨م، انتقل إلى الدّوحة (البدع) وأصبح زعيمًا لها، وامتد نفوذه إلى جميع أنحاء قطر.

وفي عام ١٨٥١ أصبح حاكمَ قطر، حيث حقق بسمعته الطيبة، وقوة شخصيته، وصلابة إرادته، إنجازًا تاريخيًّا بتوحيد صفوف القبائل القطرية البارزة، وجمع راياتها تحت راية واحدة هي الراية ذات اللون الأحمر الأرجواني الذي أصبح لون علم البلاد. كما تمكن من إقامة توازن في العلاقات السياسية مع كبرى الدول آنذاك.

وعزّز الشيخ محمد مركزه على المستوى الإقليمي بالتحالف مع الإمام فيصل بن تركي أمير الدولة السعودية الثانية، واستقبله في قطر مطلع ١٨٥١م.

وفي ١٢ سبتمبر ١٨٦٨، وقّع معاهدة مع المقيم السياسي البريطاني في الخليج العقيد «لويس بيلي» وكانت أول اعتراف دولي باستقلالية قطر، وبزعامة الشيخ محمد بن ثاني لها.

وفي عام ١٨٧١م، وصل الجيش العثماني إلى قطر، فأصبحت فضاء تابعًا للدولة العثمانية، بنفوذ محدود للغاية حيث بقيت السلطات بيد الشيخ محمد بن ثاني، وابنه الشيخ قاسم بن محمد.

وتوفي الشّيخ محمد بن ثاني يوم ١٨ ديسمبر ١٨٧٨ ليتولى نجله الشيخ قاسم زمام الأمور من بعده، والذي اشتهر بلقب «المؤسس» لدولة قطر.

المؤسس

"في مسيرة كل شعب وأمة، أحداث مفصلية يخلدها التاريخ، ويحفرها الزمن على جدران الذاكرة فلا تُنسى. وواجه المؤسس الشيخ قاسم بن محمد آل ثاني، مؤامرات ومكائد خارجية خطيرة، وخاض بمعاونة أهل قطر معارك حاسمة عزّزت استقلاليتها، ورسّخت مكانة شعبها وحكامها».

الشيخ قاسم بن محمد بن ثاني
المؤسس

مؤسس قطر وبانيها، عُرف بغيرته على أرضها، ورفضه المساس بوحدة أهلها، وخاض معهم سلسلة من المعارك الفارقة، وعاد منها منتصرًا ليجتمع عليه الرأي لاستكمال مسيرة والده.

ولد الشيخ قاسم بن محمد بن ثاني في حدود عام ١٢٤٢هـ/١٨٢٧م، ونشأ في «فويرط» بالشمال الشرقي لقطر، وهناك تعلم القرآن وعلومه والفقه والشريعة، وآداب الفروسية ومهارات الصيد والقنص.[١]

والمؤسس الشيخ قاسم بن محمد آل ثاني هو جدّ جدّي الشيخ فيصل بن ثاني[٢] الذي توفيَّ وزوجته في سنة الرحمة عام ١٩١٨، ولذا عاش والدي طفولته يتيم الأب والأم بعد وفاتهما، وكان لذلك أثره في الاهتمام به من قبل الحاكم ورعايته وتقريبه من مجالس الكبار، ليتعلم من خبرتهم وتجاربهم.

كما قضى الوالد أكثر أوقاته مع نجل المؤسس وحاكم قطر من بعده الشيخ عبد الله بن قاسم، وأعمامه وأخواله، وصار أميرًا لمنطقة دخان التي تدفقت من بين رمالها أولى آبار النفط في قطر.

(١) الديوان الأميري، دولة قطر، حكام قطر، الشيخ قاسم بن محمد آل ثاني، متاح على:
https://www.diwan.gov.qa/about-qatar/qatars-rulers/sheikh-jassim-bin-mohammed-bin-thani

(٢) جدي فيصل بن ثاني، نطلق عليه «فيصل الأول» لأن بعد وفاته، أنجب والده طفلًا آخر وسمَّاه فيصل أيضًا.

وواجه الشيخ قاسم ظروفًا وتحديات صعبة، وحافظ على استقلالية قطر في خضم صراعات القوى الكبرى من الإنجليز والعثمانيين للسيطرة على المنطقة في تلك الفترة. وحاز كاريزما أهّلته في مطلع شبابه لجمع القبائل حوله، وتوحيد رايتها بنهج حكم عادل يسير على دربه حكام قطر إلى اليوم بعد أكثر من قرن من رحيله.

وأبدت القبائل والعائلات القطرية ولاءها له لمَا لمسته فيه من حكمة وإخلاص ومحبة وعدل، فقد كان قائدًا شجاعًا وقاضيًا عادلًا، يفصل في شؤونهم وفقًا لأحكام الشرع والدين والأصول والتقاليد المتعارف عليها بينهم.

وتولى الشيخ قاسم إدارة الحكم في قطر عام ١٨٧٦م، إلى جانب والده الذي تقدمت به السن، ثم خلفه على الحكم بعد وفاته في ١٨ ديسمبر ١٨٧٨، بتأييد شعبي، وتمكن من تثبيت دعائم الحكم الوطني بقيادة آل ثاني.

وفي السنوات الأولى من حكمه، اهتم الشيخ قاسم بتوحيد أهل قطر وتعميق الانتماء الوطني والتأكيد على أهمية التلاحم والتآلف بين مكونات الشعب. وأوْلى اهتمامًا بالغًا بالتعليم، فأنشأ الكتاتيب وجلب الفقهاء، وقام بإعمار المساجد، وكان يلقي الدروس ويفتي ويقضي بين الناس.

كما اهتم ببناء السّفن وتعزيز تجارة اللؤلؤ، حتى أصبحت قطر من أكبر مصادر اللؤلؤ في المنطقة، وتوطدت علاقاتها التجارية مع الهند

وسواحل إفريقيا الشرقية، فتوفرت فرص العمل، وتحسنت ظروف الحياة، وتوسع العمران، وازداد عدد السكان.

وتعززت مكانة الشيخ قاسم كقائد شجاع مخلص لشعبه بعدما قاد معهم معارك حاسمة في تاريخ دولة قطر مثل معركة الوجبة عام ١٨٩٣م. وهيَّأ لأبنائه حكم قطر بعد تلك المسيرة المليئة بالكفاح للحفاظ على أرضها، مستندًا على عزيمة وصلابة ومحبة أهلها الذين اعتمد عليهم في صد الغزاة والمعتدين، وكان شقيقه أحمد مسؤولًا عن الدوحة، ونجله عبد الرحمن مسؤولًا عن الوكرة في الجنوب.

كما كان يعتمد على أخيه الشيخ أحمد في الحفاظ على وحدة وتماسك البلاد، ويستشيره في كثير من الأمور لما عُرف عنه من شجاعة وإقدام ورجاحة عقل، وتنازل له الشيخ قاسم عن الحكم لفترة، ولكنه استشهد، فبدأ الشيخ قاسم يعتمد على نجله عبد الله وأشقائه، إلى أن تولى الشيخ عبد الله بن قاسم الحكم من بعده.

واللافت في حكم قطر، الانتقال السلمي للسلطة، دون عنف أو اقتتال، فلم يُتَوَفَّ حاكم على كرسي السلطة في قطر، ودائمًا ما يحدث تسليم الحكم بصورة سلميّة بتوافق الأسرة الحاكمة، وكبار الشخصيات الممثلين لأهل وقبائل قطر الكرام. وكان آخرها تسليم سمو الأمير الوالد الشيخ حمد بن خليفة آل ثاني، (١٩٩٥-٢٠١٣) مقاليد الحكم لنجله وولي عهده الأمين -آنذاك- سمو الأمير الشيخ تميم بن حمد آل ثاني، يوم الثلاثاء ٢٥ يونيو عام ٢٠١٣م.

علاقة المؤسس بالدولة العثمانية

تكشف سطور تاريخنا عن ثبات المؤسس الشيخ قاسم في مواجهة مكائد خارجية خطيرة استهدفت عزله عن الحكم عن طريق تعكير صفو علاقته مع الدولة العثمانية، إلا أنّ كشف الحقائق، قلب المكائد على مدبريها، وعزز مكانة وحكم المؤسس.

وتوثقت علاقة الشيخ قاسم بالدولة العثمانية، والسلطان عبد الحميد الثاني، الذي اعتلى العرش سنة ١٨٧٦م، بعد أن ثبت زيف مزاعم ساقها موظفو البصرة والأحساء العثمانيون، وتقارير قدمها الإنجليز ضد الشيخ قاسم بهدف عزله، وذلك بسبب تدابير اتخذها بعد خلافات بين تجار المنطقة وأهل قطر سنة ١٨٨٣ م، وبعد ثبوت زيف هذه المزاعم، منحته الدولة العثمانية منصب قائمقام، وهو منصب إداري عسكري.

ولم تتوقف حملات التضليل ضد الشيخ المؤسس حيث حاول والي البصرة انتهاز فرصة ذهاب الشيخ قاسم لأداء فريضة الحج، واقترح تعيين قائمقام آخر في قطر، ولكن السلطان عبد الحميد الثاني رفض الاقتراح، دون أن يتوقف أصحاب النوايا السيئة عن إرسال الأكاذيب والمعلومات المضللة عن الشيخ قاسم.

وكشفت مباحثات طويلة في مجلس شورى الدولة في اسطنبول سنة ١٨٨٦م، أن تلك المعلومات خاطئة، وقُدم تقرير مطول إلى السلطان عبد الحميد الثاني الذي أمر بعزل نزيه بك صاحب التقارير المضللة، ومنح الشيخ قاسم رتبة قابوتشي باشي، وهي رتبة تشريفية عالية، اعترافًا بسلطته الفعلية وزعامته لقبائل قطر.

ونجح الشيخ قاسم في عمل توازن بين الدولة العثمانية والإنجليز، ولم يسلم قيادته إلى الإنجليز مطلقًا مثلما فعل بعض الزعماء في المنطقة، ولهذا، أصرت الدولة العثمانية على التعديلات التي تحقق الاستقلال لقطر في المعاهدة العثمانية الإنجليزية سنة ١٩١٣م رغم معارضة الإنجليز لها.[١]

حروب البلقان[٢]

يبرز موقف الشيخ قاسم من حروب البلقان بدعمه حملة الإعانات الحربية لصالح الدولة العثمانية، فقد لبّى دعوة السيد طالب النقيب مبعوث ولاية البصرة لمجلس المبعوثين العثماني، وناظر لجنة الإعانات الحربية في البصرة خلال حروب البلقان، وتبرع بمبلغ قدره ٢٥ ألف روبية أي ما يعادل ١٨٣٢ ليرة للمجهود الحربي العثماني حينذاك.[٣]

كعبة المضيوم

انطلاقًا من قيم ومآثر الشيخ قاسم، اشتهرت قطر بأنها "كعبة المضيوم" أي الملاذ الآمن للمظلومين والمقهورين في بلادهم، فقد وضع ماله وسلطانه في خدمة الدفاع عن المظلوم، وتفريج الكرب، وإغاثة الملهوف، وتأمين الخائف، ومن ذلك استضافته لأسر نجدية كانت واقعة تحت ضغط سياسي، فاستضاف الإمام عبد الرحمن بن فيصل، وابنه الأمير عبد العزيز، وبقيَّة أسرته سنة ١٣١٠هـ/١٨٩٢م، وذلك لفترة من الزمن قبل نزولهم بالكويت، وممن شفع فيهم من أهل نجد أسرة آل بسام، ممن كانوا تحت الإقامة الجبرية وغيرهم كثيرون.

(١) زكريا قورشون، بحث منشور بعنوان «علاقة الشيخ قاسم بن محمد بن ثاني بالدولة العثمانية»، جامعة مرمرة، اسطنبول، متاح على: https://cutt.us/P5wnA
(٢) تألفت حروب البلقان من نزاعين حدثا في شبه جزيرة البلقان عامي ١٩١٢ و١٩١٣ ونتج عنها خسارة الدولة العثمانية لغالبية أرضها في أوروبا
(٣) اللجنة المنظمة لاحتفالات اليوم الوطني للدولة، المؤسس، حروب البلقان، متاح على: https://cutt.us/tAa3V

معركة الوجبة

في مسيرة كل شعب وأمة أحداث مفصلية يخلدها التاريخ، ويحفرها الزمن على جدران الذاكرة فلا تُنسى. ومعركة الوجبة أحد أبرز تلك الأحداث التاريخية في عمر قطر، فقد أسست لاستقلالها ورسخت مكانة شعبها وحكامها.

ودارت رحى معركة الوجبة على بعد ١٥ كيلومترًا غرب الدوحة، بعد رفض الشيخ قاسم أي مساس بمصالح بلادنا وشعبنا، ولكن إصرار العثمانيين -آنذاك- على التدخل المباشر في الشؤون الداخلية لقطر، سواء بإنشاء دائرة للجمارك في البدع، أو تعيين موظفين، وفرض ضرائب على التجار وعلى بيع اللؤلؤ، أدى في نهاية المطاف إلى مواجهة عسكرية انتهت بانتصار حاسم للشيخ قاسم في معركة الوجبة الشهيرة عام ١٨٩٣م[١].

وصارت هذه المعركة علامة بارزة في تاريخ بلادنا، وتحكي تفاصيلها أنه بعد إصرار الدولة العثمانية على هذه التدخلات، قرر الشيخ قاسم الاستقالة من القائمقامية، وأبلغ والي البصرة محمد حافظ باشا بقراره في يناير ١٨٩٣. ورفض الوالي الاستقالة، وطلب من الشيخ الاستمرار في منصبه، إلا أن الشيخ لم يتراجع عن قراره، ونقل مقر إقامته من الدوحة إلى منطقة الظعاين، وبعد فترة انتقل إلى منطقة الوجبة.

---

(١) محمد شريف الشيباني، إمارة قطر العربية بين الماضي والحاضر، مرجع سابق.

وبدعوى إعادة الأمن في قطر، وصل والي البصرة محمد حافظ باشا إلى الدوحة يوم ١٤ فبراير ١٨٩٣م، عن طريق الأحساء، واتخذ من القيادة العثمانية بالدوحة مقرًا لإقامته.

وبعد وصوله، بعث برسالة إلى الشيخ قاسم الموجود في منطقة الوجبة يدعوه للحضور إلى مقره للاستفسار عن الشكاوَى التي تلقاها ضده من الإنجليز وغيرهم، لكن الشيخ الذي كان غير مطمئن لنوايا الوالي العثماني، اعتذر عن عدم الحضور قائلًا في رسالته الجوابية، إن صحته لا تسمح له بالحضور، وإنه قد أناب عنه أخاه الشيخ أحمد، لكن الوالي اعتبر عدم تلبية الشيخ قاسم لدعوته رفضًا وتمردًا على الدولة العثمانية، فأقدم على اعتقال الشيخ أحمد والمرافقين له وعددهم ١٦ شخصًا.

وفي يوم ١٣ مارس ١٨٩٣م، قاد الوالي العثماني قوة كبيرة، وتوجه صوب الوجبة بقصد إلقاء القبض على الشيخ قاسم وتقديمه للمحاكمة، لكن الشيخ كان قد علم بالاستعدادات العثمانية وبتحركها نحو مقره، فأعد قواته وزودها بالسلاح والذخيرة والمواد الغذائية والمياه، ووضعها في مواقع مهمة على الطرق التي سوف تسلكها القوات العثمانية.

ونجحت خطته، حيث أوقعها في مصيدة قواته التي أنزلت بهم هزيمة ساحقة بعد معركة شرسة استمرت من الساعة العاشرة صباحًا حتى الخامسة مساءً، وقُتِلَ فيها عددٌ كبيرٌ من القوات العثمانية، وكان يوسف أفندي قائد تلك القوات من بين القتلى، وفرّ الوالي محمد حافظ الذي كان في مؤخرة قواته إلى الباخرة التركية «المريخ» الراسية في ميناء الدوحة.

ومن أهم نتائج معركة الوجبة أنْ سارع السلطان العثماني بعزل والي البصرة حافظ باشا بسبب سياسته الحمقاء وتحميله مسؤولية ما جرى، وعادت علاقة الشيخ قاسم بالدولة العثمانية إلى ما كانت عليه من ود وصفاء. وبرز الشيخ بعدها شخصية قيادية مهمة في الخليج، وقوة فاعلة للسياسة القطرية إقليميًّا.

ولم تكن الوجبة المعركة الوحيدة التي انتصر فيها الشيخ المؤسس، فقد خاض العديد من المعارك مع أهل قطر للدفاع عن أرضها، وذاع صيته فارسًا شجاعًا مالكًا لإرث عريق من تقاليد الحرب والفروسية العربية، ومشهودًا له بحنكة رجل الدولة السياسي الاستراتيجي، والقائد العسكري الميداني، خاصة أن فترة حكمه تزامنت مع وجود قوى إقليمية كبرى متصارعة على النفوذ.

ويُعد الشيخ قاسم بن محمد بن ثاني في دوره التاريخي لتعزيز الاستقلال، مؤسس دولة قطر.

كما كان شاعرًا وله ديوان شعر نبطي خلّد فيه مآثره، وهو مصدر لسيرته ومسيرته في مرحلة فاصلة من تاريخ قطر.

ومن أشهر قصائده «**كعبة المضيوم**» التي يقول فيها:

ويلومني العذّال على مطلب العُلا
ويلومني من لا هواي هواه
وحْن كعبة المضيوم إلى ما وزابنا
نجيره ولا نرضى بغير رضاه

وكم قد دهتنا من خطوب ملمة
ولا لينت منا صليب قناة
صبرنا على صكّات بقعا فعاننا
إله علا من فوق عرش سماه
شابت عوارضنا وجهلت قلوبنا
ولا شايب إلا من يشيب نباه
على نصر مظلوم وعلى قمع ظالم
ومقام حق في رضا الإله

وكان الشيخ المؤسس مهتمًا بالأحداث التي تجري في بلاد العرب، وله صلات عديدة مع رواد الفكر المستنير، ومهتمًا بمجالسة العلماء ونشر المعارف وطبع الكتب وتوزيعها، وقد أنفق كثيرًا على الأوقاف وأعمال البر، وما زال بعض أوقافه قائمًا حتى الآن في كثير من بلاد المسلمين.

ومما كُتِبَ عن المؤسس، وصفُ المؤرخِ خيرِ الدين الزركلي له في كتاب (الأعلام) بالشجاعة والفصاحة والحزم والعلم. كما قال عنه الشيخ محمود شكري الألوسي في "تاريخ نجد" إنه "من خيار العرب الكرام، مواظب على طاعاته، مداوم على عبادته وصلواته، من أهل الفضل والمعرفة بالدين المبين، وله مَبرّات كثيرة على المسلمين.. وله تجارة عظيمة في اللؤلؤ، وهو مسموع الكلمة بين قبائله وعشائره، وهم ألوف مؤلفة".

ويُعد تاريخ تسلمه مقاليد الحكم (يوم ١٨ ديسمبر ١٨٧٨) يومًا فاصلًا في تاريخ قطر وهو اليوم الوطني الذي تحتفل به الدولة كل عام.

توفي الشيخ قاسم بن محمد بن ثاني، ليلة الجمعة ١٣ شعبان ١٣٣١ الموافق ١٧ يوليو ١٩١٣.

واللافت في وصية الشيخ قاسم اهتمامه بالحفاظ على الصلاة والدين والأعمال الخيرية، فقد أوصى بجزء من ثروته للفقراء والنساء والخدم، وذكر بعضهم بالاسم، ولذلك تُعد وصيته أول وثيقة لتأسيس العمل الخيري والإنساني في دولة قطر التي تشتهر حاليًّا بأنها أحد أهم روافد العمل الإنساني والخيري للعديد من الشعوب حول العالم.[١]

(١) شافي بن سفر الهاجري، بحث منشور بعنوان «وصية الشيخ قاسم بن محمد آل ثاني، مؤسس دولة قطر»، جامعة قطر، متاح على: file:///Users/user/Downloads/1336-Article%20Text-1081-2-10-20210114%20(1).pdf

منزل نجل المؤسس الشيخ محمد بن قاسم آل ثاني، في منطقة أم صلال محمد، عبارة عن قلعة كبيرة بها أبراج يرجع تاريخها إلى القرن التاسع عشر

برج برزان لنجل المؤسس، عام ١٩١٠ [1]

(١) انتشرت الأبراج والقلاع في قطر قديمًا ولا يزال بعضها قائمًا للحين وأشهرها قلعة الزبارة»، إلى جانب قلاع في فريحة، والرويضة، وزكريت وأم صلال والوجبة التي تعد أقدم قلعة في قطر

القاعدة العثمانية في قطر وعدد من ضباطها عام ١٩٠٤

صورة مرسومة للوالد
الشيخ قاسم بن فيصل بن ثاني بن قاسم بن محمد بن ثاني
وفي الإطار نسب العائلة حتى الأجداد الأولين

بسم الله الرحمن الرحيم

من عبد الله بن قاسم الثاني   الى حضرة عالي الجاه المجراى ني تريودسي آي ئي اي باليوز البحرين دامة معاليه

بعد السلام الوافر والسؤال المتكاثر عن عزيز خاطركم العاطر ارجو انكم بخير دائم وسرور ملازم
حال محبكم بحمد الله على نعمه الوافره قد وصلني مشرفكم الكريم المرقوم ١٦ جروري المطابق
١١ شعبان فأسرني دوام صحتكم ومهما عرفتم كان عند محبكم معلوماً وقد شكرت
لكم هذه العاطفة الشريفة واثنيت على مكارم اخلاقكم فأرجو الله يديم لكم
هذه العواطف العاليه والاخلاق الحسنه وما اشرتم عن كدركم لعلمكم بقل
صحة الوالد فذلك من سمو همكم وهذا مما لا اشك فيه فقد قسم الله سبحانه
واختار في ليلة الجمعه ١٤ من شهر شعبان الحالي انه تنتقل الى رحمة ربه الله يرحمه
ويغفر له ويعظم لنا الأجر مع حسن العزاء وقد سلمنا الامر للواحد
الاحد ورضينا بما دبره ربنا وقضاه لهذا ما لزم شرحه وشرفونا بكل لازم
ودمتم سالمين

١٩ شعبان ١٣٣١

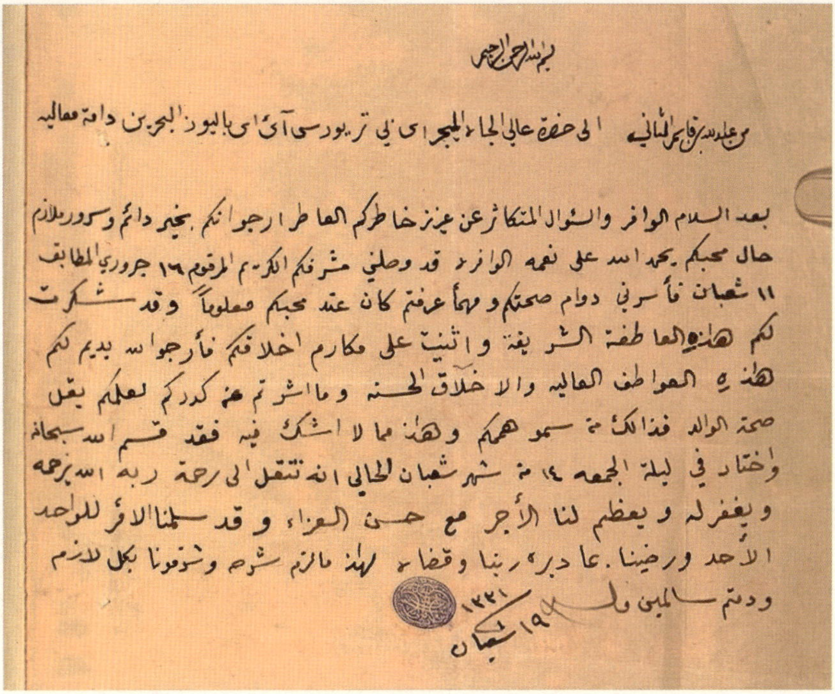

خطاب من الشيخ عبد الله بن قاسم آل ثاني يُخطر الوكيل السياسي في البحرين بوفاة والده، بتاريخ ١٩ شعبان ١٣٣١ الموافق ٢٤ يوليو ١٩١٣

لغة العرب

مجلة شهرية ادبية علمية تاريخية

الجزء ٣ من السنة ٣ عن شوال ١٣٣١ – ايلول ١٩١٣

٢٤ وفاة الشيخ قاسم بن ثاني وشيء من ترجمته

توفي الشيخ قاسم بن ثاني امير قطر وينتظر ان يقوم مقامه من يكون له خير خلف ويقتفي أثره احسن اقتفاء!

ولد الشيخ قاسم سنة ١٢١٦ على ما نقله سليمان افندي الدخيل فيكون قد عاش ١١٥ سنة بدون ان تظهر عليه علامات الشيخوخة لانه كان في غاية النشاط والقوة وكان اذا ركب جواداً لا يجاريه فارس.

نبأ وفاة الشيخ قاسم في مجلة «لغة العرب» أيام الدولة العثمانية التي نوهت بفروسية المؤسس ونشاطه وقوته قائلة إنه عاش ١١٥ عامًا دون أن تظهر عليه علامات الشيخوخة

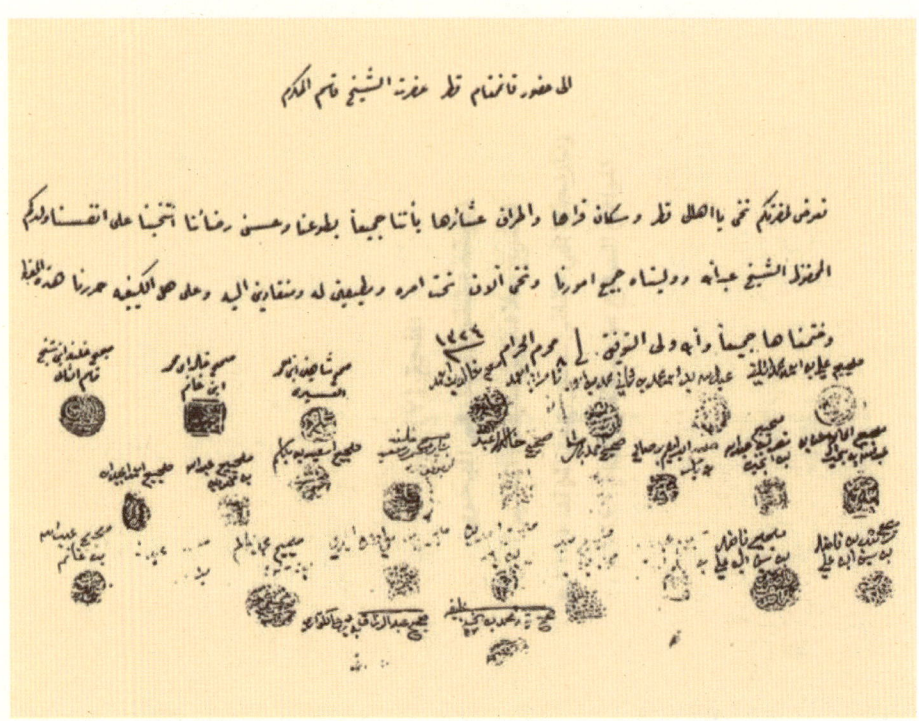

الى حضور قائمقام قطر حضرة الشيخ قاسم المكرم

نعرض لحضرتكم نحن يا اهالي قطر وسكان قراها واطراف عشائرها بانا جميعا بطوعنا وحسن رضانا انتخبنا على انفسنا ولدكم المحفوظ الشيخ عبدالله ووليناه جميع امورنا ونحن الوف تحت امره ومطيعين له ومنقادين اليه وعلى هذه الكيفية حررنا هذه المبايعة وختمناها جميعا والله ولي التوفيق في محرم الحرام ١٣٢٤

وثيقة مبايعة أهل قطر للشيخ عبد الله بن قاسم آل ثاني، ونصها كالتالي:

إلى حضور قائمقام قطر حضرة الشيخ قاسم المكرم

نعرض لحضرتكم نحن أهالي قطر، وسكان قراها وأطراف عشائرها، بأننا جميعًا بطوعنا، وحسن رضائنا، انتخبنا على أنفسنا، ولدكم المحفوظ الشيخ عبد الله، ووليناه جميع أمورنا، ونحن آلاف تحت أمره، ومطيعين له، ومنقادين إليه، وعلى هذه الكيفية حررنا هذه المبايعة وختمناها جميعًا، والله ولي التوفيق، محرم ١٣٢٤هـ/١٩٠٦م[1]

(١) عين الشيخ قاسم نجله الشيخ عبد الله حاكمًا على الدوحة عام ١٩٠٦م، وساعده في إدارة شؤون البلاد حتى تولى الحكم فعليًّا بعد وفاة والده في ١٧ يوليو ١٩١٣م

الفصل الثالث

عهد الصمود

"تجاوز أهل قطر مع الشيخ عبد الله بن قاسم آل ثاني، ثالث حكام قطر، سلسلة أزمات وكوارث من وباء عالمي وعواصف وكساد أسواق اللؤلؤ، إلى نشوب حربين عالميتين قطعتا أوصال طرق التجارة ليستحق عهده بجدارة لقب "عهد الصمود""

الشيخ عبد الله بن قاسم آل ثاني
عهد الصمود

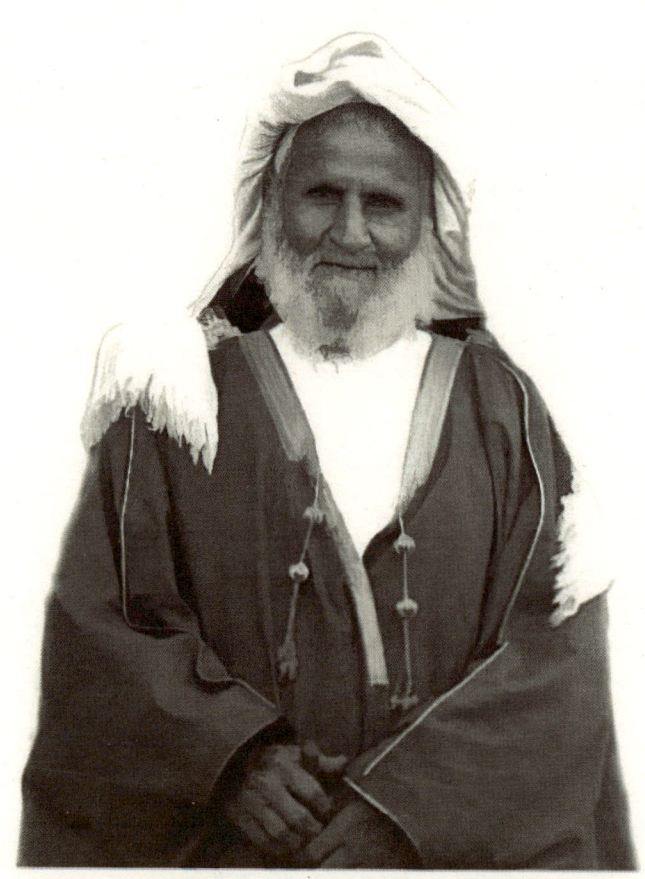

1949 - 1913

الشيخ عبد الله بن قاسم آل ثاني، الحاكم الثالث لدولة قطر (١٩١٣-١٩٤٩)، حفرت أول بئر للبترول في عهده ولكنها تعطلت مع اندلاع الحرب العالميَّة الثانية.

وتستحق فترة حكمه لقب "عهد الصمود" بجدارة بعد ما أظهره القطريون من قدرة على تجاوز كوارث وأزمات تداعت عليهم في تلك الفترة من سنة الرحمة عام ١٩١٨، وسنة الطبعة عام ١٩٢٣، وبداية كساد اللؤلؤ عام ١٩٢٥، ومواجهة محاولة تدخلات خارجية شمال قطر عام ١٩٣٧، إضافة إلى اندلاع حربين عالميتين الأولى (١٩١٤-١٩١٨) والثانية (١٩٣٩-١٩٤٥).

وواجه القطريون تحديات صعبة بسبب تلك الحروب، بحسب ما سمعت في مجالسهم، حيث تقطعت بهم سبل التجارة البحرية التي كانت العمود الفقري لحياتهم، وصارت البحار غير آمنة مع انتشار أساطيل الدول المتحاربة في كل حدب وصوب.

ومع انهيار التجارة، لم يجد البعض من أهل قطر سبيلًا للرزق سوى الهجرة للعمل في حقول النفط في دول مجاورة، فيما ظل غالبيتهم بها، وواجهوا حصارًا خانقًا بعد منع الدول تصدير السلع الأساسية مثل القمح والأرز والتمور وغيرها للحفاظ عليها لاستهلاكهم خوفًا من شبح الجوع الذي تستحضره الحروب.

واضطر أهل قطر لابتكار أساليب مختلفة لجلب المواد الغذائية التي لا يمكن الاستغناء عنها في بيئة صحراوية لا زرع فيها ولا ماء،

ووصلت الأسعار إلى أرقام فلكية حيث بلغ سعر جوال السكر ٧ آلاف روبية هندية، وجوال الأرز لحوالي ١٨٠٠ روبية[1]، وكانت هناك أزمة في الملابس أيضًا، فيما ساهمت هجرة البعض إلى الدول المجاورة في تخفيف الطلب على السلع الشحيحة بالأساس.

ولعب التجار دورًا مهمًا في تلك الفترة العصيبة، واضطر بعضهم لتعريض حياته للخطر لجلب المواد الغذائية بقوارب صغيرة بحرًا، فيما خاض بعض القطريين بطولات عبر رمال الصحراء على ظهور الإبل لجلب المواد الغذائية من أماكن أخرى بعيدة، وكان ذلك ممنوعًا ويعرضهم لمواجهات مع المناطق المجاورة.

كما قام بعض التجار بتسهيل الحصول على السلع الغذائية بالدفع الآجل على دفعات أو أقساط، وأحيانًا بنظام المقايضة، سلعة مقابل أخرى، مثل الحصول على الأرز أو القمح، مقابل السكر الذي نجلبه من دول أخرى، فيما يواصل بعض الشباب بحماسهم وقوّتهم جلب السلع من أماكن بعيدة أيضًا، وكل ذلك يتم بالتهريب برًّا وبحرًا لظروف الحرب. وكان الإنجليز يرسلون سفينة محملة بمواد تموينية من القاعدة البريطانية في الشارقة، ويدفع قيمتها الحاكم لتوزيعها على أفراد الأمن أو الشرطة حينذاك.

وقد ولد الشيخ عبد الله بن قاسم آل ثاني في البدع في عام (١٢٨٨ هـ / ١٨٧١ م). وفي عام ١٩٠٦ عينه والده حاكمًا على الدوحة، وكان حريصًا على أن يُعِدّه لحكم البلاد من بعده.

وتولى الحكم يوم ١٧ يوليو ١٩١٣، وبعد بضعة أشهر، وتحديدًا في ٢٩ نوفمبر من العام نفسه، وُقّعت الاتفاقية التاريخية الأنجلو- عثمانية

(١) الروبية الهندية العملة المتداولة في دول الخليج حينذاك وكان الجنيه الإسترليني يعادل ١٣ روبية تقريبًا، فيما بدأ العمل بالريال القطري عام ١٩٦٦

بين بريطانيا وتركيا، وبموجبها ألغيت كل الحقوق العثمانية في قطر، وانتهى الوجود العسكري العثماني بالدوحة في ١٩ أغسطس ١٩١٥، بعد أكثر من ٤٣ عامًا.

ووقّعت بريطانيا معاهدة مع الشيخ عبد الله في ٣ نوفمبر ١٩١٦، عرفت بالمعاهدة الأنجلو-قطرية، وافق بمقتضاها الشيخ عبد الله على عدم الدخول في أي علاقات مع أي دولة أخرى بدون موافقة الحكومة البريطانية.

وفي المقابل ضَمن المقيم السياسي في الخليج «بيرسي زكريا كوكس» (الذي وقع المعاهدة نيابة عن الحكومة البريطانية) حماية قطر من أي اعتداء تتعرض له من البحر، وكانت قطر آخر بلد خليجي يوقع على تلك المعاهدة.

وفي عام ١٩١٩ اعترفت بريطانيا بمكانة الشيخ عبد الله باعتباره حاكمًا بارز الأهمية، عُرف بالتدين والاستقامة وسعة المعرفة، ومنحته وسام إمبراطورية الهند.

وعندما جدد الشيخ عبد الله معاهدة ١٩١٦، في مايو ١٩٣٥، وافقت بريطانيا على حماية قطر من الهجمات التي قد تتعرض لها من ناحية البر إضافة إلى البحر، وترتب على ذلك توقيع أول اتفاقية لمنح امتياز لشركة البترول الإنجليزية الفارسية للتنقيب عن البترول في قطر يوم ١٧ مايو ١٩٣٥.

وقد حفرت أول بئر للبترول بقطر في أكتوبر ١٩٣٨، وتدفق النفط في منطقة دخان في شهر يناير ١٩٤٠، ولكن آبار البترول تعطلت بسبب تطورات الحرب العالميَّة الثانية.

وفي يوم ٥ أغسطس ١٩٤٩، وقّع الشيخ عبد الله على امتياز قاع البحر مع شركة «سوبرير أويل» الأمريكية والشركة البريطانية للتعدين والاستثمار المحدودة.

وعلى مستوى الحكم الداخلي، ساعد الشيخ عبد الله في إدارة شؤون الدولة، نجلُه ووليٌّ عهده الأمين، الشيخ حمد، الذي امتاز بالنشاط والفاعلية في تدبير أمور الدولة، ولكنه توفي قبل توليه الحكم، وعين الشيخ عبد الله، نجله الشيخ علي، نائبًا له في ٣٠ يونيو ١٩٤٨، ليتولى مقاليد الحكم من بعده.

توفي الشيخ عبد الله بن قاسم آل ثاني يوم ٢٥ أبريل ١٩٥٧.

الشيخ عبد الله بن قاسم آل ثاني، حفرت في عهده أول بئر للبترول في قطر عام ١٩٣٨، لكنها تعطلت بسبب الحرب العالميَّة الثانية

رقم سي/٦٥ ـ ٣/١٠

البحرين في ١٤ جنوري ١٩٤٠

حضرة الافخم الا كرم حميد الشيم سعادة
عبد الله بن قا سم ال ثاني سي٠ اي٠
حا كم قطر المحترم ٠

بعد التحية والا حترام٠

قد بلغني أن شركة النفط قد
نجحا حا با هرا في فحصها البئر الذي
واحرر هذا لا قدم لحضرتكم
علي العثور علي النفط في قطر ولي
ان الحفر الذي ستقوم به الشركة في
سيثبت وجود مساحة نفطية ثمينة في

٢٠ ومن ما يؤسف جدا ان اعمال
لا بد ان تتا خر لا سبا ب الحرب التي
عليها هتلر والحكومة الالمانية
جميعا ان نؤمل بالنصر العاجل لحتى
الحالة المعتادة علي ما كانت عليه
اطرا ف العالم ٠

٣٠ املي انكم متمتعين باتم الصحة
وان كافة الامور بطرفكم علي خير

هذا وتفضلوا بقبول فائق الا

بالمعتمد الدولة البريطانية في

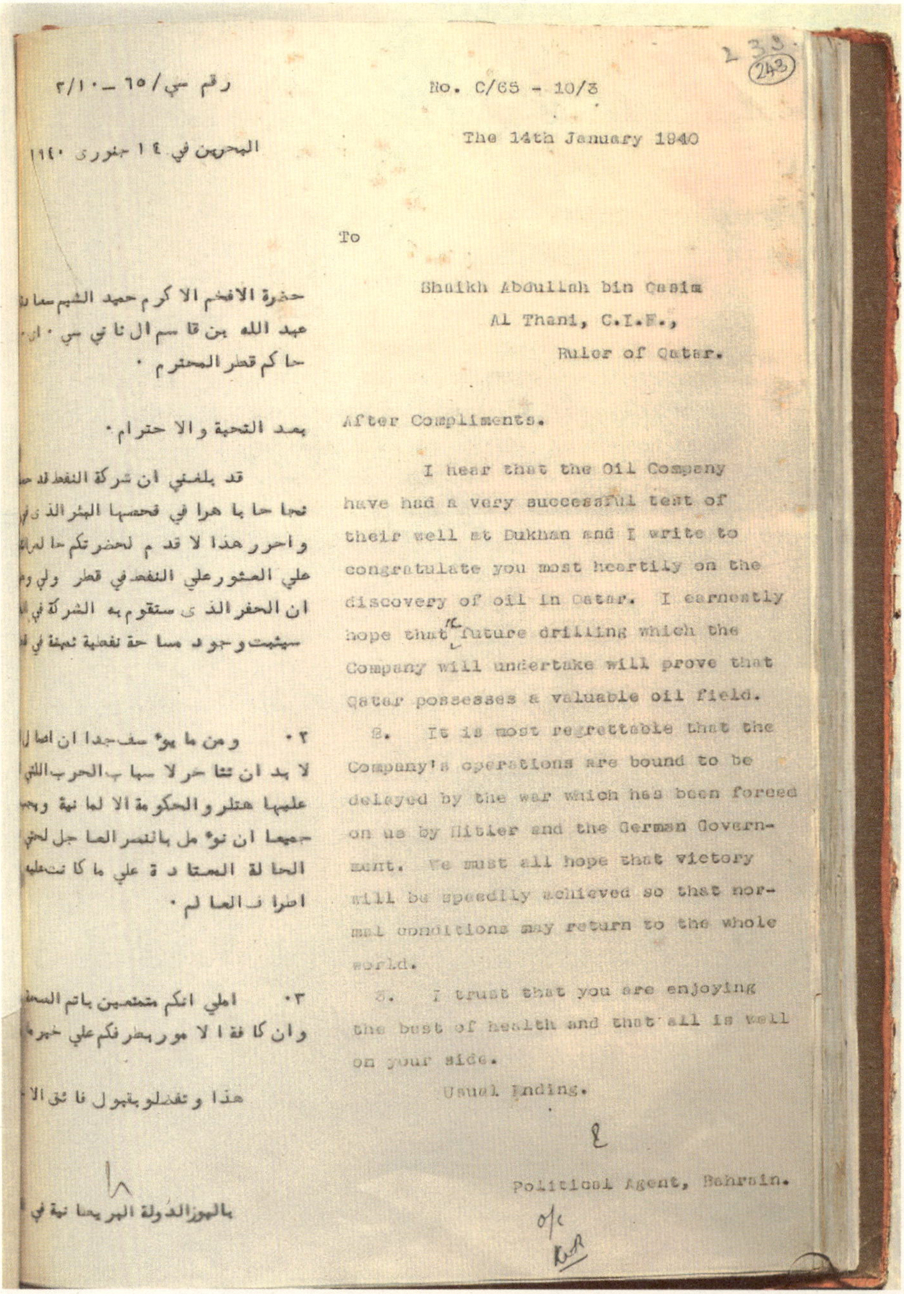

No. C/65 - 10/3

The 14th January 1940

To

Shaikh Abdullah bin Qasim
Al Thani, C.I.E.,
Ruler of Qatar.

After Compliments.

I hear that the Oil Company have had a very successful test of their well at Dukhan and I write to congratulate you most heartily on the discovery of oil in Qatar. I earnestly hope that the future drilling which the Company will undertake will prove that Qatar possesses a valuable oil field.

2. It is most regrettable that the Company's operations are bound to be delayed by the war which has been forced on us by Hitler and the German Government. We must all hope that victory will be speedily achieved so that normal conditions may return to the whole world.

3. I trust that you are enjoying the best of health and that all is well on your side.

Usual Ending.

Political Agent, Bahrain.

وثيقة خطاب للشيخ عبد الله من الوكيل السياسي البريطاني يخبره بتأخير أعمال استكشاف النفط في قطر بسبب الحرب العالميَّة الثانية بتاريخ ١٤ يناير ١٩٤٠

الشيخ عبد الله بعد لحظات من تدشينه حفر بئر رابعة للنفط عام ١٩٤٧

وأثناء زيارته منطقة دخان حيث بدأت أعمال التنقيب الأولى عن النفط في قطر

تجديد الحماية عام ١٩٣٥

مكتب المقيم السياسي
في الخليج (الفارسي)

مؤرخ في الحادي عشر من آيار - مايو ١٩٣٥م
رقم س/١٢٨ لعام ١٩٣٥م

الشيخ عبد الله بن قاسم آل ثاني ، .C.I.E (*)
حاكم قطر المحترم

بعد التحيات

بالإشارة إلى رسالتكم رقم ٥٤/٨ المؤرخة في ١٨ نيسان - أبريل ١٩٣٥م (١٤ محرم ١٣٥٤هـ)حول موضوع الحماية التي تكون الحكومة البريطانية على استعداد لتقديمها لكم على البر ، حيث أنكم في هذه الرسالة تسألون عن الترتيبات التي تنوي الحكومة اتخاذها حول موضوع الحماية هذا .

٢ - أن تعليماتي من حكومة جلالته تخولني إجابتكم بما يلي :

(أ) سوف تمنح الحماية لكم على شرط - وهو ما كنت قد أوضحته لكم شفهياً - أن تعطوا امتياز النفط الذي تقوم شركة الزيت الأنجلو - فارسية بالتفاوض بشأنه ، لتلك الشركة .

(ب) إن حماية حكومة جلالته - كما سبق أن أوضحت لكم شفهياً - سوف تتعلق بأي اعتداء خارجي ، مثل تلك الغزوات أو الاعتداءات الخطيرة التي

(*) في نهاية الحرب العالمية الأولى عام ١٩١٨ منحت الحكومة البريطانية شيخ قطر هذا اللقب (CIE) وهي تعني : Campanion of (the order of) The Indian Empire «صديق الامبراطورية الهندية» وبذلك أصبح يتميز عن شيوخ الساحل العُماني بسبب علاقاته الممتازة ببريطانيا خلال الحرب.

وثيقة معاهدة ١٩٣٥ بين الشيخ عبد الله بن قاسم والحكومة البريطانية [١]

(١) فصول من تاريخ قطر السياسي، مرجع سابق.

تتعرض لها أراضيكم من خارج حدودكم ، فهذه الحماية ، كما أوضحت لكم شفوياً أثناء زيارتي الأخيرة وهو ما وافقتم عليه ، تعني بطبيعة الحال ، الغزوات الخطيرة ، وليس الاعتداءات الصغيرة ، وفيما يتعلق بهذا الأمر ، تتوقع حكومة جلالته منكم اتخاذ كافة الخطوات المعقولة للدفاع عن أنفسكم والحفاظ على الأمن داخل حدودكم .

(ج) أما بشأن الأساليب التي تقترحها حكومة جلالته لمساعدتكم ، فإنها تقترح تنفيذ هذا الأمر من خلال سلاح الجو الملكي .

(د) أنكم تعلمون بالطبع أنه لكي تتمكن الطائرات في الحالات الطارئة من المجئ لمساعدتكم في أسرع وقت ممكن ولتمكينها من مباشرة مهامها بصورة فعّالة عند وصولها فإنه من الضروري لسلاح الجو الملكي الحصول على تسهيلات معينة في أراضيكم ، هذه التسهيلات هي كالتالي : حرية استعمال التلغراف اللاسكي عند الضرورة لأنه كما تعلمون ، فإن جوهر الدفاع بواسطة الطائرات يكمن في سرعة الاتصال ، وإعداد بعض الأماكن لنزول الطائرات سيكون ضرورياً أيضاً بالإضافة إلى بعض الترتيبات لتخزين الوقود والاحتياجات الأخرى الضرورية لتتمكن الطائرات من العمل بفاعلية، وسيتطلب الأمر أيضاً قيام طائرات وضباط من سلاح الجو الملكي بزيارة قطر من وقت لآخر ، عندما يرى قائد هذا السلاح ضرورة لذلك من أجل معاينة ترتيبات سلاح الجو الدفاعية ومن أجل الحصول على المعلومات بالتعاون معكم التي ستكون ضرورية لهم لإعداد خططهم في الدفاع عنكم.

وتفضلوا بقبول فائق الحترام ،

توقيع وختم

ليوتنانت كولونيل سي . سي . فاول

المقيم السياسي في الخليج (الفارسي)

مأخوذ عن : R/15/1/632, pp. 36 - 38.

بقية نص معاهدة ١٩٣٥م

Badge of the Order of the Indian Empire
وسام امبراطورية الهند

الشيخ عبدالله بن قاسم حصل على وسام امبراطورية الهند الذي أسسته الملكة فيكتوريا في ١ يناير ١٨٧٨. ويضم ثلاث فئات هي: القائد الفارس الكبير (GCIE)، والقائد الفارس (KCIE)، والصديق (CIE).

في فبراير ١٩٣٣، وصلت الدوحة باخرة صغيرة تابعة لشركة العراق للبترول والشركة الأنجلو-فارسية للبترول لبدء مسح جيولوجي في قطر، وجلبوا معهم سيارة نقل خفيفة وسيارة شيفروليه تعدان - بالإضافة إلى سيارة بويك ليموزين ملك الحاكم- أولى السيارات التي دخلت قطر مع شركات النفط

الشيخ عبد الله ونجلاه، الشيخ حمد الذي ساعده في إدارة شؤون الدولة على يمينه، والشيخ عليّ الذي تولى الحكم من بعده، على يساره

الشيخ عبد الله ونجلاه حمد وعليّ بصحبة عدد من الضيوف الأجانب

الديوان الأميري عام ١٩١٦م

قصر و قلعة الشيخ حمد بن عبد الله بن جاسم ال ثاني - الريان القديم

قصر الشيخ عبد الله بن قاسم بالدوحة، اتخذه مسكنًا لعائلته ومقرًّا للحكم، وتحوّل إلى متحف بجوار المتحف الوطني الكبير حاليًّا، ويُلاحظ أن القصر كان يطل على الشاطئ مباشرة حيث كانت ترسو سفن الصيد والغوص على اللؤلؤ قديمًا.

عصر النفط

« فيما يشبه البيت الأبيض الأمريكي، ظل ديوان الحاكم في عهد الشيخ علي بن عبد الله آل ثاني، رابع حكام قطر ،غرفة العمليات الأساسية التي تدار منها كافة شؤون الدولة والمواطن، مهما كانت صغيرة أو بسيطة، ولم ندخل عصر النفط فعليًا إلا في عهده بعد تصدير أولى شحناته عام ١٩٤٩م، واستثمار عوائده في الانتقال من عصر البداوة إلى بدايات عهد المدنية والحقوق والواجبات»

الشيخ علي بن عبد الله آل ثاني
عصر النفط

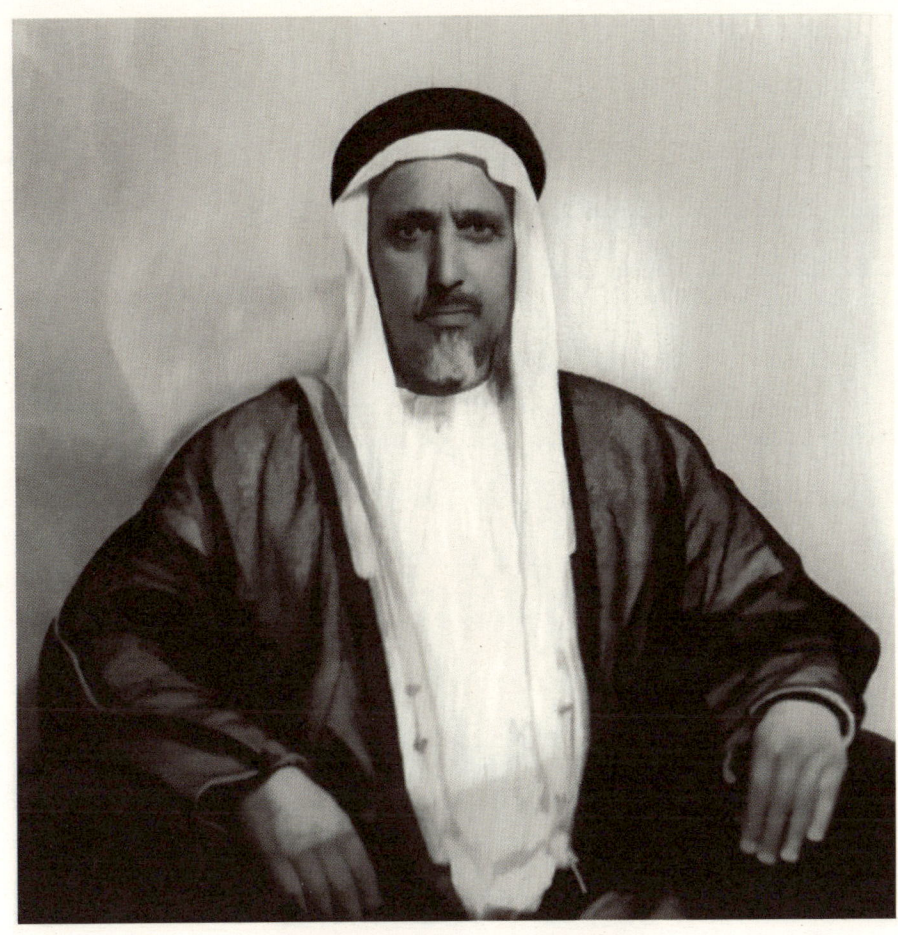

1960 - 1949

الشيخ علي بن عبد الله آل ثاني، حاكم قطر الرابع، دخلت بلدنا في عهده عصر النفط فعليًّا بتصدير أولى شحناته عام ١٩٤٩م، لتخطو مرحلة جديدة من النمو والتطور.

وعَرف الشيخ علي كيف يستثمر خيرات النفط ويؤسس لدولة، وينقلها من البداوة إلى بدايات عهد المدنية والحقوق والواجبات. ويسطر التاريخ له بداية مسيرة قطر في التحول من مجتمع صحراوي بسيط يعتمد على الحاكم في كل كبيرة وصغيرة ، إلى وضع اللبنات الأولى لبناء دولة المؤسسات، والتركيز على قطاعات حيوية خلّدت اسمه وتاريخه.

وُلد الشيخ علي بن عبد الله حوالي عام ١٨٩٦ م، وأصبح حاكمًا لقطر يوم ٢٠ أغسطس ١٩٤٩ بعد تنازل والده له عن الحكم.

وسمعتُ كيف كان الشيخ علي بالنسبة لأهل قطر، أخًا وأبًا، وحاكمًا سخيًّا كريمًا، تحل هيبته واحترامه الكثير من المشكلات، فقد جمَع بين الحكمة في إدارة أمور البلاد، وبين التواضع، والحلم، وفعل الخير. وأجمع معاصروه على سموّ صفاته الشخصية، ونبل أخلاقه.

وفيما يشبه البيت الأبيض الأمريكي، ظل ديوان الحاكم غرفة العمليات الأساسية التي تدار منها كافة شؤون الدولة والمواطن، مهما كانت صغيرة أو بسيطة، فلم تكن هناك مؤسسات أو وزارات بالمعنى المُتعارف عليه الآن. وظل الحاكم مركز الكون في حل الخلافات، ورعاية شؤون المواطنين لدرجة التقدم إلى الديوان بطلبات التوظيف واستخراج تراخيص السيارات وقيادتها، وكان نجله الشيخ أحمد، وحاكم

قطر من بعده، يساعده في إدارة كافة شؤون الدولة، ومع بدء تصدير النفط ونمو عائداته، تطورت الحياة، وزادت الحاجة إلى تنظيم الأعمال والخدمات عبر دوائر تشبه الوزارات.

وفي ٢٩ ديسمبر ١٩٤٩ صُدِّرت أول شحنة من بترول الحقول البرية من منطقة دخان عبر محطة مسيعيد جنوب الدوحة. وخلال تلك الفترة توثقت صلات قطر بعدة دول عربية وأجنبية، وتعززت مكانتها إقليميًّا ودوليًّا. وعُيّن أول مسؤول سياسي بريطاني في قطر سنة ١٩٥٠.

وبدأت خيرات النفط تزداد، ووقّع الشيخ علي في ١ سبتمبر ١٩٥٢ اتفاقية جديدة مع شركة بترول العراق (شركة بترول قطر فيما بعد)، وفي ٢٩ نوفمبر من العام نفسه، وقّع اتفاقية أخرى مع شركة "شل" لاستكشافات ما وراء البحار المحدودة، لاستخراج البترول من الحقول البحرية، وبمقتضى الاتفاقيتين حصلت قطر على ٥٠٪ من أرباح تصدير البترول.

واستثمر الشيخ علي عوائد النفط في تحسين الظروف الاقتصادية والاجتماعية وتطوير البلاد بالاهتمام بالتعليم والصحة وتوصيل الماء والكهرباء للمواطنين مجانًا. وفي بدايات عهده، كان يتم تزويد السيارات بالبنزين مجانًا أيضًا، ويحصل كل مواطن على عدد من القسائم المجانية من ديوان الحاكم، ويجددها تلقائيًّا بدون أي رسوم حتى زاد عدد السيارات، وبدأ بيع البترول بالأسعار المتعارف عليها. ولم يكن في قطر إلا محطة وقود واحدة في الدوحة حينذاك، فيما كان يتم رصف الطرق بالزيت الخام الذي كان يشتعل أحيانًا مع الحرارة الشديدة في فصل الصيف.

كما كان هناك كراج وحيد تابع لديوان الحاكم يسمى «كراج الشيوخ» بدأ منذ أيام الشيخ عبد الله بن قاسم، بحسب ما سمعت، وكان يقوم بتصليح السيارات مجانًا لجميع أهل قطر ممن بدأوا يمتلكون سيارات وبالطبع لم يكن عددهم كبيرًا في بداية تلك الفترة.

وكان هاتف منزلنا مكونًا من رقمين فقط «٢٧» حيث تم افتتاح أوّل «سنترال» للهاتف في قطر عام ١٩٥٣.

وفي سنة ١٩٥٤ تم بناء محطة لتحلية المياه، حيث تعتمد قطر على المياه الجوفية وتقطير مياه البحر. وتلتها محطة لتوليد الكهرباء المجانية لجميع المواطنين، كما افتُتح مستشفى الرميلة عام ١٩٥٧. ومع نمو حركة التجارة، أصدر الشيخ علي مرسومًا في ٩ مايو ١٩٥٨ بتأسيس الغرفة التجارية لرعاية مصالح التجارة والصناعة في قطر. واتخذ خطوات مهمة لإنشاء نظام إداري فعّال، يتولى إدارة الاقتصاد البترولي ويشرف على مرحلة جديدة من التطور الاقتصادي والاجتماعي. كما زادت الوظائف وتنوعت المسؤوليات التي تستوجب إدارات لتنظيم شؤونها، ومن هنا بدأت قطر ترى ما يُعرف بالدوائر أو الوزارات مثل إدارة المعارف أو التعليم وكان أول وزير لها الشيخ خليفة بن حمد آل ثاني، جد سمو أمير قطر الحالي.

ومع زيادة حركة الأعمال، زاد عدد التجار والمستوردين وكانت أغلب المواد الغذائية تصلنا جوًّا كل يوم من سوريا ولبنان ومصر، وبحرًا من الهند وإيران والعراق وعُمان. وذلك مع توفير السلع بأسعار معقولة، وعدم السماح بالاستغلال أو إرهاق المستهلكين، وهو النهج الذي يسير عليه حكام قطر حتى وقتنا الحالي. ومن أوائل التجار البارزين في قطر عائلات شهيرة قامت ولا يزال بعضها يؤدي دورًا

مهمًا في حركة التجارة والأعمال في بلادنا منذ زمن بعيد ومنها على سبيل المثال عائلات الباكر والمانع والدرويش والجيدة والفردان وآل عبد الغني وفخرو والجابر والعبيدان والمفتاح وأيضًا النعمة وبن تركي وفخري والملا والزيني والأنصاري وأبو كشيشة وسليمان حيدر وغيرهم من كبار التجار.

وظهرت نعمة النفط على كثير من نواحي العمران، ومنها المطار وميناء السفن، وبرج السّاعة ودار الكتب.

وقد اشتُهر الشيخ علي بحب العلم وتقريب العلماء ومصاحبتهم والتشجيع على نشر العلوم والمعارف، وكان له الفضل في بناء وترميم العديد من المساجد في قطر وفي البلاد العربية والأوروبية التي اعتاد زيارتها والإقامة فيها.

وجرت العادة أن يعطي الحاكم «شرهة» أي مبلغًا من المال شهريًا أو سنويًا لكل مواطن لإعانتهم على الحياة، وحتى لبعض زوار قطر من الخارج إكرامًا لهم. ولم يكتف الشيخ علي بمجانية التعليم بل كان يشجع الأهالي على تعليم أبنائهم بإعطائهم دعمًا ماديًا وكسوة للشتاء وأخرى للصيف. كما اهتم بتعليم الفتيات في مبادرة غير مسبوقة.

وعلى المستوى الخارجي اهتم الشيخ علي بحركات التحرر العربية، ويخلد له التاريخ فتح أبواب قصره في سويسرا للوفد الجزائري خلال مفاوضاته مع الحكومة الفرنسية وصولًا إلى توقيع اتفاق إيفيان، وإعلان استقلال الجزائر في يوليو ١٩٦٢.

توفي الشيخ علي بن عبد الله آل ثاني يوم ٣١ أغسطس ١٩٧٤ في بيروت ودفن بالريان في قطر.

الشيخ علي بن عبد الله في زيارة لأحد المواقع النفطية أوائل الخمسينيَّات

الشيخ علي جالسًا على الأرض ببساطة أهل قطر المعهودة في أحد المواقع النفطية حيث دخلت قطر فعليًا في عهده عصر النفط بتصدير أولى شحناته من الحقول البرية عام ١٩٤٩

Oil Rig no. 54, Gas separetor valves in foreground, Dukhan, July 1956
منصة الحفر رقم، ٤٥ وتظهر في واجهة الصورة صمامات فصل الغاز، دخان يوليو ١٩٥٦.

The pipe-line along the shore at Umm Said, March 1956.
امتداد خط الأنابيب بمحاذاة شاطئ مسيعيد، مارس ١٩٥٦.

Camp Entrance Safety at Dukhan, March 1960
مراقبة السلامة على بوابة مدخل معسكر شركة نفط قطر في دخان وشعار الشركة "السلامة"، مارس ١٩٦٠

Public petrol Station in Qatar, run by Q.P.C , March 1960
محطة بترول عامة في قطر تدار من قبل شركة نفط قطر، مارس ١٩٦٠

A York freighter chartered by Qatar Petroleum Company arrives at Umm Said airfield with a cargo of fresh food from Lebanon, March 1960

طائرة الشحن يورك، مؤجرة من قبل شركة نفط قطر، تقوم بتفريغ شحنتها من المواد الغذائية الطازجة المستوردة من لبنان، مارس ١٩٦٠

حاكم قطر : الشيخ على بن عبد الله آل ثانى

حاكم عادل ، وعالم ممتاز ، وأديب رقيق ، وأب للجميع ..

على راس امارة قطر ، الشقيقة العربية العزيزة ، رجل يجمع من كل الصفات الممتازة ، ما يجعل منه حاكما مثاليا فى عدالته ، وشهامته ، ومروءته ، حتى اصبح أقرب العادلين الى قلوب شعبه ، ولهذا ربطت بينه وبين رعيته وشائج قوية عميقة ، وقام بينهما من العلاقات مالا تنفصم عراه ، بل تعاو ذراه ، لينزل من الناس اجمعين ، منزلة الوالد العطوف الرحيم ، يكن لابنائه المحبة والحنان ، فيكن له ابناؤه الاحترام والتبجيل فى كل مكان ، وكل زمان .

ذلك هو سمو الشيخ المعظم على آل ثانى ، الذى كان مولده السعيد على شعبه عام ١٣١٢ هـ (١٨٩٤ م) ، فكان ميلادا سعيدا لشعبه ، ومجيدا لامته ..

وعاهل قطر حاكم هادىء الطبع ، كبير القلب ، عميق الايمان ، سمح النفس ، دمث الخلق ، رقيق الحاشية ، لطيف المعشر . كانت نشأته الكريمة فى طاعة الله ورسوله ، وقد تلقى من الدراسات الدينية واللغوية والعلمية ما أوفى به على الغاية من كمال العلم وجمال الادب ، فكان فى هذا الميدان فى طليعة المبرزين ، الى جانب التقى والورع ، فهو يرعى وجه الله تعالى فى كل ما يأخذ وما يدع .

ذلك الى أن سموه أديب طويل الرمح والباع ، وقارىء واسع الاطلاع ، يمتلك ناصية اللغة والبيان ، فى عبارة بارعة واسلوب جذاب ، وحجة قوية . وفى مجالس وندوات الحاكم الاديب ، يستمتع منه سامعوه بزاد طيب موفور ، من الروائع والبدائع ، من الانتاج الادبى النادر ، وقصص السلف الصالح ، وكنوز الاولين السابقين .

وفى ميدان الاطلاع والقراءة ، يقبل سموه على كل ما تجود به قرائح قادة الفكر ، وسادة الادب ، ومن هنا ايضا يحرص حاكم قطر على ازدهار النهضة الفكرية والادبية فى بلاده ، وتشجيعها بكل الوسائل ، وحث القائمين بها على مواصلة جهودهم ومضاعفتها ، للارتفاع بمستوى مدارك الشعب ، وتحصينه ضد الجهالة والضلالة .

وقصر الحاكم العربى العريق ، لا يعتبر قصره وحده .. اذ يعتبر « بيت القصيد » لكل شعبه الوفى : انه ملك كل فرد من الشعب .. ان ابوابه مفتوحة على مصراعيها ، فى كل وقت ، لجميع أفراد رعيته ، حيث يجدون — لا الحلول الموفقة لمختلف المشكلات العامة — بل كذلك الحلول الحاسمة للمشكلات والمسائل الفردية والشخصية .

ومع كل ذلك فالشيخ المعظم شديد التواضع .. تواضع لله فرفعه ، ولشعبه فأحبه ، ولوطنه فقدره .. هل رأيت حاكما يدعو الحرس والخدم دائما الى مائدة طعامه ، فى الليل والنهار ، يجلس اليها معهم ، كأنه واحد منهم ، لا فرق بينهم بين كبير وصغير ؟ ..

انه نفسه سمو الشيخ على آل ثانى ! ..

بل ان وفاءه لمن معه بلغ حدا عجيبا : اذا تغيب واحد منهم على كثرتهم ، لاحظ غيابه ، فسأل عنه ، ليطمئن عليه ! ..

ان حاكما هذا شأنه جدير بالحب والاكبار والتقدير .

وهذا شأن حاكم قطر مع شعبه : حب متبادل ، طرفاه حاكم عادل ، ومحكوم يدين بالوفاء ، والولاء .

— ٥ —

الشيخ علي بن عبد الله آل ثاني، في عدد خاص بصحيفة الأهرام المصرية عن دولة قطر، يصفه بأنه حاكم عادل وأب للجميع، ديسمبر ١٩٥٩

مع الطبيب المصري الذي يشرف على دائرة الصحة :

العلاج والدواء بالمجان لكل مريض في قطر

طائرة خاصة تنقل كل شهر المرضى المحتاجين للعلاج في الخارج ...

تحدث الدكتور فؤاد رشيد ، رئيس اطباء حكومة قطر ، ومدير الدائرة الصحية فيها ، الى « الاهرام » عن النهضة الطبية ، في الامارة العربية ، وعن مستشفاها الكبير ، الذى يعد من اكبر مستشفيات الشرق الاوسط .

استهل الطبيب العربى حديثه بقوله :

انى سعيد جدا بان اشغل هذا المنصب الهام رئيسا لاطباء الحكومة القطرية . وانا اعد اول رئيس عربى لهذا المركز ، بعد ماكان يشغله من قبلى عدد من الاطباء الانجليز .

وواضح ان عظمة الحاكم من سياسته ان يعرب الدوائر الحكومية ما استطاع الى ذلك سبيلا . فدائرة المعارف .. معربة منذ تاسيسها . حيث راسها اولا الشيخ خليفة بن حمد آل ثانى .. والآن يراسها الشيخ جاسم بن حمد آل ثانى .

والدائرة الطبية وهى من اهم الدوائر عربت اخيرا ، وكان من فضل الله اتجاه انظار عظمة الحاكم الى ان يشغل رياسة هذه الدائرة رجل من الاقليم الجنوبى من الجمهورية العربية المتحدة ، فوقع الاختيار على شخصى وهذا التكريم شرف كبير لى .

واجاب الدكتور فؤاد رشيد عن سؤال فى نهضة مصر فقال :

قطر اقليم ناهض جدا . وعظمة الحاكم والشيوخ القائمون بالامر ، وعلى راسهم الشيخ احمد بن على آل ثانى ، والشيخ خليفة بن احمد آل ثانى ، شديدو العناية بكل ما يعود على الاقليم بالخير والرفاهية .. ويمكن للانسان ان يرى ان يد التعمير تجرى فى كل مكان وميدان ، بسرعة فائقة . وهم شديدو الكرم على شعبهم وشديدو البر باهل البلاد .

اما عن الحالة الصحية ، فالحكومة شديدة العناية بها ، والطب هنا مؤمم الى ابعد الحدود ، واقصد بذلك ان الاطباء يلبون كل دعوة للمنازل ولمختلف انحاء البلاد مهما تكن بعيدة ، ويفحصون المرضى ، ويصفون لهم الدواء دون مقابل .

وكان بالدوحة مستشفى قديم خصص للامراض المستعصية والصدر

الدكتور فؤاد رشيد مدير الاطباء وهو يتوسط عددا كبيرا من الاطباء الذين يعاونون فى المستشفى العام بالدوحة وقد ظهرت فى الصورة الدكتورة رمزية محمد ابراهيم والدكاترة : فؤاد الجوينى وابراهيم سامى وصلاح عوض وفؤاد عفار

وانشىء جانبه مستشفيان على احدث الاساليب العصرية ، احدهما عام يتسع لنحو ١٥٠ سريرا ومزود باحدث ماوصل اليه الطب . ومساحة المستشفى بمرافقه المختلفة حوالى ٣٠٠ الف ياردة مربعة ، ويعمل فيه ٣٧ طبيبا و١٦ رئيسة ممرضات و ١٠٣ من الممرضين والممرضات

وقد تأسس هذا المستشفى فى يناير عام ١٩٥٧ برعاية الشيخ على بن عبد الله آل ثانى حاكم قطر المعظم .

والمستشفى الثانى خاص بامراض النساء والولادة وتديره الدكتورة اقبال حمدى ، اذ ان الحجاب مازال شائعا .. لذلك يصعب على السيدات المحجبات ان يقصدن المستشفى سواء بالقسم الخارجى او الداخلى ، للفحص او للعلاج ، لذلك انشىء هذا المستشفى لعلاج امراض النساء والولادة عام ١٩٥٩ — وجميع اطبائه وممرضاته وموظفيه من السيدات . وتبلغ مساحته ١٨١٫٥٠٠ ياردة مربعة .

وتشرف على هذا المستشفى كما قلت الدكتورة اقبال حمدى ، تعاونها طبيبة مساعدة هى الدكتورة فيوليف و٢٤ ممرضة منهن ٧ ممرضات مصريات .

وعند انشاء هذا المستشفى منذ ثلاث سنوات كان فيه ٧ سراير فقط . اما الآن فانه يحتوى على اكثر من ٩٠ سريرا . ومعدل الولادات فى هذا المستشفى يبلغ ١٣٠ ولادة فى الشهر الشهر .

والديمقراطية الصحيحة تسود هذا المستشفى ، اذ ان العمليات تجرى للامراء وافراد الشعب فى نفس غرفة العمليات العادية ، كما انهم ينامون فى نفس الغرف العادية دون اى تفرقة .

والى جانب هذه المستشفيات الثلاثة ، يوجد اكثر من ١٠ مستوصفات حديثة كلها منتشرة فى جميع انحاء البلاد . كما يوجد عدد كبير من السيارات للاسعاف لنقل المرضى ولتنقلات الاطباء .

والدواء والتحاليل والعمليات والعلاج كلها تمنح مجانا .. وهذا الامتياز لايمنح فقط للقطريين بل يمكن لاى زائر او اجنبى ان يعالج مجانا مهما كانت جنسيته

امتيازات الاطباء

— ماهى الامتيازات التى تمنح للاطباء العاملين ؟

يخصص لكل طبيب مسكن صحى كامل مزود بتكييف الهواء والماء التى والكهرباء والسيارة بالمجان . ويحاط المسكن بحديقة غناء

العلاج الخارجى

— ماذا يتم فى الحالات التى تحتاج الى علاج خارجى ؟

— جميع المرضى الذين يحتاجون الى استشارات او علاج فى الخارج ، يرسلون الى الخارج على نفقة الدولة وغالبا يرسلون الى مصر وبيروت او اوروبا

كما ان جميع مرضى الصدر يعالجون فى مصحات بالخارج وتقوم طائرة خاصة مرة كل شهر بترحيلهم الى بيروت ، وذلك لانه لم يتم انشاء مصحة نموذجية حتى الآن ؛ وان كانت الحكومة فى صدد انشائها .

اخصائيون من كل البلاد

— هل يوجد بالمستشفى اطباء اخصائيون

— قمنا اخيرا باستقدام اخصائيين من جميع البلاد . مثال ذلك الدكتور احمد النافه ؛ والدكتور سيد سوطم والاستاذ محمد ابو العلا ؛ والدكتور اديب زكى ؛ كما اننا نستعين باستشارة الدكتور محمد عبد الحميد عطية عميد كلية طب قصر العينى ؛ والدكتور عبد المحسن سليمان عميد طب عين شمس سابقا .

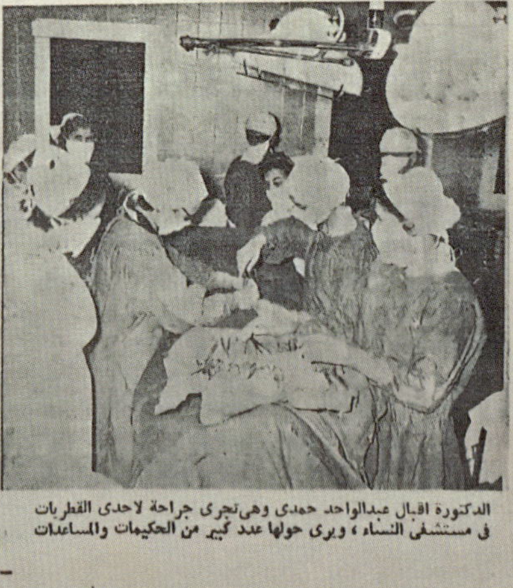

وانتهى الدكتور رشيد من حديثه قائلا :

وهكذا ترون مدى الجهد والمال

البقية صفحة ٢٠

الدكتورة اقبال عبدالواحد حمدى وهى تجرى جراحة لاحدى القطريات فى مستشفى النساء ، ويرى حولها عدد كبير من الحكيمات والمساعدات

- ١٦ -

تقرير صحفي يوثق لمجانية العلاج والدواء لكل مريض في قطر، أرشيف الأهرام، عام ١٩٥٩

مطار الدوحة قديمًا

دار سينما دخان عام ١٩٥٤

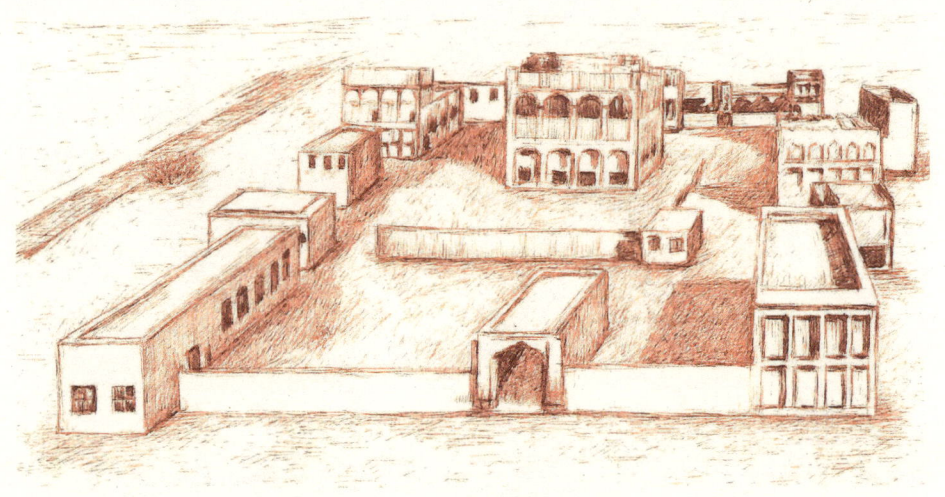

قصر ومسكن الشيخ علي بن عبد الله في منطقة الريان

على بعد خمسة كيلومترات من الدوحة، أنشأ الشيخ علي بن عبد الله مدينة الريان الجديد لتخفيف الضغط عن العاصمة وضمت نحو ٥٠٠ بيت، وزودها بكافة وسائل الحياة الحديثة حينها من ماء وكهرباء واتصالات ومساجد ومحلات تجارية. وصارت الاستقبالات والحفلات الرسمية تُعقد بقصر الريان، فيما قام بتعمير عدد من القرى التي تركها أهلها في الماضي بسبب القحط وأمدها بالماء والمدارس والطرق الممهدة لتدب فيها الحياة من جديد.

منظر عام للدوحة في عهد الشيخ علي بن عبد الله آل ثاني

سوق واقف ١٩٥٥م

الديوان الأميري قديماً

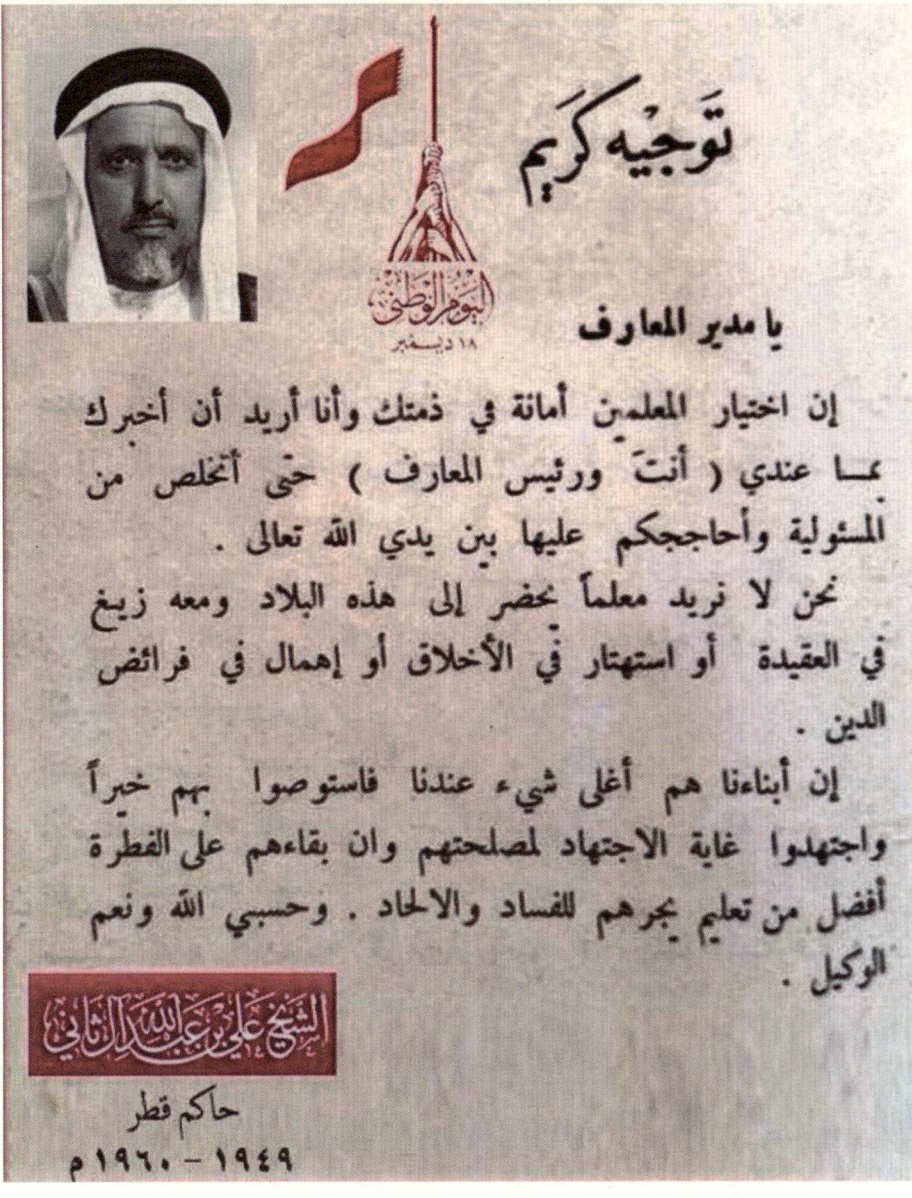

تَوجِيه كرِيم

اليوم الوطني
١٨ ديسمبر

يا مدير المعارف

إن اختيار المعلمين أمانة في ذمتك وأنا أريد أن أخبرك عما عندي (أنتَ ورئيس المعارف) حتى أتخلص من المسئولية وأحاجحكم عليها بين يدي الله تعالى .

نحن لا نريد معلماً يحضر إلى هذه البلاد ومعه زيغ في العقيدة أو استهتار في الأخلاق أو إهمال في فرائض الدين .

إن أبناءنا هم أغلى شيء عندنا فاستوصوا بهم خيراً واجتهدوا غاية الاجتهاد لمصلحتهم وان بقاءهم على الفطرة أفضل من تعليم يجرهم للفساد والالحاد . وحسبي الله ونعم الوكيل .

الشيخ علي بن عبدالله آل ثاني

حاكم قطر

١٩٤٩ - ١٩٦٠م

توجيه كريم من الشيخ علي، بمعايير اختيار المعلم

كورنيش الدوحة

مستشفى الرميلة تم إنشاؤه عام ١٩٥٧، وكان من أكبر المستشفيات في المنطقة حينذاك، وكان يستقبل المرضى من كافة دول الخليج، حيث العلاج والدواء مجانًا، حتى العلاج بالخارج على نفقة الدولة

الأصالة والمدنية في مهدها تجمعهما صورة واحدة بين الإبل سفن الصحراء، وطرق مرصوفة بزيت خام مع بدء زيادة عدد السيارات في خمسينيّات القرن الماضي

بسم الله الرحمن الرحيم

القصـــر ، بالدوحة .

علي بن عبد الله الثاني

ديوان حاكم قطر

اعلان الى الشعب القطري الكريم

احصـاء السكان فى قطـر

نحن علي بن عبدالله آل ثاني ، كي. بي ئي ٠، حـاكم قطـر ، يسرنا ان نعلن الى ابناء البـلاد باننا قـد فوضنا حكومتنا باجراء احصاء عـام للسكان لمعرفة عدد الرعايا من رجال ونساء واولاد ، بالاضافة الى اعمارهم ومحل اقامتهم ومختلف حرفهم ومهنهم ، وفيما اذا كانوا متزوجين ام عازبين .

والغـاية من جمع هـذه المعلومات هي مساعدة الحكومة في وضع تصاميم مختلف المشاريع الاعمارية التي تنوي تنفيذها لرفع مستوى السكان وازدهار البلاد .

وعليه ترغب الحكومة في اجراء احصاء عـام للسكان في شهري جمادى الثـاني ورجب سنة ١٣٧٧ الموافقين لشهري كانون الثاني وشباط سنة ١٩٥٨ . وقد دعت لهـذه الغاية خبيرين في علم الاحصـاء لمساعدتها في وضع الخطـط اللازمة لاجرائه . والخبيران في الدوحة الآن يقومان بالاستعدادات اللازمة لذلك الغرض .

ويقوم بالتعـداد فريـق من المعددين المـدربين فيزورون المنازل في الدوحة وغيرها من المدن والقرى ويقابلون ارباب العائـلات ويدونون المعلومات المطلوبة التي يدلون بها عن افراد عائـلاتهم .

والحكومة تعلـق اهميـة كبرى على نتائج هـذا الاحصـاء وتأمل ان يتعاون مجاميع السكان لانجـاح هذا المشروع الحيوي باعطاء كافـة المعلومات المطـلوبـة .

علي بن عبدالله الثاني

حاكم قطـر

صدر في ١٣٧٧/٥/١٥

الموافق ١٩٥٧/١٢/٧

طبع بمطابع العروبة ـ الدوحة

وثيقة لإعلان الشيخ علي بن عبد الله، عن إجراء إحصاء للسكان لتوفير الخدمات اللازمة لسد احتياجاتهم، ٧ ديسمبر ١٩٥٧

بسم الله الرحمن الرحيم

أحمد بن علي آل ثاني

الدوحة في ٢٠ نوفمبر ١٩٥٨

٩ جماد اول ٧٨

رقم أع ٢/١٢/٤٦

اعـلاما للمواطنين القطريين من افراد الجمهور الكريم المطلوب من ذوي المهن التالـيه :

١ = واحد = لحـام : ان يكون قادرا على استعمال الآت القطع لصفائح من سماكة ١ ١/٢ وان يكـون قادرا على فهم الرسوم البسيطه وعلى الحم السبائك الحديديه والفولاذيه والبرونزيه والمصنوعة من النحاس الاصفر والالمنيوم وان يكون قادرا على القيام باعمال مركزة في انابيب الضغط والمراجل (الغلايات والخزانات من طراز ليودز) وان يكون ذو معرفة جيده في تحضير جميع انواع اللحام ان يكون قادرا علي اجتياز قضبان اللحام (الالكترود) الخاصه على ما عدا السبائك المموجه ان يكون قادرا على اجتيازها بنفسه يجب ان يفهم وينفذ احتياطات السلامة المتعلقة بشغل اللحام ، وان يشرف على عامل مساعد او اكثر كما يتطلب

٢ = واحـد = مركب على القاعده : يجب ان يكون قادرا على ترميم جميع انواع الالات (مع تعبأة المنفخات) سلامتها وقياس الادوات الدقيقه الميكرمتر والساعات وغيرها • وينضبط المحركات لتحرك الاجزاء وينكفل سلامتها يكون مستعدا لتنظيفها وترتيبها يوميا اذا دعت الحاجه لذلك •

٣ = اثنين = مونتير صيانة بن حار : ان يقوم بصيانه اوليه بسيطة وتشحيم جميع الالات وان يكون قادرا على ابدال المطب منفخات الوقود والبخاخات وضبط عيارات الالات من قوة ٥٠٠ حصان هذا وعليه ان يحيين هذا واجهزة تعشيق تروس الحركة واصلاحها مع ادارة مراقبي الالات •

٤ = واحد = مراقب لوحة مفاتيح : باستطاعته ان يحرس الالات مره في محطة الكهرباء المولده الى ١٠٠ / ١٠٠٠ كيلوات يجب ان تكون لديه خبرة لا تقل عن ثلاث سنوات كمراقب لوحة مفاتيح الالات مره في محطة الكهرباء المولده الى قوة ١٠٠٠ كيلو يجب ان يعرف قراءة وكتابة اللغة الانكليزيه الى مستوى يؤهله ان يكتب في لوحة الملاحظات يوميا يجب ان يعرف وقوع الحوادث والتحميل والتنزيل •

٥ = اثنين = مضيف : من ضمن الواجبات مراقبة على الدور السكن والطعام وادوات الاواني والكتان وتنظيف جميع المطعم والغرف يجب ان تكون له خبره سابقه في تحضير الوان الطعام الاوربي والهندي وقادرا ان يعد بيان الطعام معرفته في اللغة الانكليزيه امر ضروري •

نرجو ممن تتوفر لديهم الكفاءه من ابناء البلاد الوطنيين على اختلاف المهن التاليه المبينه اعلاه بهـذا الاعلان ان يتقدموا بطلباتهم الى مكتب عبد الله بن حمد العطيه في القصر بالدوحه :

إعلان عن فرص عمل في مهن متنوعة صادر من مكتب الشيخ أحمد بن علي آل ثاني الذي ساعد والده في إدارة شؤون الدولة آنذاك، بتاريخ ٢٠ نوفمبر ١٩٥٨

الشيخ علي بن عبدالله آل ثاني خلال زيارة إلى مصر وعلى يساره الرئيس المصري الراحل جمال عبد الناصر، وعلى يمينه الرئيس المصري الراحل محمد أنور السادات، رئيس مجلس الأمة آنذاك عام ١٩٦٥م

الشيخ علي مع العاهل السعودي الراحل الملك فيصل آل سعود

ومع أمير الكويت الراحل الشيخ عبد الله السالم الصباح

ومع حاكم الإمارات الراحل الشيخ زايد بن سلطان آل نهيان خلال زيارته قطر

ومع الشيخ راشد، حاكم دبي الراحل خلال زيارته الدوحة

الشيخ علي مع مجموعة من مرافقيه

وفي إحدى المناسبات الاجتماعية

بدء زيادة عدد السيارات في عهد الشيخ علي خمسينيَّات القرن الماضي

الشيخ علي في قصره بجنيف الذي وضعه تحت تصرف وفد الجزائر للتفاوض مع الحكومة الفرنسية لنيل استقلالها لاحقًا بعد توقيع اتفاق إيفيان عام ١٩٦٢م

الشيخ علي جالسًا وعلى يمينه ابنه الشيخ أحمد، وخلفه الزعيم محمد بن عبد الله العطية، قائد الجيش القطري الحديث بعد الاستقلال، الذي أُطلق اسمه على الكلية الجوية في قطر تقديرًا لمجهوداته الوطنية والعسكرية

الشيخ علي بن عبد الله آل ثاني وعلى يساره نجله الشيخ أحمد الذي تولى الحكم من بعده ليصبح أول من يحمل لقب أمير قطر بعد إعلان استقلالها عام ١٩٧١م

أول أمير

«نالت قطر استقلالها في عهد الشيخ أحمد بن علي آل ثاني، ليصبح أول من يحمل لقب «أمير دولة قطر». وتدفقت أولى آبار النفط من أعماق الماء في عهده، ليجود البحر بما جادت به الأرض من خيرات في عهد والده. واتخذَ قرارات مهمة في مسيرة نمو بلدنا وتطوير مجتمعنا في قطاعات حيوية لبناء الدولة والإنسان»

الشيخ أحمد بن علي آل ثاني
أول أمير

1960 - 1972

أول من حمل لقب «الأمير» في قطر، الشيخ أحمد بن علي آل ثاني، الحاكم الخامس لبلادنا، كان ملمًّا بكافة تفاصيل الدولة في عهد والده الشيخ علي، ويساعده الشيخ خليفة بن حمد آل ثاني، وبعد تنازل الشيخ علي عن الحكم صار الشيخ أحمد حاكمًا لقطر يوم ٢٤ أكتوبر ١٩٦٠ والشيخ خليفة وليًّا للعهد.

ولد الشيخ أحمد في حدود عام ١٩٢٠ م بالدوحة، وكان محبوبًا بين الناس وعُرف بالمهابة والحكمة، والسعي إلى التوافق والشورى.

وبينما تدفق أول بئر للبترول من جوف الأرض في عهد والده الشيخ علي عام ١٩٤٩، تدفق في عهد الشيخ أحمد أول بئر للبترول من أعماق البحر عام ١٩٦٠، ليجود البحر بما جادت به الأرض من خير على أهل قطر.

ومع انخفاض أسعار النفط في بداية الستينيات، مرّت قطر بظروف غير مستقرة، ولكنها ارتفعت مرة أخرى مع اكتشافات شركة شل للنفط في أعماق البحر لأول مرة في بلدنا. وتغيرت الأحوال للأفضل بمواصلة برامج تطوير البنية التحتية والصحة والتعليم والإسكان وغيرها من الخدمات المجانية للمواطنين، وكانت الدولة تدفع للطالب ٢٠٠ روبية شهريًّا لتشجيعه على الدراسة، وحتى العلاج في الخارج في لندن وفيينا والقاهرة وبيروت على نفقة الدولة.

وسرّعت طفرة إنتاج النفط في عهد الشيخ أحمد من النمو الاقتصادي بعد اكتشاف عدد كبير من الحقول النفطية، مثل حقل العد الشرقي (١٩٦٠) وهو أول حقل بحري يتم تشغيله بجميع مرافقه

وتجهيزاتـه، وحقل ميدان محزم (١٩٦٣). ورافق ذلك صدور قوانين بتأسيس إدارة لشؤون البترول، وإدارة للشؤون القانونيـة، ودائـرة للعمل والشـؤون الاجتماعيـة.

وأقيمت محطـة لتجميع البتـرول فـي جزيـرة حالـول شمال البلاد عـام ١٩٦٥. وفـي العـام نفسـه، بـدأت عمليـات الاستكشـاف فـي حقل أبـو الحنيـن.. وهكـذا انتقلـت قطـر مـن اقتصـاد الغـوص والتجـارة الإقليميـة التقليديـة إلـى المشـاركة فـي الاقتصـاد العالمـي بإنتـاج النفـط.
وأُنشـأ الشيـخ أحمـد مجلـس الشـورى، وأُسّـس وزارة الماليـة، وافتتح بنك قطـر الوطنـي وأنشـأ إذاعـة وتليفزيـون قطـر، فيمـا تولـت السلطـة التنفيذيـة عـددًا مـن المديريـات للصحـة والمعـارف والأمـن العـام وغيرهـا.

ومـن أهـم الوثائـق القطريـة فـي عهـد الشيـخ أحمـد، قوانين تنظيـم الإدارة العليـا لـلأداة الحكوميـة، وتحديـد اختصاصـات مـا كان يُسمـى بالمديـر العـام للحكومـة، وأيضًـا معاهـدة الصداقـة بيـن دولـة قطـر والمملكـة المتحـدة فـي ٢ سـبتمبر ١٩٧١ وبيـان استقلال دولـة قطـر فـي ٣ سـبتمبر ١٩٧١.[١]

وزادت فـي عهـد الشيـخ أحمـد حركـة التجـارة والعمـران مـع خيـرات النفـط بـرًّا وبحـرًا، لتعـوض قطـر مـا فاتهـا فـي فتـرة كسـاد اللؤلـؤ، فـزاد عـدد المـدارس للبنيـن والبنـات، مـع إقبـال أكثـر علـى التعليـم والثقافـة وطباعـة الكتـب حتـى صـارت الدوحـة مصـدر إشـعاع لكافـة المناطـق المجـاورة.

وأقامـت قطـر مـدارس وأوفـدت مدرسـين وتكفلـت بنفقاتهـم للتدريـس فـي دبـي وأبـو ظبـي والشـارقة ورأس الخيمـة وعجمـان وغيرهـا.

١ أحمد زكريا الشلق، فصول من تاريخ قطر السياسي، الدوحة، ١٩٩٩ متاح على: https://cutt.us/Mafoe

كما تأسست شركات ومصانع مهمة مثل شركة قطر الوطنية لصناعة الإسمنت عام ١٩٦٥ وشركة قطر للأسمدة الكيماوية (قافكو) عام ١٩٦٩.

وبعد سحب الحكومة البريطانية قواتها من شرق قناة السويس في يناير ١٩٦٨، منهية عصر معاهدات الحماية مع حكام الخليج العربي، بما فيها معاهدة ١٩١٦ مع قطر، شاركت حكومة الشيخ أحمد في المباحثات التي كانت قائمة لإنشاء اتحاد يضم إمارات الخليج التسع، وعندما تعثرت المباحثات وتعذر الاتفاق على تكوين اتحاد كونفدرالي، اتجهت قطر نحو الاستقلال.

وصدر النظام الأساسي المؤقت لدولة قطر في ٢ أبريل ١٩٧٠، وانعقد مجلس الوزراء، برئاسة ولي العهد نائب الحاكم آنذاك الشيخ خليفة بن حمد، في ٢٨ مايو من العام نفسه. وفي ٣ سبتمبر ١٩٧١ أُعلن استقلال قطر وألغيت الاتفاقية الأنجلو- قطرية لعام ١٩١٦، وبُويع الشيخ أحمد بن علي أميرًا لدولة قطر.

هذا يوم البيعة

ارتجل الاديب المؤرخ الاستاذ عبد البديع السيد صقر مدير المكتبة العامة فى حفلة تولية سمو الشيخ احمد بن على آل ثانى كلمة قيمة قال فيها :

هذا يوم تاريخى أغر ، انه يوم البيعة جمع الله فيه الكلمة ، وأقر به أعين الناس ، فجعل فى كل قلب فرحة وفى كل نفس طمانينة .

لقد بويع الشيخ الجليل ، على بن عبد الله آل ثانى ، على حكم هذه البلاد قبل احد عشر عاما ، فسار بها هذه المدة سيرة حميدة كريمة ، وفى عهده عم الرخاء ، وفاض الخير ، وعاشت البلاد فى بحبوحة من العز والرفاهية

قاد السفينة الى بر الامان ، وجنبها الفتن . ووسع الناس حلمه وعطفه ، فلا اكاد اذكر انه عاقب انسانا قط .. فقد كان للناس اخا وابا وحاكما ، وكانت هيبته تحل أكثر المشاكل ، وكان دواما فى معاملته سخيا كريما .

لماذا تنازل ؟ ..

ثم بداله ان يتخلى عن اعباء الحكم ، طائعا غير مكره ، وهو بحمد الله وافر الصحة ، مكتمل النشاط والسلطة ، متمتع بطاعة الكبير والصغير .. فعل ذلك زهدا فى الدنيا ، وحبا فى التفرغ لعبادة ربه ، حتى يلقاه متخففا من حقوق الناس .. واراد ايضا ان يعطى الشباب فرصة للعمل والاجتهاد لمسايرة تطور الحياة ، وليصنعوا خيرا للجيل الجديد

وهو فى هذا القصد ، كما هو فى غيره ، لم يدخل عليكم فى امركم ما تكرهون ، ولم يفرض عليكم من تكرهون ، بل سلم اليكم امانتكم كاملة ، فقلتم فيها رايكم بكامل اختياركم .

فلم يكن امر الشورى فى قطر صوريا ولا تمثيليا وانما هو الحقيقة التى تشهدونها الان ، فهو يسألكم الراى ، وانتم تناقشون ، وتقررون .. كيف لا ، وانتم اهل الشرع الحنيف ، والتوحيد الصحيح . واهل الحل والربط فى هذه البلاد .

خير سلف لخير خلف ..

هذه كلمة مادبجتها ، ولا اعددت لها ، ولكنها انفعالة قلب يحبكم ، ويعترف لهذه البلاد واهلها بالجميل ، ولا ابتغى بها غير وجه الله

اننى اهنىء الحاكم الموفق الشيخ على بن عبد الله بن قاسم آل ثانى على ما سدده الله به فى الحكم الرشيد .. كما اهنىء الحاكم الجديد الشيخ احمد بن على بن عبد الله آل ثانى ، الذى اجمعت عليه الامة ، والذى يتميز بسعة الصدر والكرم والاناة .

واهنىء ولى العهد الشيخ خليفه بن حمد بن عبد الله آل ثانى ، الذى اختارته الامة ، وهو الحاكم الرزين ، واسال الله أن يوفقه ويجعل تعاونه مع اخيه فاتحة عهد ميمون .

واهنىء البلاد جميعا بما ساق الله لها من خير وتوفيق فى هذا اليوم المبارك .

دعوة حسن البصرى ..

والحق ايها السادة ، ان الاتفاق على ولاية العهد ، مما قرت به أعين الناس ، فقد كان ترك هذا الامر معلقا شيئا محرجا لصدور ابناء البلاد وضيوفها .

ولقد قال حسن البصرى :

«لو كانت لى دعوة أعلم انها مستجابة لجعلتها للسلطان ، فان الله يصلح بصلاحه خلقا كثيرا»

فاللهم وفقهم ، وانفع بهم ، وكن لهم على الخير عونا يارب العالمين .

وكلمة اليكم ايها الشيوخ الكرام .

ان عليكم واجبا : ان تؤازروا حكامكم ، وتعطوهم الذى عليكم حتى يعطوكم مالكم فلو نزلتم على حكم جامع ، او كلمة سواء لكان فى اتحادكم وتضحيتكم اكبر عون على اقامة العدل فى بلادكم

وكلمة اليكم أيها الشيخ الوقور :

لقد خلفت حبك فى كل قلب .. وذكرك على كل لسان .. ولئن كنت قد تخليت عن الحكم لتعفى نفسك من مسئولياته ، فان الامة لن تعفيكم من واجب ارشاد المسئولين عنها . وبذل النصح لهم ، بما عرف عنكم من تجربة وحكمة ، فانت حاكمنا الجالس على عرش قلوبنا مهما كان الامر .

عبد البديع صقر
مدير المكتبة العامة

- ٩ -

مقال يوثق يوم البيعة وتنازل الشيخ علي (في الوسط) عن الحكم لنجله الشيخ أحمد (يسار) والشيخ خليفة بن حمد (يمين) وليًا للعهد، ديسمبر ١٩٦٠

أول حديث صحفي يدلي به حاكم قطر

هدفي : أن تأخذ قطر مكانها اللائق في الوطن العربي
مشروعاتي : القضاء على الفقر والجهل والمرض ورفعة شأن المواطنين
غايتي : انشاء صناعات جديدة تتلاءم مع اقتصاديات البلاد وتقدمها
أمنيتي : اتفاق كلمة العرب ، ورفع علم العروبة قريبا فوق فلسطين والجزائر

ادلى الشيخ احمد بن على آل ثانى حاكم قطر الجديد باول حديث صحفى عقب توليه الحكم .. وكان حديثا صريحا وقيما .. كشف عن الخطوط العريضة للسياسة الجديدة التى ينوى ان ينتهجها سموه لرفعة بلده ، ولمحاربة الفقر ، والقضاء على الجهل ، وعلى المرض .

قال سموه انه سيشجع اصدار اول جريدة فى قطر لانه يؤمن برسالة الصحافة .. وسيوفد البعثات الى الجامعات .. وسينفذ مشروع التثقيف الصحى .. وسيكثر من الاندية الاجتماعية والرياضية .. انها نهضة شاملة ستشهدها البلاد فى ظل اميرها الشاب ..

يستطيع اى مواطن من ابناء شعب قطر ان يدخل على الشيخ احمد بن على ال ثانى حاكم قطر الجديد لمجلسه دون استئذان. ان الشيخ احمد يسلك فى الحكم طريقة جديدة هى فى الواقع طريقة عربية اصيلة. انه يفتح ابواب مجلسه فى قصر الريان مقر الحكم فى الدوحة — لجميع ابناء الشعب بلا استثناء — مرة فى الصباح ومرة بعد الظهر — ليستمع بنفسه الى حاجاتهم ومطالبهم وليستقبل زائريه الذين يفدون الى قطر من مختلف البلاد العربية وغيرها

اروع صور الديمقراطية

ان مجالس الشيخ احمد تتسم بالديمقراطية المحببة التى تجعل الحاكم قريبا من الشعب والشعب قريبا من الحاكم . ان الديمقراطية الحقة تتجلى فى اسمى معانيها واروع صورها فى هذه المجالس الشعبية التى تعقد كل يوم

وعندما قابلنا الشيخ احمد فى قصره ، رحب بنا ترحيبا كبيرا ، وقال انه يواظب على قراءة « الاهرام » منذ زمن طويل ، وانه يعتبرها نموذجا اوليا للنهضة الصحفية العربية ، وهو يفكر فى تشجيع اصدار جريدة فى قطر .. لانه يؤمن بان الصحافة رسالة وطنية بناءة موجهة ، وانها من اهم الوسائل لتقدم البلاد وازدهارها

وكان سموه يتحدث باتزان ووعى كبير .. فقد كان للسنوات الطويلة الماضية التى قضاها نائبا لوالده الحاكم سمو الشيخ على ال ثانى ، اثرها الكبير فى تكوين شخصيته الفذة ، والمامه بشتى فنون الحديث . كما كان لرحلاته العديدة التى قام بها خارج قطر ، اثرها الكبير فى اتساع افاقه ، وادراكه التام لمختلف الاتجاهات السياسية والاقتصادية والتيارات الفكرية المعاصرة

المشروعات الجديدة للبلاد

● ما هى المشروعات الجديدة التى تنوون القيام بها من اجل تقدم البلاد ومستقبل الشعب ؟

— لعلكم تلاحظون ان قطر تقدمت كثيرا عن ذى قبل ، والشعب القطرى اليوم — مثله مثل باقى الشعوب — قد بدا السير فى ركب التقدم الصاعد .

ان الوضع الجديد يقتضينا العمل فى وضوح وصراحة ، حتى يشعر شعب قطر ان حكومتهم تمثلهم اصدق تمثيل ، وتعمل من اجل تحقيق امانيهم واهدافهم الاجتماعية والاقتصادية والسياسية

لقد ذهب الزمن الذى كان ينفرد فيه الحاكم بكل السلطة ، ويبت وحده فى كل الامور . وانا احب ان يطلع الشعب على كل شىء . كما احب ان اتعرف دائما على ارائه ومشاكله ، واقتراحاته لحل هذه المشاكل

اما المشاريع التى نقوم بتنفيذها فى الوقت الحاضر، فهى فى الواقع ، استكمال المشاريع النافعة التى قام بها والدى

لقد حاربنا الجهل .. فليس فى قطر الآن ولد او بنت خارج المدرسة ، ولكنى اطمع بعد ان فتحنا المدارس الثانوية ، ان نكثر من ايفاد البعثات الى الجامعات . وقد كان للمبادرة الطيبة من اخى الرئيس جمال عبد الناصر ، اثرها الحسن فى نفسى حين اعلن لى ان جامعات الجمهورية العربية مفتوحة على مصراعيها امام الطلبة من ابناء قطر

وحاربنا المرض .. فالمستوى الصحى عندنا فى ارتفاع مستمر ، والمعالجة والدواء والعمليات الجراحية والاستشفاء ، مؤمن كله عندنا ، ولكنى ارغب فى تنفيذ مشروع التثقيف الصحى ، حتى يتمكن اهالى قطر من مسايرة التقدم الصحى بجميع نواحيه ، فيساهموا مساهمة مباشرة فى النهوض بالمستوى الصحى العام للبلاد .

وستولى مشاريع توسيع المرفا والمطار والاكثار من الاندية الاجتماعية والرياضية عنايتنا الكاملة .. ذلك ان هدفنا ان تسير قطر فى طريق النهضة والتقدم ، وان يستمر شعبها فى تقدمه الناهض الصاعد ، حتى ياخذ مكانه اللائق به فى الوطن العربى

قطر ومؤتمر البترول

● لماذا لم تشترك قطر فى مؤتمر البترول العربى الثانى الذى عقد اخيرا فى بيروت ؟

— الواقع ان قطر اشتركت فى كافة المؤتمرات التى عقدت لبحث قضايا البترول . ولكننا لاسباب تتعلق بانتقال قطر من عهد الى عهد لم نتمكن من ارسال الوفد الذى يمثلنا فى الوقت المناسب . وقد طلبنا البحوث والمناقشات التى دارت فى المؤتمر ، لندرسها ونبدى راينا فيها

ادخال الصناعة فى قطر

— ● هل وضعتم تخطيطا معينا لادخال بعض الصناعات الى البلاد ؟

— هذا سؤال يهمنى كثيرا الاجابة عليه. فانا مولع بمشاريع التدريب المهنى ... ان تنتشر فى بلادى ثقافة اليد ، وان يكثر عدد الصناع المهرة الى جانب الاهتمام بثقافة الفكر وتطوره

والواقع ان عددا كبيرا من عمال قطر ... حاليا فى مختلف المهن التى تتطلبها صناعة البترول . ولدينا الان المؤسسة الصناعية لتعليم مختلف الحرف والمهن وهى نواة لكل صناعية سننشئها فى المستقبل بأمن الله

اما الخطوة القادمة لنا ، فهى انشاء صناعات محلية . ونحن ندرس الان هذه الخطوة بعمق وحذر ، ودون استعجال .. ذلك ان المهم — فى راينا — أن ... معالم اقتصادنا بعد ٥ سنوات أو ١٠ سنوات ... لكى تتجاوب مشاريعنا الاقتصادية مع اقتصادنا المقبل رغبة منا فى ارساء اقتصادنا البترولى وغير البترولى على قواعد سليمة .. سواء من ناحية الانتاج او من ناحية تصريف هذا الانتاج .

نحن نفخر بهذه المكاسب

● لقد زرتم القاهرة عدة مرات .. فما هو رايكم فى التقدم الذى احرزته خلال السنوات التى اعقبت ثورة ١٩٥٢ ؟

— لقد تقدمت الحركة الصناعية فى مصر وانتشر العمران وهذان امران لهما اهميتهما الكبرى ولا شك . ولكن القاهرة صنعت — فى نظرى — شيئا اهم من هذا بكثير .. لقد استطاعت ان تخلق مجتمعا جديدا يؤمن بنفسه ويثق بحاضره ومستقبله . ونحن نفخر ... كل الفخر — بما حققته الجمهورية العربية المتحدة من تقدم وقوة ، وبما حققه الرئيس جمال عبد الناصر من مكاسب وانتصارات كبرى للقومية العربية

امنيتى الكبرى ..

● ما هى اعز الامنيات لديكم ؟

— ان امنيتى الكبرى ، ان ارى شعب ... وباقى الشعوب العربية قد تبوأت ... اللائق بها تحت الشمس ، وان تتحد ... العرب ، فيشتد تضامنهم وتقوى وحدتهم وان يرفرف علم العروبة قريبا فوق فلسطين والجزائر .

— ٤ —

أول حديث صحفي للشيخ أحمد بن علي، أرشيف صحيفة الأهرام عام ١٩٦٠

زادت مسئوليات الحكومة

وأصبح من الواجب تنظيم إدارتها

ولى عهد قطر يتحدث

لاضرائب جديدة .. دخل قطر زاد مليونى جنيه فى العام

أعز ثروة عندنا هى رعاية مصالح الشعب ورفع مستواه الاجتماعى

فى مكتب الشيخ خليفة بن حمد الثانى ولى عهد قطر كان لقاء مع محمد سامى مندوب الاهرام ، وكان حديثا واضحا يمس المخطط العام للسياسة الاصلاحية التى تنهجها حكومة قطر ، وباجابات صريحة قاطعة اجاب ولى العهد على استفسارات مندوب الاهرام ، وفيما يلى الحديث الذى دار مع سموه .

سؤال : ـ لاحظنا تطورا ضخما فى التنظيمات الحكومية فى قطر ، كما علمنا بصدور اكثر من اربعين قانونا يهدف كل منها الى تنظيم جانب من جوانب المجتمع القطرى . فهل لنا ان نعرف كيف تم كل ذلك خلال السنوات الثلاث الماضية ؟ .

جواب : ـ كان من اثر النهضة التى شملت البلاد ، فى جميع الميادين خلال السنوات القليلة الماضية ، ان ازدادت الاعباء والمسئوليات على عاتق الحكومة

وقد ترتب على هذا التطور ان اصبح من واجب الدولة ان تعنى عناية كبرى بتنظيم اداتها الحكومية تنظيما يكفل تحقيق خير الجماعة ويوفر اسباب نهوضها فى شتى الميادين . ولهذا صدر قانون بتنظيم الاداة العليا للادارة الحكومية .

ولقد نص هذا القانون على ضرورة اعداد سياسة عامة تقوم على اساس خطة شاملة تكفل للدولة اكبر قسط من النهوض الاقتصادى والاجتماعى والثقافى والادارى . كما نص القانون على انشاء جهاز مركزى للحكومة يسمى الادارة العليا ، على ان يتألف هذا الجهاز من ادارات رئيسية ثلاث هى ادارة الشؤون المالية وادارة الشؤون الادارية وادارة شؤون البترول . ولما كانت قطر بسبيل احداث تنظيم شامل تقرر انشاء جهاز قانونى تحت اشراف المستشار القانونى للحكومة يتولى اعداد التشريعات ومراجعتها وابداء الرأى فى كافة المسائل القانونية بوجه عام ، سواء اكانت مرتبطة بالشئون الداخلية ام الخارجية وغير من بالشئون الداخلية ام الخارجية وغير ذلك من المهام التى تتولاها الاجهزة القانونية فى حكومات الدول الحديثه .

ولقد رؤى فى ذات الوقت الضرورى انشاء رقابة على الاجهزة الحكومية من الناحيتين المالية والادارية لتبين ما قد يشوبها من نقص واستنباط خير الطرائق لاصلاحه .

وتم فعلا ارساء الاسس لمباشرة الرقابة المالية والادارية على الاجهزة الحكومية بالصورة التى تكفل تحقيق الخدمات العامة بالسرعة والنزاهه والكفاية المنشودة .

سؤال : ـ هل زاد دخل البترول خلال السنوات الاخيرة ؟

جواب : ـ زاد انتاج قطر من البترول خلال السنوات الماضية بما يقرب من مليون طن سنويا ، وذلك نتيجة لمباحثات ومفاوضات دامت مدة طويلة بين الحكومة وشركة نفط قطر المحدودة ، . وقد تكللت جهودنا فى النهاية بالنجاح ، ورفع معدل الانتاج بمقدار نصف مليون طن فى العام الماضى ، ونصف مليون طن آخر هذا العام ، وبذلك يكون دخل قطر من البترول قد زاد اكثر من مليونى جنيه استرلينى سنويا .

اما شركة شل لقطر فستبدأ انتاجها فى مطلع العام القادم ، وسيكون هذا الانتاج حوالى مليون ونصف مليون فى السنة الاولى والمأمول ان يزيد عن ذلك فى السنوات التالية .

ولقد تنازلت كل من شركة شل لقطر ، على اثر مفاوضات طويلة ايضا ، عما يقرب من ثلثى مساحة امتياز كل منهما . ومنح امتياز التنقيب والانتاج فى هذه المساحات المتنازل عنها ، بالاضافة الى مساحات صغيرة اخرى لم تكن تدخل فى نطاق اية امتيازات من قبل ، الى شركة كونتننتال الامريكية المعروفة . واكبر الرجاء ان تنجح هذه الشركة فى اعمالها التى ستبدأ فى مطلع العام القادم .

لاشك فى ان العثور على البترول فى المساحات المذكورة من شأنه ان يعاون على تنفيذ خطتنا الشاملة بشأن التنمية الاقتصادية فى البلاد ، وتحقيق الاصلاحات التى ننشدها فى مختلف الميادين .

سؤال : هل هناك مشروعات جديدة للحصول على ايرادات اخرى الى جانب دخل البلاد من البترول ؟

جواب : لقد قامت الحكومة باجراء دراسات شاملة لافضل وسائل تنمية الدخل القومى وانعاش الحالة الاقتصادية فى البلاد ، وذلك بالتعاون مع هيئة من كبار الخبراء الدوليين فى هذه الشئون . وقد انتهينا فعلا من تلك الدراسات الى تقريران اهم الوسائل المذكورة هى العمل على دراسة وتنفيذ المشروعات الاتية : ـ

١ ـ مشروع ارساء افضل الاسس لاستثمار الاحتياطى المالى للدولة .

٢ ـ مشروع استغلال الثروة المائية .

٣ ـ مشروع استصلاح الاراضى والتنمية الزراعية .

٤ ـ مشروع استغلال الغاز الطبيعى

٥ ـ مشروع انشاء مصنع الاسمنت

وبعد بحث تفاصيل المشروعات المذكورة من جميع النواحى ، استقر رأينا على البدء فى تنفيذ المشروعات الثلاثة الاولى ، فى اقرب وقت ، وتجرى الان دراسة المشروعين الاخيرين دراسة فنية مستفيضة .

سؤال : ـ هل هناك اتجاه الى انشاء بنك وطنى قطرى ؟

جواب : ان قطر تجتاز فترة تخطيط اقتصادى شامل ، ومن اهم خصائص البنوك الوطنية ان تلعب دورا هاما فى هذا التخطيط ، لذلك

البقية صفحة ٢٧

سمو الشيخ خليفة بن حمد آل ثانى نائب حاكم قطر وولى عهدها فى حديث مع « مندوب الاهرام »

الشيخ خليفة بن حمد، ولي العهد آنذاك، يتحدث عن زيادة مسؤوليات الحكومة والحاجة إلى تنظيم إدارتها، الأهرام، مارس عام ١٩٦٤

قانون رقم (١) لسنة ١٩٦٢(*)

بتنظيم الإدارة العليا للأداة الحكومية

نحن أحمد بن علي آل ثاني حاكم قطر

بعد الاطلاع على المرسوم الصادر في ١٦ جمادى الأولى ١٣٨٠ الموافق ٥ نوفمبر ١٩٦٠ بإنشاء وزارة المالية ،

وبعد الاطلاع على المرسوم الصادر في ١٦ جمادى الأولى ١٣٧٠ الموافق ٥ نوفمبر ١٩٦٠ بتعيين حضرة صاحب السمو الشيخ خليفة بن حمد آل ثاني ولي العهد ونائب الحاكم وزيراً للمالية ،

وبعد الاطلاع على المرسوم الصادر في ١٦ جمادى الأولى ١٣٨٠ الموافق ٥ نوفمبر ١٩٦٠ بإنشاء المجلس الاستشاري لشئون المالية العامة ،

وبناء على ما عرضه علينا نائب الحاكم ووزير المالية قررنا القانون الآتي :

مادة (١)

يُعهد لنائب الحاكم بالسلطات الآتية :

١) إعداد سياسة عامة تقوم على أساس خطة شاملة تكفل للدولة أكبر قسط من النهوض الاقتصادي والاجتماعي والثقافي والإداري .

وترفع تلك الخطة الشاملة للحاكم لإقرارها خلال مدة لا تجاوز ثلاثة أشهر من تاريخ نشر هذا القانون .

(*) نشر بالجريدة الرسمية عدد (١) لسنة ١٩٦٢ .

قانون تنظيم الإدارة العليا للأداة الحكومية، عام ١٩٦٢م[1]

---

(١) فصول من تاريخ قطر السياسي، مرجع سابق.

قرار رقم (٢) لسنة ١٩٦٢(*)

بتحديد اختصاصات المدير العام للحكومة

نائب الحاكم

بعد الاطلاع على المادة (٦) من القانون رقم (١) لسنة ١٩٦٢ بشأن تنظيم الإدارة العليا للأداة الحكومية .

قررنا الآتي :

مادة (١)

يُعهد لمدير عام الحكومة بالاختصاص الآتي :

١ - متابعة الخطط التنفيذية لسياسة الحكومة العامة ومراقبة تطبيق كافة الإدارات الحكومية لتلك الخطط وفقاً لأحكام القانون .

٢ - الإشراف المباشر على طرق أداء كل إدارة من إدارات الإدارة العامة لوظائفها.

٣ - رسم القواعد الكفيلة بتنسيق وسائل التعاون بين إدارات الإدارة العامة فيما بينها ، وتنظيم الاتصال بينها وبين سائر إدارات الحكومة الأخرى .

٤ - دراسة ومعالجة المسائل الهامة المختلفة التي تعرض للإدارة العامة .

٥ - عرض جميع المسائل الهامة والكبرى على نائب الحاكم لاستصدار قراراته بصددها .

(*) نشر بالجريدة الرسمية عدد (١) لسنة ١٩٦٢ .

قرار تحديد اختصاصات المدير العام للحكومة عام ١٩٦٢[1]

---

(١) مرجع سابق

مرسوم رقم (٧) لسنة ١٩٦٣[1]
بتحديد الدوائر الانتخابية لمجلس بلدي الدوحة

نحن أحمد بن علي آل ثاني حاكم قطر

بعد الاطلاع على القانون رقم ١١ لسنة ١٩٦٣ المعدل بالقانون رقم (١٥) لسنة ١٩٦٣ بتنظيم بلدية الدوحة .

وعلى المرسوم رقم (٦) لسنة ١٩٦٣ بنظام جديد لانتخاب أعضاء مجلس بلدي الدوحة ،

وبناء على ما عرضه علينا نائب الحاكم ،

رسمنا بما هو آت :-

مادة (١)

تقسم الدوحة إلى خمس عشرة دائرة انتخابية على الوجه الآتي :-

(١) الرميلة (٢) البدع
(٣) المشيرب (٤) الجسره
(٥) النجادة (٦) اللارية
(٧) الدوحة الجديدة (٨) العهادهية
(٩) عيال أحمد (١٠) البحارنة
(١١) الغانم (١٢) السلطة
(١٣) المرقاب (١٤) الهتمي
(١٥) الخليفات

مادة (٢)

ينتخب واحد من مرشحي كل دائرة ليكون عضواً بالمجلس البلدي وفقاً للاجراءات المنصوص عليها بالمرسوم رقم (٦) لسنة ١٩٦٣ بنظام جديد لانتخاب أعضاء مجلس بلدي الدوحة .

مادة (٣)

على جميع الجهات المختصة كل ، كل فيما يخصه ، تنفيذ هذا المرسوم . ويعمل به من تاريخ صدوره وينشر بالجريدة الرسمية .

أحمد بن علي آل ثاني
حاكم قطر

صدر في ٢٩/٢/١٣٨٣هـ
الموافق ٢٠/٧/١٩٦٣م

(١) نشر بالجريدة الرسمية عدد (٤) لسنة ١٩٦٣

مرسوم بتحديد الدوائر الانتخابية لمجلس بلدية الدوحة

الشيخ أحمد بن علي، ونجله الشيخ عبد العزيز، أول وزير للصحة في أول تشكيل وزاري بعد الاستقلال عام ١٩٧٢م، رحمهما الله

الشيخ قاسم بن حمد

وزير المعارف

يقول:

قطر تدفع للطالب ٢٠٠ روبية شهريًا لتشجيع على التعليم

الجمهورية العربية اعترفت بشهادة الثانوية العامة في قطر

نريد أن نبني مجتمعنا على جيل مسلح بالعلم والأخلاق

قطر تدفع للطالب ٢٠٠ روبية شهريًا للتشجيع على التعليم، في تصريح للشيخ قاسم بن حمد، وزير المعارف في عهد الشيخ أحمد، أرشيف الأهرام، عام ١٩٦٠

اخبار وارقام
من داخل
وزارة المعارف

● بلغ عدد المدارس الليلية فى قطر ٤٤ مدرسة يتردد عليها ٢٥٠٠ دارس وتشمل جميع بلاد الامارة ، وامتدت الى جاراتها فى امارات دبى والشارقة ورأس الخيمة وام القوسين وعجمان .

● هناك تتطلع الانظار الى معهد المعلمين الجديد الذى تعلق حكومة قطر عليه الامال لتخريج مدرسين من ابناء الامارة يحملون رسالة تثقيف الجيل الجديد من ابنائها .

● وهناك فى قطر .. المعهد الدينى الثانوى ، الذى يعد طلابه لاكمال دراستهم العالية فى العلوم الشرعية ليتحملوا مسئولية التعليم والوعظ والارشاد فى المساجد والمدارس، وتسير الدراسة فى المعهد طبقا لمناهج الدراسة الثانوية فى معاهد جامعة الازهر .

● استكملت مدرسة الصناعة صفوفها الثلاثة ، واصبحت تضم اقسام البارات والكهرباء والديزل واللحام والحداده والخراطة .

● فى بداية عهد وزير المعارف الشيخ قاسم بن حمد كان الطلاب على موعد مع اول نظام حديث لامتحان عام فى الشهادتين الابتدائية والاعدادية كان ذلك فى عام ٥٧ الدراسى ، ووضعت الاسئلة فى قطر ، ووضع نظام الامتحان فى قطر ، وكان من احدث النظم المتبعة فى الدول العربية

● يسير التعليم فى قطر على اساس منهج مستوى من الوحدة الثقافية العربية .

● دخلت قطر ميدان المساهمة مع الجمهورية العربية المتحدة ودولة الكويت فى نشر التعليم فى امارات ساحل عمان، لها ٣ مدارس حديثه فى دبى والشارقة ، واقامت مجموعتين من مساكن المدرسين فى الشارقة واوفدت ٣٢ مدرسا للتدريس فى امارات الساحل . تكفلت بجميع نفقاتهم من رواتب وسفريات وتنقلات وسكن .

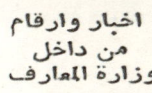

أخبار وأرقام تبين مساهمة قطر في نشر التعليم في إمارات ساحل عُمان، عام ١٩٦٠

وعلى المستوى الخارجي، استكمل الشيخ أحمد مسيرة والده بنصرة حركات التحرر العربية بعلاقات قوية مع الجمهورية العربية المتحدة التي تشكلت بعد الوحدة بين مصر وسوريا عام ١٩٥٨، وحضر حفل مبايعته في الدوحة، وفدٌ كبيرٌ برئاسة الرئيس المصري الراحل أنور السادات – رئيس الوفد حينذاك.

وأهدت الجمهورية العربية المتحدة طائرتين لدولة قطر كنواة لسلاحها الجوي. وفي عام ١٩٦١م، واصل الشيخ أحمد استضافة وفد الحكومة المؤقتة للجمهورية الجزائرية، في قصر والده بسويسرا، لإجراء المفاوضات مع الحكومة الفرنسية حول تقرير مصير الجزائر، وقام بتوفير احتياجات الوفد المفاوض في إيفيان، وشعر الوفد وكأنه يتفاوض على أرضه بعيدًا عن أية مضايقات.[١]

وطوال فترة حكم الشيخ أحمد، اعتاد أهل قطر على قضاء مطالبهم من مجلسَيّ الحاكم وولي عهده الشيخ خليفة حيث اشتركا معًا في إدارة البلاد بحكمة واقتدار لنحو ١٢ عامًا. وكانت أغلب الدوائر في يد الشيخ خليفة، وكان نشيطًا ومحبًّا للعمل والإنجاز، وتمت مبايعته حاكمًا للبلاد عام ١٩٧٢.

توفي الشيخ أحمد بن علي آل ثاني يوم ٢٥ نوفمبر ١٩٧٧ في لندن ونُقل جثمانه إلى الدوحة ودُفن في مقبرة الريان.

وتم إطلاق اسم الشيخ أحمد، على أحد ملاعب مونديال قطر ٢٠٢٢ وهو استاد أحمد بن علي في منطقة الريان، تخليدًا لذكرى الأمير الذي استقلت بلادنا في عهده.

١ علي الصلابي، مؤرخ وفقيه ومفكر سياسي ليبي، مدونات الجزيرة، قَطر: الدور التاريخي في انتصار الشعب الجزائري، متاح على: https://cutt.us/6u87Q

معاهدة الصداقة بين دولة قطر والمملكة المتحدة

لبريطانيا العظمى وإيرلندا الشمالية في ٣ سبتمبر ١٩٧١

إن دولة قطر والمملكة المتحدة لبريطانيا العظمى وإيرلندا الشمالية ، نظراً لأن دولة قطر قد استعادت كامل مسؤولياتها الدولية كدولة مستقلة ذات سيادة.

ونظراً لأن عزم الدولتين قد استقر على أن تستمر علاقات التعاون والصداقة الوثيقة التقليدية الطويلة الأمد القائمة بينهما .

ولما كانتا ترغبان في التعبير عن هذا العزم في شكل معاهدة صداقة ، قد اتفقتا على ما يلي :

المادة (١)

تستمر العلاقات بين دولة قطر والمملكة المتحدة لبريطانيا العظمى وإيرلندا الشمالية تسودها روح الصداقة الوثيقة ، وإقراراً بذلك يقوم الطرفان المتعاقدان – إدراكاً منهما لمصلحتهما المشتركة في استتباب السلام والاستقرار في المنطقة – بما يلي :

أ – التشاور معاً حول المسائل التي تهمهما سوياً عند الحاجة لذلك .

ب – تسوية كل خلافاتهما بالطرق السلمية وفقاً لأحكام ميثاق الأمم المتحدة .

المادة (٢)

يشجع الطرفان المتعاقدان تعاونهما في ميادين التعليم والعلوم والثقافة طبقاً للترتيبات التي يتفق عليها بينهما ، ويجوز أن تشمل هذه الترتيبات ، بين ما تشمل ، ما يأتي :

أ – تدعيم الفهم المتبادل لثقافتيهما وحضارتيهما ولغتيهما .

*مرجع سابق

ب - تدعيم الاتصالات بين الهيئات المهنية والجامعات والمنشآت الثقافية في بلديهما .

ج - تشجيع تبادل المعلومات التقنية والعلمية والثقافية بينهما .

المادة (٣)

يحافظ الطرفان المتعاقدان على العلاقات الوثيقة بينهما حالياً في حقل التجارة ويتقابل ممثلو الطرفين المتعاقدين من وقت لآخر للنظر في الوسائل الكفيلة بتنمية وتقوية تلك العلاقات ، بما في ذلك إبرام المعاهدات والاتفاقيات حول الأمور التي تهمهما في هذا الصدد .

المادة (٤)

يجري العمل بهذه المعاهدة اعتباراً من تاريخ توقيعها ، وتبقى سارية المفعول مدة عشرة سوات . وإذا لم يخطر أحد الطرفين المتعاقدين الطرف الآخر برغبته في إنهاء المعاهدة قبل انقضاء المدة المذكورة بإثنى عشر شهراً تظل المعاهدة قائمة حتى انقضاء إثنى عشر شهراً من تاريخ الإخطار بتلك الرغبة وإثباتاً لما تقدم ، جرى توقيع هذه المعاهدة من الموقعين عليها .

وقد حررت من نسختين في جنيف في ٣ سبتمبر ١٩٧١ الموافق ١٣ رجب ١٣٩١ باللغتين الإنجليزية والعربية ، على أن يكون لكل من النصين ذات الحجية.

عن دولة قطر	**عن المملكة المتحدة لبريطانيا العظمى وإيرلندا الشمالية**
الشيخ أحمد بن علي آل ثاني	**جيفري آرثر**
	(المقيم السياسي البريطاني في الخليج)

لحظة تاريخية بتوقيع الشيخ أحمد عَلَى وثيقة استقلال قطر في قصره بجنيف سويسرا عام ١٩٧١

مسيرات ابتهاج بالاستقلال لعدد من القطريين الذين كانوا يقضون إجازة الصيف في لبنان عام ١٩٧١

وفي تلك الأيام كانت لبنان وجهة أساسية للمصطافين القطريين والخليجيين عمومًا خاصة في الفترة من مايو إلى أكتوبر من كل عام. والشعب اللبناني مثقف ومضياف ومن لا يحب لبنان لا يحب الحياة، فقد اشتهرت قديمًا بأنها سويسرا الشرق الأوسط ومركز الفنون والمال والأعمال وبلغت الليرة اللبنانية ضعف الريال القطري تقريبًا في فترة من الفترات، فمثلًا الورقة فئة ١٠٠ ريال قطري كانت تعادل ٥٣ ليرة لبنانية، وصارت حاليًا تعادل أكثر من ٣٤٠ ألف ليرة بالسوق السوداء.

لحظات تاريخية من احتفاء القطريين بإعلان الاستقلال رافعين صورة الشيخ أحمد بن علي أمير دولة قطر حينذاك

نص بيان بمناسبة إعلان استقلال دولة قطر في ٣ سبتمبر ١٩٧١
ألقاه الشيخ خليفة بن حمد آل ثاني
نائب الحاكم وولي العهد

بسم الله الرحمن الرحيم

أيها الأخوة المواطنون

تعلمون علم اليقين أن أمنية بلدنا الكبرى كانت أن يقوم اتحاد الإمارات العربية التسع . ولقد كانت هذه الأمنية ولا تزال تنبثق من إيماننا وطيداً بأن ذلك الاتحاد التساعي هو أمثل وسائل التقدم والازدهار لأعضائه جميعاً ، وأفضل سبل توطيد أواصر الأخوة الوثيقة بينهم وبين باقي وطننا العربي الكبير وأقوى ضمان لاستتباب الاستقرار الذي ننشده لمنطقتنا . وانطلاقاً من هذا الإيمان ، بدأت قطر في سبيل إقامة اتحاد الإمارات العربية التسع ، بإعداد مشروع اتفاقية دبي التي قام بموجبها هذا الاتحاد . كما أعدت بعد ذلك خطة عملية لتنفيذ هذه الاتفاقية تنفيذاً صحيحاً في أقصر وقت ممكن .

وما فتئت قطر تعمل ، بكل ما توفر لها من قوة وصبر ومثابرة على تنفيذ هذه الخطة لإخراج الاتحاد التساعي إلى النور ، على ذات الأسس التقليدية السليمة التي تقوم عليها الاتحادات عامة – القديم منها والحديث – وبخاصة في مرحلتنا الأولى ، حتى شاء الله سبحانه وتعالى أن يوفق الإمارات التسع بعد مناقشات دامت عامين كاملين إلى اتفاق إجماعي على الحلول الملائمة الكفيلة بتحقيق هذا الغرض السامي والتي تضمنها الدستور المؤقت ليوفر للاتحاد في مرحلته الأولى باعتباره نواة الدستور الدائم الكامل نظاماً للحكم يتفق كما يجب مع واقع المنطقة وحاجاتها وإمكاناتها الحقيقية .

*مرجع سابق

ولقد كان في الإمكان أن يقوم الاتحاد فعلاً - فور الوصول إلى ذلك الاتفاق- على أساس ذلك الدستور المؤقت - القابل للتعديل للأحسن في أي وقت بمقتضى ذات أحكامه وتتحقق بذلك كبرى الأماني - غير أن بعض الإمارات الشقيقة فتحت باب المناقشة من جديد فيما سبق أن تم الاتفاق عليه واستمرت المناقشات عاماً ثالثاً ، الأمر الذي رأى معه مشكوراً كل من حضرة صاحب الجلالة الأخ الملك فيصل بن عبد العزيز آل سعود ، عاهل المملكة العربية السعودية وحضرة صاحب السمو الأخ الشيخ صباح السالم الصباح ، أمير دولة الكويت ، ضرورة تأليف وفد سعودي - كويتي مشترك للمعاونة على الوصول من جديد إلى اتفاق إجماعي يكفل قيام الاتحاد بالسرعة المنشودة على أسس سليمة يقبلها الجميع . على أن مساعي هذا الوفد الأخوية الكريمة وجهوده الكبيرة المخلصة القيمة لم تؤد إلى ذلك الإتفاق الإجماعي الضروري لقيام الاتحاد التساعي المرجو بسبب استمرار الخلاف بين الإمارات . وانقضت فترة رأت بعدها ست إمارات شقيقة أن تتفق على إنشاء اتحاد بينها ، ثم تلا ذلك إعلان استقلال البحرين الشقيقة ، الأمر الذي لم يترك أمام قطر إلا سبيلاً واحداً ممكناً هو أن تقرر انتهاج سبيل الاستقلال الذي أصبح الوسيلة الوحيدة لصيانة ودعم كيان بلدنا والاستمرار في بناء نهضتنا الشاملة في ظل حياة أفضل ، يشرق علينا في كنفها مزيد من القوة والعزة ، ويتهيأ لنا شغل المكان اللائق بنا في الأسرة الدولية، ومسايرة ركب التقدم والارتقاء ، قياماً بأوجب واجباتنا نحو أنفسنا ونحو منطقتنا ونحو أمتنا العربية التي نحن جزء لا يتجزأ منها .

وطبيعي ، وقد جاء قرارنا انتهاج سبيل الاستقلال نتيجة للظروف السابق إيضاحها ، أن لا نجد أنفسنا بحاجة إلى تأكيد أن مثل هذه الظروف التي نرجو زوال أسباب لايمكن أن تؤثر على إيماننا الوطيد في أن اتحادنا في هذه المنطقة ضرورة مصيرية تحتمها مصلحتنا العليا المشتركة وتقتضيها كل تلك الروابط العميقة الجذور التي تربط بعضنا بالبعض الآخر والتي قلَّ أن توجد بلاد في العالم تجمع بينها روابط تضاهيها قوة وشدة وأصالة . ولسوف تبقى قطر ،

حاكماً وحكومة وشعباً ، مؤيدة لمبدأ ذلك الاتحاد عاملة على تحقيقه متطلعة إلى ذلك اليوم الذي يضمها فيه إلى شقيقاتها .

وتنفيذاً لقرار إعلان استقلال بلدنا ، قررنا إنهاء العلاقات التعاقدية الخاصة وجميع الإتفاقيات والالتزامات والتنظيمات المرتبة عليها المبرمة مع الحكومة البريطانية . وبذلك تصبح دولة قطر دولة مستقلة استقلالاً تاماً وذات سيادة كاملة . تمارس كل مسئولياتها الدولية بنفسها ، وتتولى وحدها سلطانها الكامل في الخارج والداخل على السواء ، وسنبدأ فوراً باتخاذ الإجراءات اللازمة لانضمام دولتنا العربية الفتية إلى جامعة الدول العربية وإلى هيئة الأمم المتحدة .

أيها الأخوة المواطنون

لقد سعينا جاهدين سوياً ، قبل استقلالنا التام لتحقيق نهضة شاملة في بلدنا العزيز .. وخطونا في هذا السبيل خطوات واسعة ، كان لها أثرها الملموس في الارتقاء بمستوى مجتمعنا في كلك النواحي .

ولقد كان النظام الأساسي المؤقت للحكم عندنا ، الذي أصدرناه في ٢ أبريل عام ١٩٧٠ م ، بين أهم الخطوات التي قمنا بها ، حيث أرسى القواعد الرئيسية لنظام الحكم في دولتنا خلال فترة الانتقال ، فنظم السلطات العامة فيها واختصاصات هذه السلطات وعلاقاتها بعضها بالبعض الآخر ، وحقوق المواطنين وواجباتهم إزاء هذه السلطات . كما أنه رسم المبادىء الجوهرية الموجهة لسياستنا الداخلية في تلك النواحي السياسية والاقتصادية والاجتماعية والثقافية ، وكلها مبادىء تهدف إلى تطوير مجتمعنا تطويراً يكفل له اطراد الازدهار والرفاهية في مختلف المجالات .

هذا عن سياستنا الداخلية ، وأما عن سياستنا في المجالين العربي والدولي ، فقد أرسى أسسها الجوهرية أيضاً النظام الأساسي المؤقت للحكم في دولتنا ، وأنه

ليعنيني في هذه المناسبة السعيدة أن أؤكد تعهد دولة قطر بالالتزام بالأسس الآتية :

١ - دولة قطر دولة عربية مسلمة وشعبها جزء من الأمة العربية .

٢ - تعمل الدولة بكل طاقتها على تقوية الروابط بينها وبين جاراتها الشقيقة والصديقة ، وعلى إنماء روح التعاون وتدعيم صلات حسن الجوار والتضامن في كل المجالات . كما تعمل على التعاون معها على المحافظة على السلام واستتباب الاستقرار في المنطقة .

٣ - تؤمن الدولة بأخوة العرب جميعاً .. وتسعى جاهدة لتوثيق عرى التآزر والترابط مع كل شقيقاتها الدول العربية .. وتساعد بكل قواها الجهود المشتركة لتحقيق الوحدة العربية والكفاح في سبيل نصرة قضايا العرب وفي مقدمتها قضية أرض فلسطين المغتصبة ، وقضية الأراضي العربية المحتلة ، وهما قضيتا كل عربي وتؤيد الدولة تأييداً مطلقاً حق شعب فلسطين العربي في استرجاع وطنه المغتصب ، كما تؤيد تأييداً مطلقاً دول المواجهة العربية في نضالها لاستعادة أقاليمها المحتلة .

٤ - تهدف السياسة الخارجية للدولة إلى توثيق عرى الصداقة مع جميع الدول والشعوب المحبة للسلام . على أساس من الاحترام المتبادل والمصلحة المشتركة وعدم التدخل في الشؤون الداخلية .

٥ - تؤيد الدولة تأييداً تاماً جامعة الدول العربية .. والأهداف العليا التي يرمي ميثاقها إلى تحقيقها ، وتلتزم بأحكام هذا الميثاق .

٦ - تقبل الدولة الالتزامات المنصوص عليها في ميثاق الأمم المتحدة .. وتعتنق مبادىء هذا الميثاق ، التي تهدف إلى تدعيم حق الشعوب في تقرير مصيرها ، وإنماء التعاون الدولي لخير البشرية ، وإشاعة السلام والأمن في أرجاء العالم ، والتزام الدول بفض خلافاتها بالطرق السلمية ، وإقامة

علاقاتها فيما بينها على أساس العدالة والمساواة في ظل أحكام القانون الدولي .

أيها الأخوة

في هذه المرحلة الجديدة من مراحل حياتنا ، يقتضينا الواجب أن نعمل معاً في ظل المبادىء والالتزامات التي أشرت إليها - على تحقيق ما نصبو إليه سوياً- من توفير كل أسباب الرفاه لشعبنا والرقي لمجتمعنا وضمان كل عوامل تمكين دولتنا من أن تكون وقد احتلت مركزها الطبيعي في الأسرة العربية خاصة ، والأسرة الدولية عامة ، دولة خير وعون وسلام لنفسها ولأمتنا العربية وللإنسانية جمعاء ... وإني لعلى يقين من أننا بإذن الله فاعلون .

والسلام عليكم ورحمة الله وبركاته .

الشيخ أحمد مع الشيخ عبد الله السالم الصباح أمير الكويت السابق

ومع الشيخ زايد حاكم الإمارات والشيخ عيسى بن سلمان حاكم البحرين سابقًا

الشيخ أحمد مع الرئيس المصري الراحل جمال عبد الناصر

ومع الرئيس المصري الراحل محمد أنور السادات

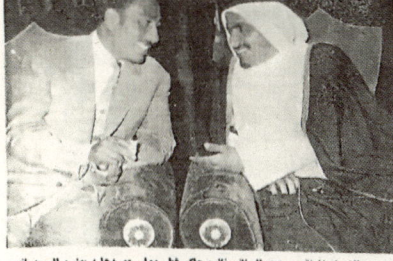

سمو الشيخ احمد بن على بن عبد الله ال ثانى حاكم قطر يتبادل اطراف الحديث مع السيد انور السادات رئيس بعثة الجمهورية العربية لقطر

سمو الشيخ خليفة بن حمد ال ثانى نائب حاكم قطر وولى عهدها ، يهنىء السيد انور السادات بسلامة الوصول

وفود العرب شاركت قطر فى افراحها....

الجمهورية العربية أهدت طائرتين لقطر نواة لسلاحها الجوى

قصة انتصار النفاثة العربية على النفاثة البريطانية

سمو الشيخ احمد بن على بن عبدالله ال ثانى حاكم قطر يستقبل الوفد الكويتى برياسة سمو الشيخ عبدالله السالم الصباح حاكم الكويت وظهر خلفهما سمو الشيخ عبد الله الجابر الصباح رئيس المعارف والعدل فسمو الشيخ عبد العزيز بن احمد نجل حاكم قطر والفيف كبير من اهم الشخصيات البارزة فى قطر

كان شهر نوفمبر الماضى ، شهر اعياد وافراح فى جميع انحاء قطر .. واقام الشعب الزينات ، ورفع الاعلام ، وشيد اقواس النصر فى الشوارع والميادين وعمت الفرحة كل مكان .. ونظمت الحفلات ووزعت الخيرات .. ولم تشهد الدوحة عاصمة قطر افراحا ومواكب فى تاريخها كتلك التى شهدتها خلال الاسابيع الماضية .

.. والمناسبة .. كانت تستحق كل ذلك ، بل واكثر منه .

.. واية مناسبة اكثر بهجة وفرحا لشعب من ان يتولى ابنهم البار وزعيمهم الشاب مقاليد الحكم ؟

..وكانت هذه المناسبة هى تولى الشيخ احمد بن على ال ثانى حكم قطر..

وقد شاركت الشعوب العربية شعب قطر الشقيق افراحه واعياده ، وسافرت الوفود من جميعها الدول والامارات العربية الى قطر تشارك فى الافراح والاعياد ، وتهنىء الشعب القطرى وحاكمه الشاب بأسعد مناسبة فى تاريخهم الحافل بالبطولة والوطنية .

ولا يزال كثير من وفود الدول العربية ، تتوافد حتى الآن ، على قطر ، لتقدم التهانى الحارة والتمنيات الطيبة الجميلة الى الشعب والى الامير الشاب

ان مواكب التهنئة تتحول فى الدوحة الى مهرجانات رائعة تتجلى فيها الاخوة العربية بأسمى معانيها . وقد عرف الشيخ احمد ال ثانى كيف يكسب قلوب ابناء شعبه ، وقلوب الملايين من ابناء الشعوب العربية ، بما اشتهر به من شهامة عربية ووطنية اصيلة .. وبما عرف عنه من حب للعمل فى ميادين الاصلاح المحلى من اجل شعب قطر الشقيق ومن اجل التضامن العربى والقومية العربية .

وقد كان لمواقف الشيخ احمد ال ثانى المشهورة فى نصرة فلسطين، والتأييد المعنوى والمادى المتواصل لابطال الجزائر ، ما قوى جذور هذه المحبة فى صدور العرب وجعلها مقرونة بالتقدير الخالص والوفاء النادر .. والود الاخوى العميق

ولن ينسى العرب عامة وابناء الجمهورية العربية ، خاصة الموقف البطولى الرائع الذى وقفه الشيخ احمد على راس البواسل من ابناء شعبه المظلم ، عام ١٩٥٦ ايام العدوان الثلاثى الغادر على بورسعيد

لقد وقف الامير الشاب ايامها وقفة بطولية خالدة ، كاقوى ما تكون البطولة ، وهو الاعزل من السلاح ، فى وجه المدمرات البريطانية بكل ما عليها من أدوات الدمار والفتك والموت .. تلك المدمرات التى جاءت الى مياه الخليج العربى ، لترهب ابناء قطر الابطال ، فهبوا جميعا فى مظاهرات صاخبة يهتفون بحياة بورسعيد الباسلة والقومية العربية المنتصرة . وينادون بسقوط الانجليز والفرنسيين وكل الاستعماريين فى العالم ..

.. يومها وقف البطل الشاب على راس هذه الحشود الغاضبة ، واعلن العالم كله انه لايقبل اى تدخل فى بلاده ولا ادنى ارهاب لابناء شعبه ، وان حكومة قطر وحدها هى المسئولة عن كل ما يجرى داخل اراضيها..!

ومن اجل هذه المواقف البطولية الرائعة وامثالها .. حظى الشيخ احمد بن على ، بكل الحب والتقدير من الملايين من ابناء الشعوب العربية . ولا عجب ان نرى وفودا من جميع الدول العربية تسارع - بمجرد اعلان توليه الحكم فى قطر - لتقدم ايات التبريك والتهانى .

وفد السعودية ..

وكان اول هذه الوفود ، وفد المملكة العربية السعودية . فلقد اوفد جلالة الملك سعود بعثة للتهنئة ، برياسة نجله الامير عبد الله بن سعود ، مؤكدا بهذه المناسبة الكريمة الروابط العريقة الاصيلة التى تربط بين بيت آل ثان والبيت السعودى ،ومؤكدا العلاقات الطيبة التى مازالت شعار العائلتين العربيتين الكريمتين ..

بعثة امارة ((دوبى))

وكان على راس بعثة امارة ((دوبى)) الشيخ راشد بن سعيد بن مكتوم حاكم ((دوبى)) ، وضمت البعثة انجال الحاكم واعيان الامارة.

وقد استقبلوا جميعا بالترحاب البالغ من حاكم قطر وولده المعظم الشيخ على ال ثان ولى العهد ، ومن الشعب القطرى الكريم .

وفد الكويت

وسارعت الكويت بارسال بعثة كبيرة لتهنئة الحاكم الشاب ، مؤكدة اواصر الصداقة والقربى وحسن الجوار والاخاء والتضامن العربى المتين ، الذى يربط بين امارات الكويت وقطر . وكان على راس البعثة حاكم الكويت الشيخ عبد الله السالم الصباح .

وفد من لبنان

وسافر الى الدوحة وفد كبير من وزراء لبنان ، برياسة السيد صائب سلام رئيس مجلس الوزراء اللبنانى ، لتهنئة شعب قطر وحاكمها الجديد ، والتعبير عن العلاقات الطيبة بين شعبى لبنان وقطر

واستقبلت البعثة اللبنانية استقبالا حافلا فى مطار الدوحة ، وفى كل مكان حلت به .

وفد الجمهورية العربية

وبادرت الجمهورية العربية المتحدة بارسال وفد رسمى الى قطر لتهنئة حاكم قطر المعظم ، ولتهنئة الشعب القطرى البطل بحاكمه الشاب الذى يرجى على يديه كل خير وتقدم للبلاد .

وكان على راس الوفد العربى السيد انور السادات رئيس مجلس الامة ، وضم الوفد السادة : حسين ذو الفقار صبرى نائب وزير الخارجية ، ومحمود رياض المستشار السياسى لرئيس الجمهورية ، وطلعت صدقى مدير مكتب الشئون العربية برياسة الجمهورية ، والمقدم فوزى عبد الحافظ مدير مكتب رئيس مجلس الامة .

استقبال عاصف

وشهد مطار الدوحة اروع استقبال لوفد الجمهورية العربية المتحدة ، عندما هبط اعضاء الوفد من الطائرة النفاثة العربية التى اقلتهم الى قطر . وقد خرج ابناء الدوحة جميعا لاستقبال ابناء الجمهورية العربية المتحدة فى المطار، رغم انهم لم يعلموا بحضور البعثة الا قبل وصولها بساعة واحدة .وكان على راس المستقبلين سمو الحاكم الشيخ احمد بن على ال ثان ، وولى العهد والشيخ خليفة بن حمد ال ثان ، وشيوخ اسرة ال ثان ، واعيان قطر ووجهاؤها ، وكبار موظفى الحكومة هناك .

وخرج ابناء الجمهورية العربية المتحدة

مشاركة الوفود العربية في حفل مبايعة الشيخ أحمد بن علي، حاكمًا للبلاد، وإهداء الجمهورية العربية المتحدة طائرتين لقطر كنواة لسلاحها الجوي، صحيفة الأهرام، عام ١٩٦٠

Drilling in operation, Adding a length of pipe to the staring at Dukhan well no. 69, by the Qatari crews October 1962

عمليات الثقب و إضافة أنابيب طويلة للبئر رقم ٦٩ في دخان، أكتوبر ١٩٦٢

Kenworth Oil Field Truck at Dukhan, May 1964

شاحنة من نوع كنورث تستخدم في حقول النفط في دخان، مايو ١٩٦٤

A scene of Umm Said Jetty, showing the line of taxi waiting for passenger, February 1964

منظر لرصيف فرضة مسيعيد (الميناء) ، ونشاهد حركة الناس، وصف من سيارات الأجرة في انتظار الركاب، فبراير ١٩٦١

حكومة قطر

اعلان عن وظائف خاليـة

تعلن حكومة قطر عن حاجتها لأشخاص مؤهلين وذوي خبرة من أبناء قطر لاشغال الوظائف التاليـة :-

الدائره	الوظيفة	الراتب	العلاوة الحليه
دائرة الكهرباء :-	كهربائي	٢٨٥	٧٥
	مداد اسلاك خارجيه (لاينزمان)	٢٨٥	٧٥
	ديزل فتر	٢٨٥	٧٥
	كيبل جوينتر	٥١٠	٧٥
دائرة الأشغال الميكانيكيه :-			
	بلدوزر فتر	٢٨٥	٧٥
	كهربائي سيارات	٢٨٥	٧٥
	ميكانيكي سيارات	٥١٠	٧٥

على كل شخص من ابناء قطر يجد في نفسه الكفاءة لاشغال احدى هذه الوظائف أن يتقدم بطلب الى دائرة التوظيف في دار الحكومة بالدوحـة .
ان اي تعيين لاحدى هذه الوظائف سيخضع لفحص (تراي) تجريه لجنة الفحوص المهنيه . تقبل الطلبات لغاية ١٢ جمادى الثاني سنة ١٣٨١ .

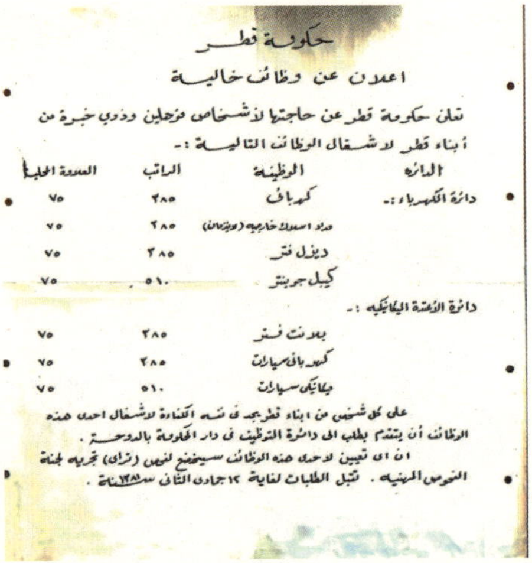

إعلان عن وظائف خالية بالحكومة للعمل في مهن مختلفة، على أن يتم تقديم الطلبات إلى دائرة التوظيف في دار الحكومة بالدوحة، عام ١٩٦١ م

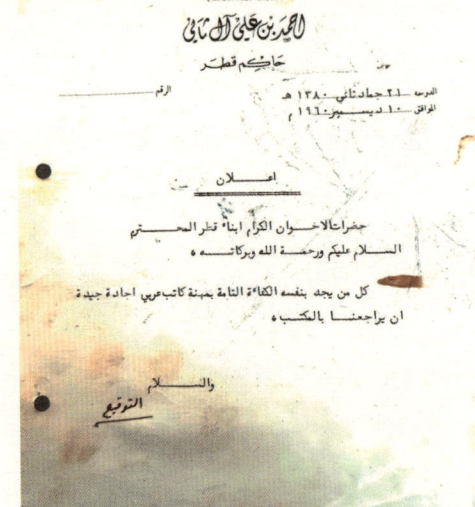

بسم الله الرحمن الرحيم

احمد بن علي آل ثاني

حاكم قطر

الدوحه ٢١ جماد ثاني ١٣٨٠ هـ
الموافق ١٠ ديسمبر ١٩٦٠ م
الرقم

اعـلان

حضرات الاخوان الكرام ابناء قطر المحترم

السلام عليكم ورحمة الله وبركاته ،

كل من يجد بنفسه الكفاءة التامة بمهنة كاتب عربي اجادة جيدة ان يراجعنا بالمكتب ،

والسلام

التوقيع

إعلان عن وظيفة كاتب عربي صادر من مكتب حاكم قطر حينذاك، الشيخ أحمد بن علي آل ثاني، بتاريخ ١٠ ديسمبر ١٩٦٠

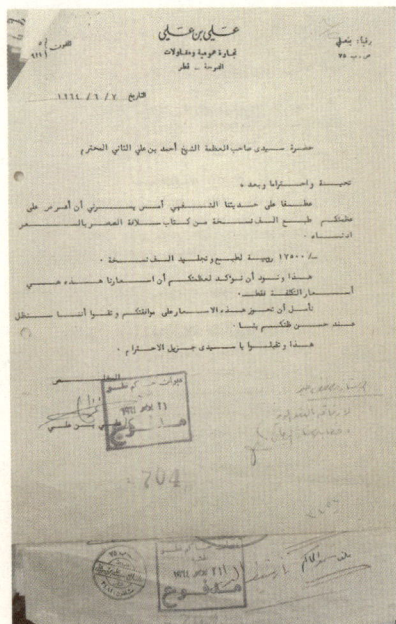

علي بن علي
تجارة عمومية ومقاولات
الدوحة ـ قطر

رقيا: بنعلي
ص.ب ٧٥

التاريخ ٧ / ٦ / ١٩٦٤

حضرة سيدي صاحب العظمة الشيخ أحمد بن علي الثاني المحترم

تحية واحتراما وبعد ،

عطفا على حديثنا الشفهي أمس يسرني أن أعرض على عظمتكم طبع ألف نسخة من كتاب سلافة العصر بالسعر أدناه .

-/١٧٥٠٠ روبية لطبع وتجليد ألف نسخة .

هذا ونود أن نؤكد لعظمتكم أن اسعارنا هذه هي أسعار التكلفة فقط .

نأمل أن تحوز هذه الاسعار على موافقتكم وثقوا أننا سنظل عند حسن ظنكم بنا .

هذا وتقبلوا يا سيدي جزيل الاحترام .

المخلص
علي بن علي

704

فاتورة تظهر اهتمام الشيخ أحمد مثل كافة حكام قطر من قبله ومن بعده بطباعة الكتب والمخطوطات، ٧ يونيو ١٩٦٤

قصر الحكومة القطرية عام ١٩٦٨، الديوان الأميري حاليًا

جانب من أعمال التطوير بقصر الحكومة بالدوحة عام ١٩٧١

الدوحة ١٩٧٠

مركب صيد وناقلة بترول تجسدان مسيرة قطر بين زمن الصيد والغوص على اللؤلؤ وعصر النفط

الدوحة عام ١٩٦٨

أحد الشوارع الجانبية داخل العاصمة عام ١٩٧١

بائعو صقور جائلون، بين عامي ١٩٦٨ و١٩٧١

الشيخ أحمد في زيارة إلى إحدى المنشآت، وعلى يساره الشيخ خليفة بن حمد آل ثاني، نائب الحاكم آنذاك، وأمير دولة قطر من بعده.

الأمير الأب

"هلت بشائر ثروة الغاز في قطر في عهد الشيخ خليفة بن حمد آل ثاني مع بدء إنتاج حقل الشمال، أكبر حقل للغاز الحر في العالم عام ١٩٩١م. ورسم الشيخ خليفة ملامح الدولة بمفهومها الحديث بعد تدشينه مرحلة جديدة للتنظيم الحكومي والإداري، وتعيينه أول وزير للخارجية، وإقامته علاقات دبلوماسية مع مختلف دول العالم، وإنشاء أول جامعة في بلدنا، جامعة قطر عام ١٩٧٣م"

الشيخ خليفة بن حمد آل ثاني
الأمير الأب

1972 1995

الأمير الأب، الشيخ خليفة بن حمد آل ثاني، الحاكم السادس لبلادنا، رحمه الله، تقلّد حكم البلاد، في ٢٢ فبراير ١٩٧٢، وكان أول إجراء له إعادة تنظيم الحكومة وتعيين وزير للخارجية ومستشار للأمير، وتحققت في عهده كثير من الإنجازات وصار لدينا سفارات في العديد من بلدان العالم.

وشهد عهد الشيخ خليفة، إبرام اتفاقيات جديدة لاستخراج النفط وتسويقه، وأقيمت المدارس والمعاهد، وأنشئت أول جامعة في البلاد، ليدشّن بذلك مرحلة جديدة من التنظيم الحكومي والإداري، ويرسم ملامح الدولة بمفهومها الحديث.

وُلد الشيخ خليفة بن حمد آل ثاني في الريان عام ١٩٣٢، واكتسب من جده وأبيه الكثير من صفات القيادة، فأحرز بذلك قدرًا كبيرًا من الخبرة في شؤون المجتمع، وانخرط في المسؤوليات مبكّرًا، فعُين رئيسًا لشؤون قطر الأمنية سنة ١٩٤٩، كما كان رئيسًا للمعارف قبل انشاء وزارة لها وتعيين شقيقه الشيخ جاسم بن حمد ال ثاني كأول وزير للمعارف (التعليم) في قطر عام ١٩٥٧.

وصار وليًا للعهد ونائبًا لحاكم قطر في ٢٤ أكتوبر ١٩٦٠. وتولى حقيبة المالية، في ٥ نوفمبر من العام نفسه، وكان أول رئيس لبنك قطر الوطني الذي أنشئ عام ١٩٦٤، وفي عام ١٩٧٠ أصبح رئيسًا لأول مجلس للوزراء في قطر.

أعلن الشيخ خليفة استقلال دولة قطر وإنهاء المعاهدة الأنجلو-

قطرية لسنة ١٩١٦ والاتفاقات المترتبة عليها في ٣ سبتمبر ١٩٧١. وفي العام نفسه، صدر قانون بإنشاء وزارة الخارجية، فتولى إدارتها بالإضافة إلى مهامه الأخرى. وفي تلك الفترة انطلقت في البلاد إجراءات حاسمة لتعريب الدولة، وتعزيز سلطة الحكومة، وأُصدرت القوانين المنظمة للوزارات والإدارات الجديدة.

ومارست قطر سياستها المستقلة على الصعيد الدولي بعقد معاهدة صداقة مع بريطانيا في ٣ سبتمبر ١٩٧١ والانضمام إلى جامعة الدول العربية، وإلى منظمة الأمم المتحدة في سبتمبر من العام نفسه. وتم تعيين أول وزير للخارجية، الشيخ سحيم بن حمد، وأقامت قطر علاقات دبلوماسية مع عدد من الدول على مستوى السفراء.

ومن أهم الإنجازات صدور قرار في ١٩ أبريل ١٩٧٢ بتعديل النظام الأساسي المؤقت، ونص على أن قطر جزء من الأمة العربية، وعلى تنظيم السلطات في الدولة، وإقامة مجلس شورى يساهم في تشريع القوانين، وعلى وضع أسس اعتماد الموازنة للدولة، وديوان المحاسبة للتدقيق.

كما زاد أعضاء مجلس الوزراء، وجرى تعديل وزاري لأول مرة، خرج على أثره معظم الوزراء السابقين، وأصبح عدد الوزراء ١٥ وزيرًا.

ووقّعت الحكومة عددًا من اتفاقيات الشراكة لاستخراج النفط وتسويقه مع عدد من شركات النفط الأجنبية، فزادت عائداتنا من النفط.

وفي عام ١٩٩١ بدأ إنتاج الغاز في حقل الشمال الذي يعتبر أكبر حقل منفرد للغاز المسال غير المصاحب للنفط في العالم، والذي قدرت احتياطاته من الغاز بأكثر من ٩٠٠ تريليون قدم مكعبة في ذلك الوقت، أي ما يمثل حوالي ١٠٪ من الاحتياطي المعروف في العالم. وبذلك أصبحت قطر مُصّدرًا رئيسيًّا للطاقة.

وطوّر الشيخ خليفة نظام التعليم في الدولة، فأنشئت المدارس والمعاهد التعليمية، وأُسست جامعة قطر سنة ١٩٧٣، وهي أول جامعة في البلاد. وفي سنة ١٩٧٥ أقيم متحف قطر الوطني.

كما اهتم بإنشاء الشركات الكبرى لتنويع مصادر الدخل مثل تأسيس شركة قطر ستيل للحديد والصلب عام ١٩٧٤ بهدف تنويع الاستثمار وزيادة فرص العمل.

وظل الشّيخ خليفة في الحكم حتى ٢٦ يونيو ١٩٩٥.

وفي ٢٣ أكتوبر ٢٠١٦ انتقل الشيخ خليفة بن حمد آل ثاني إلى رحمة الله ودفن في مقبرة الريان بالدوحة.

الشيخ خليفة يترأس أول اجتماع لمجلس الوزراء يوم ٣ يونيو ١٩٧٠

ويترأس وفد قطر في أحد المؤتمرات العربية

الشيخ خليفة يشاهد مجسم جامعة قطر

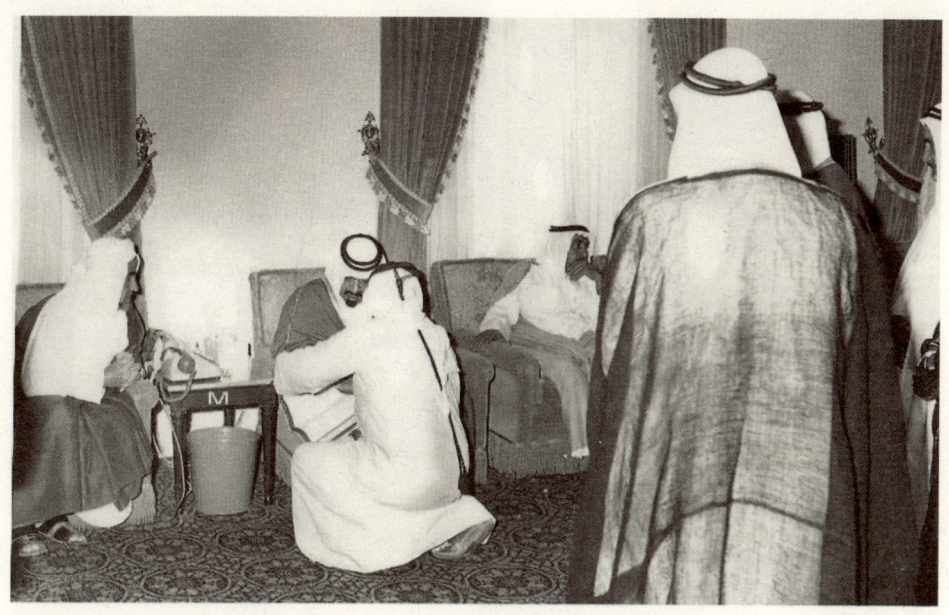

الشيخ خليفة يستقبل المواطنين الكرام في الديوان الأميري

ويتفقد محطة لتوليد الكهرباء وتقطير المياه مع الشيخ محمد بن جاسم آل ثاني وزير الكهرباء والماء، رحمهما الله

مطار الدوحة الدولي عام ١٩٧٩

فندق الخليج عام ١٩٧٦

أحد شوارع الدوحة عام ١٩٧٧

بعض المحال التجارية ومحلات الصرافة بالدوحة عام ١٩٨٠

قلب مدينة الدوحة في عهد الشيخ خليفة بن حمد آل ثاني

استاد خليفة عام ١٩٧٩ أول الملاعب جاهزية لاستضافة مونديال قطر ٢٠٢٢، تم تطويره بتقنية التبريد وأحدث المواصفات العالميَّة في مايو ٢٠١٧

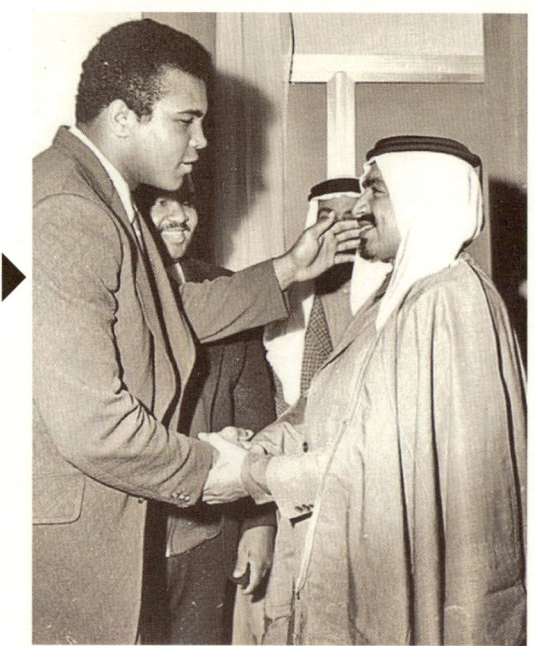

الشيخ خليفة يستقبل أسطورة الملاكمة الأمريكي محمد علي كلاي الذي زار قطر مرتين عامي ١٩٦٨ و١٩٧٢، وشارك في مباراة استعراضية في زيارته الثانية باستاد الدوحة الذي يعد أول ملعب عشبي في منطقة الخليج وتم بناؤه عام ١٩٦٢

بيليه جوهرة البرازيل السمراء ولاعب القرن (الثاني من اليمين جلوسًا) رفقة ناديه سانتوس في ضيافة قطر، باستاد الدوحة عام ١٩٧٣

الشيخ خليفة مع الرئيس العراقي الراحل صدام حسين

ومع الرئيس المصري الراحل أنور السادات في إحدى المناسبات

الشيخ خليفة يتوسط العاهل السعودي الراحل، الملك فيصل على يساره، والعاهل السعودي الحالي، الملك سلمان بن عبد العزيز، أمير الرياض آنذاك على يمينه.

الشيخ خليفة مع العاهل السعودي الراحل خالد بن عبد العزيز آل سعود

الشيخ خليفة مع السلطان قابوس بن سعيد حاكم سلطنة عمان

ومع الشيخ زايد حاكم الإمارات – رحمهم الله جميعًا

الشيخ خليفة بن حمد آل ثاني مع الملكة اليزابيث الثانية، ملكة بريطانيا وتعزيز للعلاقات القطرية البريطانية الضاربة بجذورها في عمق التاريخ

أول لقاء صحفي مع .. أول وزير لخارجية قطر

الشيخ سحيم يقول :

لن يمنعني المنصب الجديد من مواصلة دراستي العليا .. اننا نضع نصب أعيننا قضايانا العربية المصيرية في الدرجة الأولى

اتيح لنا ان نلتقى بالشاب الواعى المثقف الشيخ سحيم بن حمد آل خليفة (شقيق امير البلاد) اكثر من مرة فيما مضى من زمن .. وكنا نتساءل بحيرة اذ ذاك لم لا يؤدى مثل هذا الشاب الواعى المثقف دوره نحو خدمة وطنه وبلاده وشعبه وهو الذى يمر بالحماسة والوطنية والذكاء والشباب والحيوية ؟

وكنت ذات يوم قد تنبأت له بانه سياخذ مثل هذا الدور على عاتقه وانه — يصلح اكثر ما يصلح لمثل المنصب الوزارى الذى اسند اليه ، منصب وزارة الخارجية — لما يتمتع به من صفات اللباقة والكياسة والاطلاع والمرونة السياسية والذكاء ..

حتى اذا جاء العهد الجديد كان لا بد من وضع الرجل المناسب فى المكان المناسب .. وكان اسناد منصب وزارة الخارجية للشيخ الشاب (سحيم) من القرارات التى لاقت صداها عند المواطنين لما يعهدونه فى سحيم من الخلق الرضى والذكاء والحيوية والاخلاص الوطنى . حتى ان برقيات كثيرة طيرها المسؤولون والمواطنون يشكرون للامير الجديد حسن اختياره .

وقد كان لنا لقاء خاطف مع الوزير الشاب قبيل سفره الى جدة لحضور مؤتمر وزراء الخارجية الاسلامى . وفى مكتبه الانيق رحب بنا بابتسامة طافحة بالبشر والرضا وقال لنا ردا على سؤال : انني بعد لم يمض على تسلمى وزارة الخارجية ايام معدودات وامامنا شوط طويل من العمل .. فالحديث انما يكون من المستقبل .. دعونا من الماضى ، ان الذين يريدون ان يعملوا لا يتطلعون الى الوراء ابدا .. ما مضى مضى

وقلنا للشيخ سحيم — حسنا وماذا عن المستقبل السياسى ؟

قال — من خلال السياسة التى يرسمها ويسهر على تنفيذها سمو امير البلاد فان قطر تمد يد التعاون لجميع الدول الشقيقة والصديقة على السواء لما فيه الخير والفلاح للجميع من اجل تدعيم العلاقات الطيبة وتوثيق التبادل والتعاون فى كل مجال .. ثم اننا نولى قضايانا العربية المصيرية كل عناية فائقة لانها فى الاصل قضية هذا الشعب

وهذا الوطن الذى هو جزء بالطبع من امتنا ووطننا العربى الكبير من المحيط الى الخليج وسألناه ان كان سيواصل دراسته العالية (الشيخ سحيم طالب جامعة فى الجامعة العربية ببيروت سنة ثانية علم نفس) فقال — ارجو ان اواصل دراستى بالطبع لاننى طالب منتسب .. وآمل ان اواصل اجتهادى ودراستى حتى مرحلة التخرج . ورجونا له ان تتحقق امنيته .

وقال بالنسبة للمؤتمرات العربية والاسلامية : اننا نرى من واجبنا الاسهام فى كل مؤتمر ولقاء عربى او اسلامى فيه خير لاوطاننا ونصرة قضايانا خصوصا وان قطر عضو فعال فى الجامعة العربية كما هو معروف وتلتزم بميثاقها وعضو ايضا فى هيئة الامم المتحدة .

وعن ملء المناصب الدبلوماسية وتعيين السفراء القطريين قال الشيخ سحيم :

— لقد اصدر سمو الامير بالفعل عدة مراسيم بتعيين عدد من السفراء القطريين المثقفين والخريجين فى بعض العواصم العربية والاجنبية وان السلك الدبلوماسى التابع لوزارة الخارجية من هؤلاء السفراء سوف يكتمل فى القريب كذلك فنحن جادون لتنسيق السياسة الخارجية للبلاد فى ضوء المصلحة العامة والمصلحة القومية والعربية المنشودة .

والشيخ سحيم شاب متفتح ومثقف مؤمن بضرورة التعاون العربى الوثيق وبتعاون دول الخليج العربى لما فيه خير المنطقة وتقدمها وسلامتها .. وهو صديق لاكثر من رئيس وزعيم عربى ويطالع كثيرا ويتتبع سير التيارات الفكرية والسياسية فى العالم وممن ينادون منذ ان وعى الحياة السياسية باسلوب الحكم الديمقراطى والحرية والكرامة للشعب وهو يتفاءل خيرا فى عهد الامير الجديد ليس لانه ((شقيقه)) وانما لان التجارب والظروف اثبتت قدرة هذا الرجل على قيادة السفينة القطرية نحو شاطىء الامان والاستقرار اننا نريد ان نسير وان ننطلق — يقول سحيم الوزير الشاب .. ولكن علينا دائما ان نتلمس مواقع اقدامنا وان نثق بانفسنا وشعبنا الاول ومستقبلنا الاتى .

أول حوار صحفي مع أول وزير خارجية لدولة قطر الشيخ سحيم بن حمد، أرشيف الأهرام، مارس عام ١٩٧٢

الشيخ خليفة في زيارة لوالدي الشيخ قاسم بن فيصل على يساره

وخلال حديثه مع الوالد ورفاقه وكنت حاضرًا يسار الصورة

الشيخ خليفة بن حمد آل ثاني يحضر حفل تخرج نجله الشيخ حمد بن خليفة في كلية سانت هيرست العسكرية البريطانية بتاريخ ٢٩ يوليو ١٩٧١م

الشيخ خليفة ونجله الشيخ حمد وزير الدفاع آنذاك في إحدى المناسبات

الشيخ خليفة وعلى يمينه نجله الشيخ حمد الذي خلفه في الحكم عام ١٩٩٥، وحقق انطلاقة غير مسبوقة في نهضة قطر وبناء الدولة الحديثة

الفصل الرابع

عصر الحداثة

"ليس كل أصحاء النظر، أصحاب رؤية. والأهداف العظيمة يشحذها طموح يتجاوز الواقع، ويحطم القيود، ويحفز الإبداع خارج دائرة المألوف، وهكذا كبرت قطر برؤية الشيخ حمد بن خليفة آل ثاني، مؤسس الدولة الحديثة، فقد كنا نسابق الزمن لنواكب طموحاته التي تحولت إلى واقع في فترة وجيزة. وحقق نقلة نوعية في شخصية قطر ومكانتها كدولة نشيطة ينصت لها العالم، وتتويجها على عرش الطاقة العالمي، فضلًا عن قدرته على حل معادلة صعبة بدخولنا عصر الانفتاح والحداثة مع تمسك راسخ لا يلين بالأصول والجذور"

صاحب السمو الأمير الوالد
الشيخ حمد بن خليفة آل ثاني
مؤسس الدولة الحديثة
١٩٩٥ - ٢٠٠٣

تسجّل صفحات التاريخ الحديث لصاحب السمو الشيخ حمد بن خليفة آل ثاني، أمير دولة قطر السابق، والملقب بالأمير الوالد، تحقيقه نقلة نوعية في شخصية قطر مع تبوُّئها مكانة فريدة كدولة نشيطة وفاعلة ينصت لها العالم في العديد من المحافل الإقليمية والدولية، فضلًا عن إرساء أسس عصرية لبناء الإنسان من جميع النواحي العلمية والصحية والرياضية بمستويات عالميَّة، والانفتاح على الآخر دون إهمال للهويّة والتراث. ودخلت بلادنا في عهده عصر الحداثة والتطور الذي ترك بصمته على كافة نواحي حياتنا، وفق خطة ورؤية مدروسة، فهو مؤسس وباني نهضة قطر الحديثة، وأبرز قادتها عبر التاريخ

نمو سريع

وحين تطأ قدمك أو تعبر طائرة سفرك فوق المنطقة الشمالية في قطر، فاعلم أن كنوزًا من ينابيع الغاز الطبيعي المُسال التي تروي ظمأ العالم للطاقة تتدفق من هنا، فقد عرفت قطر في عهد الشيخ حمد قفزة هائلة في قطاعات الطاقة والاقتصاد عمومًا.

وصار لدينا أكبر حقل غاز منفرد به ثاني أكبر احتياطي في العالم من الغاز الطبيعي، وهو حقل الشمال الذي بدأ منه تصدير الغاز المسال سنة ١٩٩٦، وحقق طفرة كبيرة في إنتاجه لتصبح بلادنا بعد عقد واحد فقط أكبر مصدّر للغاز المسال في العالم عام ٢٠٠٦.

وفي عهده، كبرت قطر بسرعة كبيرة حيث تضاعف الناتج الإجمالي المحلي من ٣٠ مليار ريال إلى ٧٣٥ مليارًا، بما يعادل ٢٤ مرة تقريبًا[١]، مع زيادة الثروة التي وفرتها استكشافات الغاز، وحسن استثمار عوائدها في تطوير قطاعات حيوية مثل التعليم والصحة والتصنيع، فضلًا عن ضخ الفائض في استثمارات بكبرى الاقتصادات العالميَّة مثل الولايات المتحدة وأوروبا وغيرها، وذلك للتقليل من مخاطر الاعتماد على أسعار الطاقة المتقلبة ولتنويع مصادر الدخل لبلادنا.

وأتذكر جيدًا انبهار كثير من زوار قطر بما شاهدوه من إنجازات في عهد الشيخ حمد، خاصة خلال تنظيم قطر دورة الألعاب الآسيوية عام ٢٠٠٦، كأول دولة عربية تستضيفها في آسيا، وقال لي بعضهم

---

(١) الديوان الاميري، حكام قطر، الشيخ حمد بن خليفة ال ثاني، الإنجازات، متاح على:
https://www.diwan.gov.qa/about-qatar/qatars-rulers/father/achievements

إن مـا صنعتـه قطـر يفـوق مـا حققتـه النمـور الآسـيوية الشـهيرة فـي تلـك الفتـرة.[1]

وكنـا نسـابق الزمـن لمواكبـة التطـورات المتسـارعة فـي عهـده، فقـد زادت حركـة التجـارة والأعمـال فـي طفـرة غيـر مسـبوقة فـي كافـة القطاعـات. وكانـت أعمـال الشـركات تنمـو وتتوسـع وتفيـض عـن حجـم الـكادر الوظيفـي والمؤهـلات المتوفـرة، فـزادت فـرص العمـل وأعـداد الوافديـن ذوي الخبـرة والكفـاءة.

وتـم فـي عهـده إقـرار دسـتور قطـر الدائـم بعـد التصويـت عليـه، وأجريـت أول انتخابـات للمجلـس البلـدي. ووُضعـت «رؤيـة قطـر الوطنيـة ٢٠٣٠» السـاعية لتعزيـز الارتقـاء إلـى الاقتصـاد المعرفـي، وتحويـل قطـر إلـى دولـة متقدمـة قـادرة علـى تحقيـق التنميـة المسـتدامة وتأميـن اسـتمرار العيـش الكريـم لشـعبها.

(١) النمور الآسيوية أو نمور شرقي آسيا هو لقب يطلق على اقتصاد دول: تايوان، وسنغافورة، وهونج كونج وكوريا الجنوبية لتحقيقها معدل نمو اقتصادي مرتفع وتصنيع سريع ما بين الستينيّات والتسعينيّات، وتحولت إلى بلدان متقدمة في بداية القرن الـ٢١.

حقل الشمال أكبر حقل للغاز الحر في العالم، بدأ منه تصدير الغاز القطري المسال سنة ١٩٩٦، وحقق طفرة كبيرة في إنتاجه في عهد الشيخ حمد لتصبح بلادنا بعد عقد واحد فقط أكبر مصدر للغاز المسال في العالم عام ٢٠٠٦

مؤسسة قطر للتربية والعلوم وتنمية المجتمع صرح ضخم للتعليم والعلوم والأبحاث يجسد رؤية الشيخ حمد للتحول من اقتصاد نفطي إلى اقتصاد معرفي بإطلاق الطاقات البشرية.

الميلاد وأبرز الإنجازات

وُلد سمو الشيخ حمد بن خليفة آل ثاني في يناير ١٩٥٢ بالدوحة وفيها نشأ وتعلم، ثم التحق بكلية «ساندهيرست» العسكرية في بريطانيا وتخرج فيها سنة ١٩٧١. وبعد عودته إلى البلاد التحق بالقوات المسلحة وترقّى في الرتب العسكرية حتى أصبح لواء، وكان لسموه دورٌ أساسيٌّ في تطوير القوات المسلحة القطرية عدةً وعتادًا.

وفي ٣١ مايو ١٩٧٧ بُويع سموه وليًّا للعهد وعُيّن وزيرًا للدفاع، وفي ١٠ مايو ١٩٨٩ أصبح رئيسًا للمجلس الأعلى للتخطيط، وهو المجلس الذي كان مسؤولًا عن رسم السياسات الاقتصادية والاجتماعية للبلاد.

تولى الشيخ حمد مقاليد الحكم في ٢٧ يونيو ١٩٩٥ فشرع في وضع الخطط والبرامج التنموية والإصلاحية، وكانت خطته للبناء شاملة، واتخذت مسارات متنوعة، فشهدت بلادنا نقلة كبيرة في التعليم والصحة والرياضة والثقافة والإعلام والبنى التحتية.

ومن أولى قرارات الشيخ حمد، إنشاء "مؤسسة قطر للتربية والعلوم وتنمية المجتمع" في أغسطس ١٩٩٥ لتصبح بعدها منارة عالميَّة في التعليم والعلوم والأبحاث، مع دور محوري قامت به - ولا تزال - حرمُه صاحبة السمو الشيخة موزا بنت ناصر، رئيس مجلس إدارة مؤسسة قطر التي أحدثت تغييرات ملموسة ليس فقط في مجتمعنا، ولكن أيضًا في مناطق متفرقة من العالم، وفي قطاعات حيوية لبناء الإنسان في التعليم والصحة والبحث العلمي، وصارت الشيخة موزا قدوة ونموذجًا يُحتذى به للفتيات والسيدات. وفي مقدمتهن ابنتاها اللتان تواصلان المسيرة بعزم وإخلاص: الشيخة هند بنت حمد آل ثاني، نائب رئيس مجلس إدارة مؤسسة قطر للتربية والعلوم وتنمية المجتمع والرئيس التنفيذي للمؤسسة وتعززت معها جهود المؤسسة في التعليم

والبحوث العلمية وتنمية المجتمعات لأن هدفها إطلاق قدرات الإنسان باعتبارها أهم الموارد ليس في قطر فقط بل والعالم أجمع.

وأيضًا الشيخة المياسة بنت حمد آل ثاني رئيسة مجلس أمناء متاحف قطر، التي وصلت بالثقافة القطرية إلى العالمية بمبادرات وشراكات مميزة في ميادين الثقافة والفنون.

الشيخة موزا بنت ناصر

الشيخة هند بنت حمد آل ثاني

الشيخة المياسة بنت حمد آل ثاني

كما يبرز في عهد الشيخ حمد تأسيسه قناة الجزيرة الشهيرة، وانطلاقها سنة ١٩٩٦ إيذانًا بفجر جديد في الإعلام العربي والعالمي، لتصل ريادتها كافة أرجاء الأرض، وتتفوق على كبرى وأشهر المحطات الإخبارية في العالم.

وبدأت قطر تنفيذ خطوات ديمقراطية في عهده، بإجراء أول انتخابات لغرفة تجارة وصناعة قطر عام ١٩٩٦، ثم أول انتخابات للمجالس البلدية في مارس ١٩٩٩، وإصدار أول دستور دائم للبلاد عام ٢٠٠٤.

وبهدف استثمار احتياطات قطر المالية وتنويع مصادر دخلها، أنشأ المجلس الأعلى للشؤون الاقتصادية والاستثمار في أكتوبر ٢٠٠١، وتولى رئاسته ليُشرف بصفة عامة على شؤون الاقتصاد والطاقة والاستثمار.

وشهدت قطر في فترة حكم الشيخ حمد انفتاحًا كبيرًا على العالم، وصارت قبلة للمؤتمرات الدولية في كافة المجالات. وتبوّأت الدوحة مكانة رفيعة إقليميًّا ودوليًّا، وذاع صيتها كمنبر للحوار والتفاوض، ولعبت الدبلوماسية القطرية - ولا تزال - دورًا رائدًا في حل النزاعات واحتواء الصراعات في شتى أرجاء الأرض. وفي عهده، أصبحت قطر أول دولة عربية وإسلامية تفوز باستضافة كأس العالم لكرة القدم ٢٠٢٢، في إنجاز تاريخي تم الإعلان عنه في ديسمبر ٢٠١٠، ليبقى خالدًا في ذاكرة الشعب القطري وسجلات التاريخ.

وتستكشف السطور المقبلة أبعاد النقلة النوعية التي أحدثها الشيخ حمد في مسيرة قطر، ودخولها عصر الحداثة حتى إعلانه في يوم ٢٥ يونيو ٢٠١٣، عن تسليمه راية الحكم لولي عهده الأمين، سمو الشيخ تميم بن حمد آل ثاني، أمير بلادنا الحالي.

الشيخ حمد بن خليفة آل ثاني، يوم الاستفتاء على الدستور - ٢٣ أبريل ٢٠٠٣

دولة الحداثة

سيد القوانين

انطلاقًا من أهمية الدستور باعتباره سيد القوانين ومرجع التشريعات التي ترسم ملامح الدولة ونظامها، وشكل حكومتها وسلطاتها، أصدر الشيخ حمد بن خليفة في ١٣ يوليو ١٩٩٩، قرارًا بتشكيل لجنة لإعداد دستور دائم يتلاءم مع ما تشهده البلاد من نهضة وتطور. وفي ٨ يونيو ٢٠٠٤ صدر أول دستور دائم للبلاد، بعد استفتاء شعبي تاريخي في ٢٩ أبريل ٢٠٠٣، ونص على أن الشعب هو مصدر السلطات، وتولي مجلس الشورى السلطة التشريعية.

ويُحسب للشيخ حمد، منح المرأة حقها في الترشح والانتخاب في المجالس البلدية لأول مرة في تاريخ بلادنا عام ١٩٩٩م. وتشكل أول مجلس بلدي في قطر أوائل الخمسينيّات من القرن الماضي. ويتولى المجلس مراقبة تنفيذ القرارات والقوانين المتعلقة بشؤون تنظيم المباني وتخطيط الأراضي والطرق والمحال التجارية وغيرها من الأنظمة التي ينص فيها على تخويل المجلس سلطة مراقبة التنفيذ.

وتجرى انتخابات المجلس البلدي كل أربع سنوات في عدد ٢٩ دائرة انتخابية تضم أكثر من ٢٤٢ منطقة.

تحطيم أفكار مغلوطة

حطم الشيخ حمد بن خليفة أفكارًا مغلوطة سائدة تربط دائمًا بين دور وفاعلية الدول، وبين حجمها الجغرافي والديمغرافي، فأرسَى ركائز سياستنا الخارجية على قواعد التعاون والنشاط والفاعلية والشراكة والانفتاح على العالم، مع التمسك بقيم العدالة، وحقوق الإنسان، وحسن الجوار، ودعم حق الشعوب في تقرير المصير.

وبرزت شخصية قطر وسياستها الخارجية في عهده، بتحوّلها من دولة خليجية لا يعرف العالم عن منطقتها العربية والشرق أوسطية سوى ثروات النفط والغاز، والصراعات والحروب، واشتباكات بعض الأنظمة مع شعوبها، إلى دولة فاعلة صاحبة دور ومبادرات، وشريك نشيط وإيجابي في تعزيز التعاون الدولي، ووسيط نزيه لإطفاء حرائق النزاعات والتوترات، وإرساء السلام عبر لغة الحوار والتفاوض لا العنف والرصاص.

ويُقال إن خواتيم الأمور تيجانُها، والعبرة بالنهايات، فقد ساهمت سياستنا الخارجية في عهد الشيخ حمد في حل خلافات عصيّة استمرت لعقود من قبله، مثل ترسيم حدودنا بشكل نهائي مع السعودية والبحرين عام ٢٠٠١. وإبرام اتفاق الدوحة للمصالحة بين الفرقاء اللبنانيين عام ٢٠٠٨، وأيضًا إنهاء صراعات دامية أثقلت كاهل شعوب عديدة، لتتجه بعد تسويتها بوساطة قطرية إلى واحة السلام والتنمية، ومنها توقيع وثيقة الدوحة لسلام دارفور عام ٢٠١١ التي أنهت سنوات من الاقتتال والصراع، وأيضًا رعاية قطر لاتفاق جيبوتي وإرتيريا عام ٢٠١٠، وحل الخلاف بين السودان وإرتيريا في العام نفسه، وغيرها من الجهود القطرية المخلصة التي تتوج بالنجاح حال توفرت الإرادة

الصادقة والمثابرة من كافة الأطراف المعنية، فلا نجاح للوسيط دون إرادة الأطراف.

كما تبوّأت قطر مكانتها على الساحة الأممية، برئاستها للدورة ٦٦ للجمعية العامة للأمم المتحدة ٢٠١١ - ٢٠١٢، ومن قبلها عضويتها غير الدائمة في مجلس الأمن لمدة عامين بدءًا من أكتوبر ٢٠٠٥، فضلًا عن تحوّلها إلى قبلة للعديد من المؤتمرات الدولية والإقليمية، وتأسيس منتديات عالميَّة مهمة لتعزيز مبدأ الحوار والتفاهم بين الأمم والشعوب؛ كمنتدى أمريكا والعالم الإسلامي، ومنتدى الدوحة وغيرهما، إضافة إلى تأسيس مركز الدوحة الدولي لحوار الأديان، يونيو ٢٠١٠. وبناء مراكز ثقافية وتعليمية ودينية في عدة دول حول العالم.

وعلى المستوى العربي، يشهد التاريخ للشيخ حمد بن خليفة بأنه أول زعيم عربي يزور جنوب لبنان المدمّر بعد حرب عام ٢٠٠٦، كما أنه أول رئيس دولة في العالم يزور قطاع غزة الفلسطيني تحت الحصار الخانق، أكتوبر ٢٠١٢. وشكلت زيارته حينها دعمًا كبيرًا لأشقائنا في لبنان وفلسطين، فضلًا عن دعم سخي لإعادة الإعمار.

وفي قمة عربية تاريخية، ترأسها الشيخ حمد بالدوحة عام ٢٠١٣، أطلق مبادرة إنشاء صندوق لدعم القدس برأسمال قدره مليار دولار، وكانت مساهمة قطر ربع مليار دولار. وفي القمة نفسها، ولأول مرة، شغل الائتلاف الوطني لقوى الثورة والمعارضة السورية مقعد سوريا في جامعة الدول العربية، في ضوء دعم قطر والدول العربية لمطالب الشعوب في ثورات الربيع العربي التي اندلعت شرارتها نهاية عام ٢٠١٠ ومطلع ٢٠١١، من أجل الحرية والعدالة الاجتماعية.

وللأمانة كان للشيخ حمد بن جاسم بن جبر آل ثاني، رئيس مجلس الوزراء وزير الخارجية - حينذاك - دور مهم في هندسة سياسة بلادنا الخارجية، وأيضًا نجاحاتها الاقتصادية لما كان يتمتع به من حضور وذكاء وقدرة على ضبط إيقاع دبلوماسيتنا وتطلعات اقتصادنا، بما يتماشى مع توجيهات الشيخ حمد بن خليفة، ورؤية قطر المرتكزة على مبادئ الانفتاح والتعاون والاصطفاف إلى جانب الطموحات المشروعة للشعوب.

وكأنما يعيد التاريخ نفسه، وتحقيقًا لوصية المؤسس الشيخ قاسم بن محمد آل ثاني، التي أوصى فيها بالعمل الخيري والإنساني، واصل الشيخ حمد تنفيذ الوصية بدعم الشعوب المنكوبة حول العالم في مواجهة الأزمات والكوارث، ودون تمييز على أساس العرق أو الدين أو اللغة، لأن هدفها الإنسان بمساعدات يصعب حصرها لتنوعها وتشعبها. ومنها على سبيل المثال، منح ١٠٠ مليون دولار للولايات المتحدة الأمريكية بعد إعصار «كاترينا» عام ٢٠٠٥، ومثلها لليابان لمشروعات تنموية متنوعة بعد كارثة زلزال وتسونامي عام ٢٠١١، وغيرها الكثير.

قطر والسعودية توقعان على اتفاقية نهائية لترسيم الحدود- مارس ٢٠٠١

توقيع اتفاق المصالحة اللبنانية بالدوحة عام ٢٠٠٨ برعاية سمو الشيخ حمد بن خليفة (وسط) وعلى يساره الشيخ حمد بن جاسم بن جبر، رئيس الوزراء وزير خارجية قطر السابق، الذي لعب دورًا مفصليًا في دبلوماسية قطر واقتصادها، لتواكب توجيهات القيادة وتطلعاتها نحو دولة عصرية، منفتحة، فاعلة وداعمة لطموحات الشعوب نحو الحرية والعدالة.

توقيع وثيقة الدوحة لسلام دارفور ٢٠١١

زيارة تاريخية لقطاع غزة تحت الحصار ٢٠١٢

القمة العربية بالدوحة ٢٠١٣

منتدى أمريكا والعالم الإسلامي بالدوحة، إحدى مبادرات الشيخ حمد بن خليفة لبدء حوار رسمي بين الغرب والعالم الإسلامي

صاحب الرؤية

ليس كل أصحاء النظر، أصحاب رؤية. والأهداف العظيمة يشحذها طموح كبير يتجاوز الواقع، ويحطم التابوهات، فالواقعية غير مطلوبة في مرحلة بناء الرؤية لأنها تضع سقفًا للطموح، وتعرقل الإبداع وتحصرنا في دائرة المألوف، ففي عام ٢٠٠٧ وبتوجيهات من الشيخ حمد، تم إعداد رؤية قطر الوطنية لعام ٢٠٣٠، وتم إقرارها عام ٢٠٠٨ بهدف تحويل بلادنا إلى دولة متقدمة قادرة على تأمين استمرار العيش الكريم لشعبها لأجيال وأجيال.

واللافت في رؤية بلادنا اهتمامها بالتعامل مع خمسة تحديات رئيسة، يبرز فيها ما يمكن تسميته بتحدي الانسجام بين نقيضين وهي: التحديث مع المحافظة على التقاليد، واحتياجات الجيل الحالي والأجيال المقبلة، والنمو المستهدف والتوسع غير المنضبط، ومسار التنمية وحجم ونوعية العمالة الوافدة المستهدفة، والتنمية الاقتصادية والاجتماعية وحماية البيئة وتنميتها.

ولضمان حسن التنفيذ وعدم الانحراف عن المسار، تضمنت رؤية قطر أطرًا ومبادئ موجهة لها، بحيث تصون الحريات العامة والشخصية، وتحمي القيم الأخلاقية والدينية والتقاليد، وتكفل الأمن والاستقرار وتكافؤ الفرص.

ورسمت الرؤية معالم طريق واضحة لآفاق التنمية، تدعمها أربع ركائز مترابطة هي: التنمية البشرية التي تهتم بتطوير وتنمية سكان قطر، لبناء مجتمع مزدهر. والتنمية الاجتماعية، بتطوير مجتمع عادل وآمن، مستند على الأخلاق وقادر على التفاعل مع المجتمعات الأخرى.

كما أكدت على التنمية الاقتصادية التي تشكل العمود الفقري لنهضة بلادنا، بتطوير اقتصاد وطني متنوع وتنافسي، قادر على تلبية احتياجات المواطنين في الوقت الحاضر والمستقبل، وتأمين مستوى معيشي مرتفع.

والمثير للانتباه في رؤية قطر أنها لم تغفل التنمية البيئية، باهتمامها بإدارة البيئة بشكل يضمن الانسجام بين التنمية الاقتصادية والاجتماعية وحماية البيئة، في توافق لافت مع سياسات العالم المتحضر الداعية إلى الاهتمام بالبيئة ومواجهة التحدي العالمي المتمثل في أزمات وكوارث التغير المناخي التي تضرب العالم بقسوة في كل اتجاه في السنوات الأخيرة.

قفزات الاقتصاد

سمعت من الشيخ حمد عدة مرات، أنه لا يريد لاقتصاد قطر أن يكون اقتصاد خدمات[١] بل يريده اقتصادًا تنافسيًا رائدًا ومتنوعًا، وبالفعل تسارعت عجلة النمو الاقتصادي في بلادنا مع القفزات النوعية الكبيرة التي حققها قطاع الطاقة في عهده، وتركت عوائدها بصمة حضارية لافتة على كافة دروب الحياة في قطر.

وتختصر الأرقام والإحصائيات مجلدات من الكلمات، فقد ارتفعت مساهمة قطاع الهيدروكربون في الناتج المحلي الإجمالي من ١١ مليار ريال قطري في بداية حكم الشيخ حمد إلى ٤٠٣ مليارات في نهايته، بينما وصل معدل النمو إلى ١١,٤٪ عام ٢٠٠٤ على سبيل المثال. وازداد الناتج المحلي من ٣٠ مليار ريال إلى ٧٣٥ مليارًا بما يعادل ٢٤,٥ مثل ما كان عليه في أول الفترة. وازداد معدل الناتج المحلي للفرد من ٦٠ ألف ريال إلى ٣٧٠ ألف ريال. وأدت هذه الزيادة الكبيرة إلى أن يصبح هذا المعدل من أعلى المعدلات في العالم.[٢]

عرش الطاقة

احتلت قطر مكانتها في أسواق الطاقة العالميَّة بعد ريادتها وتربعها على عرش كبار مصدرّي الغاز الطبيعي المسال في العالم عام ٢٠٠٦. وبفضل رؤية الشيخ حمد، واهتمامه بتطوير هذا القطاع الحيوي، صارت شرايين الغاز القطري تمتد إلى العديد من أسواق آسيا وأوروبا وإفريقيا والأمريكتين.

---

(١) "اقتصاد الخدمات" يعتمد على فكرة توفير الخدمات العامّة للأفراد، مقابل الحصولِ على عوائد ماليّة محدّدة تساهمُ في دعمِ الاقتصاد المحليّ، مثل: خدمات السياحة والسفر، وخدمات الاتّصال بشبكةِ الهاتف والإنترنت وغيرها.

(٢) الديوان الأميري، حكام قطر، الشيخ حمد بن خليفة آل ثاني، متاح على:
https://www.diwan.gov.qa/about-qatar/qatars-rulers/father/achievements

ورغم أن النفط ليس في أهمية الغاز بالنسبة لدولة قطر إلا أن مقارنة سريعة لمعدلات إنتاجه في عهد الشيخ حمد، تكشف عن زيادتها أيضًا من ٦٨٠ ألف برميل يوميًّا سنة ٢٠٠٠، إلى ٧٦٠ ألف برميل يوميًّا عام ٢٠٠٥. وأعلنت قطر انسحابها من عضوية منظمة الدول المُصدّرة للبترول «أوبك» ابتداءً من يناير ٢٠١٩ لتركز جهودها على تنمية وتطوير صناعة الغاز الطبيعي.

وصُدّرت أولى شحنات الغاز المسال القطري أواخر ١٩٩٦، وبعد عشر سنوات فقط من هذه الانطلاقة، صارت قطر أكبر مصدر للغاز الطبيعي المسال في العالم عام ٢٠٠٦، ثم زادت طاقتها الإنتاجية منه إلى ٧٧ مليون طن عام ٢٠١٠.

وتم إقامة مدينة رأس لفان الصناعية شمال البلاد كمركز لصناعة وتصدير الغاز في قطر عام ١٩٨٩. ويُعد ميناء رأس لفان أكبر مرفق من نوعه في العالم، فيما أعطى تطوير حقول الشمال زخمًا إضافيًّا لتطوير صناعة البتروكيماويات.

وعمدت الدولة إلى تحويل الغاز إلى سوائل للاستفادة من الفرص التي تطرحها الأسواق العالميَّة، وأقامت لذلك مشروعَي الأوريكس واللؤلؤة. وانطلق مشروع اللؤلؤة سنة ٢٠٠٦، وبدأ التصدير منه سنة ٢٠١١، وهو يضم أكبر محطة في العالم لتحويل الغاز إلى سوائل.

فائض ضخم

لم تقتصر الطفرات الاقتصادية في عهد الشيخ حمد على قطاع النفط والغاز، حيث ازدادت مساهمة القطاع غير الهيدروكربوني في الناتج المحلي الإجمالي من نحو ١٨٫٧ مليار ريال في بداية فترة حكمه إلى نحو ٣٣٢ مليارًا في نهايتها في نمو مذهل لم نشهده من قبل.

كما شهدت قطاعات الصناعات التحويلية نموًا سنويًّا بنسبة ٩٫٤٪، وقطاع البناء بـ ١٧٫٨٪، وارتفع نمو قطاعات التوزيع والتجارة والفنادق والمطاعم بنسبة ١٨٪، والنقل والاتصالات بنسبة ١٧٫٦٪، فيما ارتفع الإنفاق الاستهلاكي الحكومي من ٩ مليارات ريال إلى ٩٩ مليارًا والإنفاق الاستهلاكي العائلي من ٨ مليارات إلى ١٠٢ مليار سنويًّا.

ورافق النموَّ الاقتصاديَ المذهلَ الذي شهدته بلادنا في عهد الشيخ حمد، نموٌ مماثلٌ في حجم التجارة الخارجية وفي فائض الميزان التجاري، فقد ارتفعت صادرات السلع والخدمات من ١٣ مليارًا إلى ٥٣٨٫٥ مليار ريال. ونتجت هذه الزيادة في الصادرات بشكل رئيسي عن التوسع في إنتاج الغاز المسال وإنتاج النفط وزيادة أسعارهما.

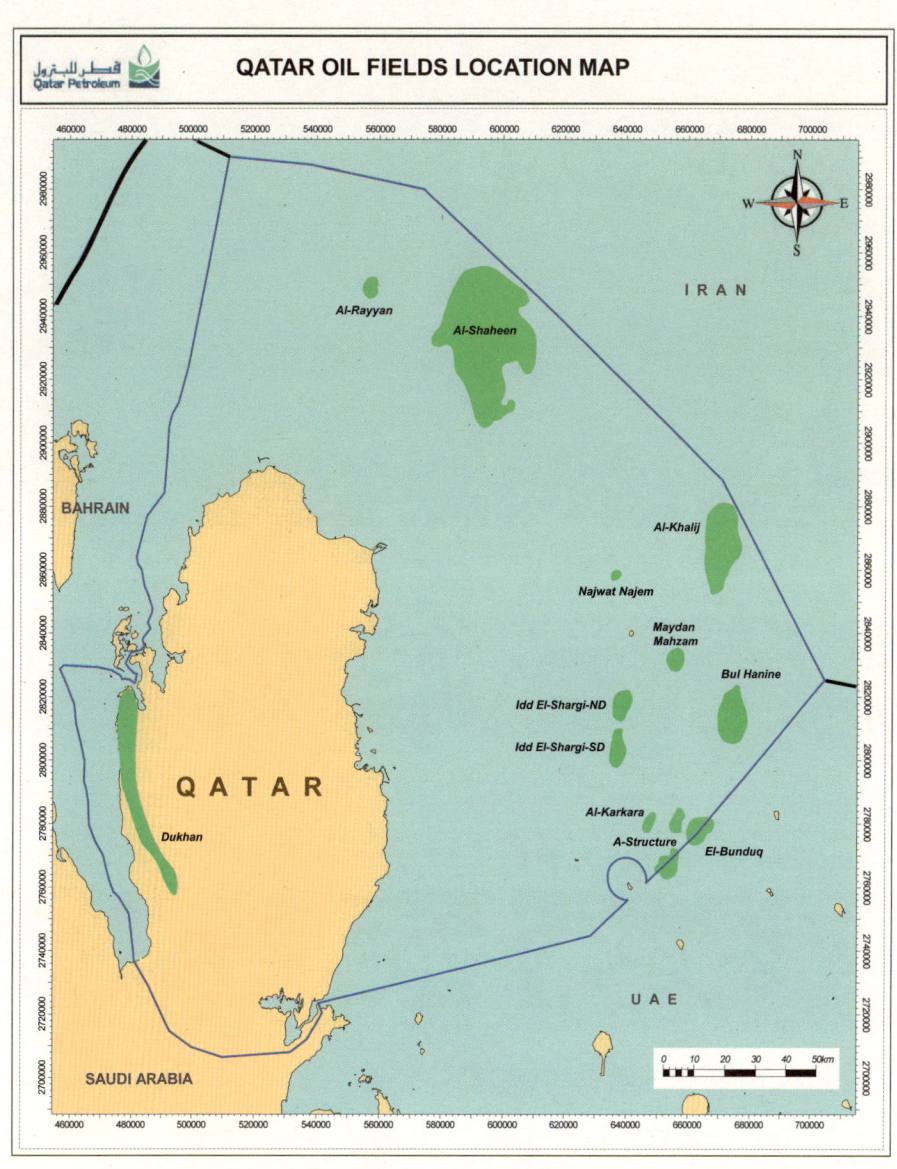

خريطة توضح مواقع حقول النفط في قطر

مدينة رأس لفان الصناعية تضم أكبر محطة في العالم لتحويل الغاز إلى سائل

أسطول ضخم من الناقلات القطرية للغاز الطبيعي المسال

نقل الغاز القطري المسال إلى محطات استقبال في مختلف أنحاء العالم

إنجازات بمختلف القطاعات في عهد الشيخ حمد بن خليفة آل ثاني

الصحة

التعليم

البنية التحتية

الاستثمار

الطاقة

استثمارات تجوب العالم

بدأت قطر في عهد الشيخ حمد، امتلاك شبكة استثمارات مليارية واسعة ومتنوعة في العديد من دول العالم، ما أسهم في تنوع مصادر دخلنا، وتعزيز حضورنا في أسواق الاقتصاد العالميَّة.

وأسس الشيخ حمد استراتيجية قطرية لاستثمار وإدارة فوائض النفط والغاز بهدف تنويع مصادر الدخل والتقليل من مخاطر الاعتماد على أسعاره المتقلبة، فأنشأ المجلس الأعلى لاستثمار احتياطي الدولة عام ٢٠٠٠، ثم المجلس الأعلى للشؤون الاقتصادية والاستثمار عام ٢٠٠١، وجهاز قطر للاستثمار الذي يتبع المجلس عام ٢٠٠٥، ويدير حاليًّا الصندوق السيادي للدولة بنحو ٣٣٠ مليار دولار. ويستثمر في كبرى اقتصادات العالم مثل الولايات المتحدة الأمريكية ودول بالاتحاد الأوروبي وآسيا وغيرها.

ومن أشهر استثمارات جهاز قطر في بدايته والتي تدر أرباحًا بالمليارات سنويًّا متجر «هارودز" في لندن، الذي امتلكته الدوحة عام ٢٠١٠، وبلغ حجم إيراداته في إحدى الفترات ٣,١ مليار جنيه إسترليني، ٥٠٪ منها تعد أرباحًا صافية لقطر. وأيضًا استحواذ جهاز قطر للاستثمار على برج "شارْد" أطول مبنى في أوروبا، ومجموعة "كناري وارف" و"سينسبري"، وغيرها من الاستثمارات القوية بالمملكة المتحدة. كما استحوذ الجهاز على عدة فنادق شهيرة في فرنسا واشترى نادي باريس سان جيرمان لكرة القدم بنسبة ١٠٠٪ عام ٢٠١٢م.

ويستثمر الجهاز في شركات وبنوك عالميَّة كبرى، منها "فولكسفاجن" الألمانية للسيارات و"دويتشه بنك" و"باركليز" و"بنك أوف أميركا" و"كريدي سويس" السويسري، وغيرها، فيما صار قطاع البنوك، بحسب وكالة "بلومبيرغ" الأمريكية يمثل نصيب الأسد من استثمارات قطر بنحو ٤٠,٨٪، وقطاع تصنيع السيارات نحو ١٥,١٪، والخدمات ٩٪، و٧,٦٪ في المؤسسات المالية، ونحو ٣,٦٪ للقطاع العقاري والطاقة.[١]

(١) الخليج أونلاين، استثمارات قطر الخارجية.. ثروة ضخمة تجوب العالم، تاريخ النشر ١٢ فبراير ٢٠٢٠، متاح على: https://cutt.us/tgPUA

برج شارد وفي الإطار متجر هارودز، من أشهر استثماراتَ جهاز قطر للاستثمار في بريطانيا، وللجهاز استثمارات ناجحة عديدة يصعب حصرها محليًا ودوليًا بعيدًا عن قطاع الطاقة

جهاز قطر للاستثمار اشترى نادي باريس سان جيرمان بنسبة ١٠٠٪ عام ٢٠١٢

منبر حر

شهد قطاع الاتصال والإعلام انطلاقة مبهرة في عهد الشيخ حمد، يتصدرها تأسيسه قناة الجزيرة الإخبارية عام ١٩٩٦، لتصبح منبرًا حرًّا رائدًا على المستويين الإقليمي والدولي، وعلامة مميزة لبلادنا، وتحولت إلى شبكة الجزيرة الإعلامية عام ٢٠٠٦، وأصبحت لها عدة قنوات ذائعة الصيت.

كما أنشأ الهيئة القطرية العامة للإذاعة والتليفزيون عام ١٩٩٧، وتحولت في ١٨ مارس ٢٠٠٩ إلى المؤسسة القطرية للإعلام، وتضم تحت سلطتها كل أجهزة الإعلام الحكومية المسموعة والمرئية في الدولة. وقام بإلغاء وزارة الإعلام في مارس ١٩٩٨، لإفساح المجال أمام حرية الإعلام والصحافة. وأسس المجلس الأعلى للاتصالات وتكنولوجيا المعلومات عام ٢٠٠٤ لبناء مجتمع معرفي. كما أنشأ لجنة تسيير مشروع الحكومة الإلكترونية عام ٢٠١٠، لتنفيذ الأعمال والمعاملات الحكومية إلكترونيًّا.

السر في الإنسان

شكلت التنمية البشرية المحور الرئيسي في استراتيجية الشيخ حمد لنهضة قطر، فانطلقت في عهده نهضة تعليمية واسعة ركزت على الجودة والكفاءة لإيمانه بأن سر النهضة يكمن في الإنسان. وتمثلت في ازدياد عدد المدارس والجامعات واستقطاب كبرى الجامعات الدولية، ففي عام ١٩٩٥، تم إنشاء "مؤسسة قطر للتربية والعلوم وتنمية المجتمع"، وتضم تحت مظلتها فروعًا لثماني جامعات رائدة

عالميًّا، هي: جورجتاون، ونورثويسترن، وكارنيجي ميلون، وفرجينيا كومنولث، وتكساس أي آند إم، ووايل كورنيل، وكلية لندن الجامعية، وجامعة الدراسات العليا لإدارة الأعمال اتش إي سي باريس، وعددًا من مراكز البحوث، ومن صروحها العلمية جامعة حمد بن خليفة التي أنشئت عام ٢٠١٠.

كما ظهرت الكليات المتخصصة والمدارس الفنية، ودشنت في عام ٢٠٠٣، المدينة التعليمية التي تضم عددًا من المؤسسات التعليمية والعلمية والبحثية، فيما خصصت نسبة ٢,٨٪ من إيرادات الحكومة في الموازنة العامة للدولة لدعم البحث العلمي عام ٢٠٠٨ على سبيل المثال لا الحصر.

الصحة أولوية

لا قيمة للثروة بدون صحة، لذا أولت قطر في عهد الشيخ حمد اهتمامًا كبيرًا بتطوير قطاع الصحة وتعزيز أدائه وتوسيع خدماته، فارتفع عدد المستشفيات من أربعة فقط عام ١٩٩٨ إلى ١٣ مستشفى عام ٢٠١٢، ومن أبرزها: مستشفى الخور (٢٠٠٥) ومستشفى الأمل (٢٠٠٦) ومستشفى القلب (٢٠١١) والمستشفى القطري الكوبي (٢٠١٢) ومستشفى الوكرة (٢٠١٢).

وفي طفرة مميزة في منطقة الشرق الأوسط، يُعد مستشفى "سبيتار" أوّل مستشفى متخصّص في جراحة العظام والطبّ الرياضي في المنطقة، ويضم خبراء دوليين في الطب الرياضي وجراحة العظام،

ولذلك اعتمده الاتحاد الدولي لكرة القدم (الفيفا) مركز تميّز طبي عام ٢٠٠٨، ويعالج به مشاهير اللعبة من كافة أنحاء العالم.

كما تم في عهده تطبيق نظام التأمين الصحي الشامل للمواطنين سنة ٢٠١١، وتطوير مؤسسة حمد الطبية، وهي أول منظومة مستشفيات في الشرق الأوسط تحصل على الاعتماد المؤسسي من المجلس الأمريكي الدولي لاعتماد برامج التعليم الطبي (ACGME-I)، وأيضًا إطلاق مشروع مركز سدرة المميز للطب والبحوث عام ٢٠٠٤، وقبله افتتاح كلية طب وايل كورنيل عام ٢٠٠٢.

الرعاية الاجتماعية

كعادة حكام قطر الأوّلين في رعايتهم لكافة فئات المجتمع، رفع الشيخ حمد الضمان الاجتماعي عام ١٩٩٦ لبعض الفئات بنسبة ٥٠٪ مثل الأرامل، والمطلقات، والأيتام، وغيرهم، فضلًا عن زيادة الرواتب التقاعدية والمعاشات ورواتب الموظفين.

وفي عام ٢٠٠٧ أنشأ سموه وزارة العمل والشؤون الاجتماعية، وفي عام ٢٠١٠ أنشأ صندوق (دعم) لدعم الأنشطة الرياضية والثقافية والاجتماعية والخيرية.

مقر شبكة الجزيرة بالدوحة التي صارت أيقونة بارزة في الإعلام العربي والدولي، وفي الإطار أول نشرة إخبارية للقناة عام ١٩٩٦

مدينة حمد الطبية صرح طبي كبير في منطقة الشرق الأوسط

جامعة جورجتاون قطر

جامعة حمد بن خليفة

نورثويسترن

كارنيجي ميلون

حفل تخرج طلاب جامعة حمد بن خليفة

جامعة كارنيجي ميلون - قطر

جامعة نورثويسترن

جامعة كارنيجي ميلون - قطر

جامعة تكساس أي أند إم قطر

كلية طب وايل كورنيل

كلية لندن الجامعية

جامعة الدراسات العليا لإدارة الأعمال اتش إي سي باريس

طفرة العمران

اتخذ الشيخ حمد قرارًا استثنائيًّا بتطوير ملامح العاصمة ، لتواكب الحداثة التي تنشدها بلادنا. وخلال سنوات معدودة تحوّلت مساحات شاسعة من رمال الصحراء القاحلة إلى أبراج وناطحات سحاب ومراكز عالميَّة للمال والأعمال.

وتشعبت وتنوعت مظاهر التطور العمراني في عهد الشيخ حمد، ومنها إفساح المجال لتشييد الأبراج في منطقة الدفنة بالخليج الغربي، لتوفير بيئة أعمال مناسبة تواكب نمو وصعود قطر على الساحتين الإقليمية والدولية، لتبقى هذه المنطقة المبهرة في أفق العاصمة شاهدة على التطور والحداثة التي تعيشها قطر.

وأيضًا تشييد مطار حمد الدولي الذي يُعد من أكبر المطارات في المنطقة، وبدأ العمل في إنشائه سنة ٢٠٠٥، وتم تشغيله في أبريل ٢٠١٤، إضافة إلى مشروع شبكات السكك الحديدية القطرية (الريل) عام ٢٠١١، وتضم مترو الدوحة، وقطار النقل الخفيف في مدينة لوسيل، وقطار المسافات الطويلة لنقل الركاب والبضائع، إضافة إلى مشروع إنشاء ميناء الدوحة الجديد عام ٢٠٠٧، أحد أضخم المشاريع الخضراء في العالم، وتم تدشينه عام ٢٠١٥ وأطلق عليه اسم ميناء حمد.

ومن أهم مشروعات البناء أيضًا تشييد مركز قطر الوطني للمؤتمرات، وهو الأكبر من نوعه في الشرق الأوسط عام ٢٠١١. وبناء مدينة لوسيل الذي بدأ في ديسمبر ٢٠٠٥، وهي مدينة مصممة

حسب أرقى التصاميم العالميَّة لتكون أضخم مدينة في العالم يتم بناؤها وفق معايير الاستدامة. ومشروع مشيرب قلب الدوحة الذي وضع الشيخ حمد، حجر أساسه في يناير ٢٠١٠، وهو مشروع عقاري مميز في قلب العاصمة يستلهم التراث المعماري القطري، ويعد أول مشروع مستدام لتطوير وسط مدينة في العالم.

الأبراج في منطقة الدفنة بالدوحة وتظهر في الإطار قبل الطفرة العمرانية التي حققها الشيخ حمد بن خليفة، لتصبح علامة بارزة للحداثة والنهضة في أفق العاصمة

مركز قطر الوطني للمؤتمرات الأكبر من نوعه في الشرق الأوسط عام ٢٠١١

منارة الثقافة

لحقت الثقافة بركب التطور الذي شهدته فترة حكم الشيخ حمد، وأقامت بلادنا في عهده العديد من صروح الثقافة والتراث، التي تعد معالم ومنارات بارزة حتى الآن، فيما انضمت قطر إلى لجنة التراث العالمي التابعة لليونسكو في عام ٢٠١١، وتم إدراج قلعة الزبارة الأثرية على قائمة مواقع التراث العالميَّة. كما تم تأسيس أوركسترا قطر الفلهارمونية عام ٢٠٠٧. ومن أبرز منارات الثقافة في قطر:

سوق واقف: وهو أحد أبرز معالم قطر التراثية والسياحية والتجارية. بدأ سوقًا شعبيًّا وملتقى لأهل قطر منذ الزمن القديم، وكان شاهد عيان على عصر اللؤلؤ، وأعيد ترميمه بمسحة تراثية تجمع بين الأصالة والمعاصرة. ويعد أهم معالم الجذب السياحي في بلادنا.

هيئة متاحف قطر: أنشئت سنة ٢٠٠٥ لتتولى الإشراف على متاحف الدولة وإعادة تنظيمها، وكان من ثمار ذلك:

- **متحف الفن الإسلامي**: افتتح سنة ٢٠٠٨، وهو من أهم المعالم المعمارية في المنطقة، صممه المهندس المعماري العالمي أي أم بي.

- **المتحف العربي للفن الحديث** «متحف» سنة ٢٠١٠.

- **إعادة بناء متحف قطر الوطني**: وهو مشروع كبير يستنطق التراث القطري ويصل الحاضر بالماضي، واستوحى تصميمه المهندس المعماري الشهير جان نوفيل من وردة الصحراء (القحوف)، ويقام

حول القصر القديم للشيخ عبدالله بن قاسم آل ثاني، حيث كان منزل عائلته ومقر الحكومة لمدة ٢٥ عامًا.

• **الحي الثقافي (كتارا):** افتتح سنة ٢٠١٠ للنهوض بالحركة الثقافية، وتشجيع الطاقات الإبداعية، وهو من أكبر الوجهات التي تبهر ضيوف وزوار قطر.

وفي عهد الشيخ حمد بن خليفة ومنذ عام ٢٠٠٧، صارت قطر تحتفل باليوم الوطني للدولة في يوم ١٨ ديسمبر من كل عام تخليدًا لذكرى المؤسس الشيخ قاسم بن محمد بن ثاني، وتوليه الحكم في ذلك اليوم عام ١٨٧٨م.

سوق واقف من أبرز المعالم التراثية ومناطق الجذب السياحي في قطر

"كتارا" معلم ثقافي سياحي على شاطئ الخليج الغربي، يجمع ثقافات العالم في مكان واحد، وبه عدد من المسارح، إضافة إلى أوركسترا قطر الفلهارمونية التي تضم جنسيات متعددة

متحف الفن الإسلامي يضم روائع تعكس تنوّع التراث الإسلامي حول العالم

أوركسترا قطر الفلهارمونية تحيي حفلًا خاصًّا بعنوان "ليلة في حفل توزيع جوائز الأوسكار" - مركز قطر الوطني للمؤتمرات - يناير ٢٠٢٠.

عاصمة الرياضة

تحولت بلادنا إلى عاصمة للرياضة العالميَّة في عهد الشيخ حمد بعد تطور البنى التحتية للرياضة بشكل سريع.

واتجهت أنظار العالم بشكل مكثف صوب قطر، بعد فوزنا في ديسمبر ٢٠١٠ باستضافة كأس العالم لكرة القدم ٢٠٢٢، كأول دولة عربية وشرق أوسطية تنال هذا الشرف.

ولم يأت هذا الفوز من فراغ، وفضلًا عن قوة الملف القطري لتنظيم مونديال اللعبة الأكثر شعبية في العالم، سبق أن استضافت قطر العديد من الأحداث والبطولات الرياضية التي رسّخت معايير عالية في التنظيم، خاصة دورة الألعاب الآسيوية «آسياد ٢٠٠٦"، إضافة إلى بطولات العالم لكرة الطاولة عام ٢٠٠٤، ولرفع الأثقال عام ٢٠٠٥، وبطولة العالم لألعاب القوى داخل الصالات «الدوحة ٢٠١٠»، وبعدها بطولة كأس آسيا ٢٠١١، ودورة الألعاب العربية الثانية عشرة «الدوحة ٢٠١١ وغيرها من الفعاليات الرياضية الدولية الكبرى.

ويبرز في الإنجازات الرياضية في عهد الشيخ حمد أيضًا، إنشاء أكاديمية التفوق الرياضي «أسباير زون» عام ٢٠٠٨، لإعداد كوادر تحقق طموحات قطر الرياضية إقليميًّا وعالميًّا، وبالفعل حصد بعض أشبالها ممن صاروا لاعبين أساسيين في منتخبنا الوطني لكرة القدم كأس آسيا عام ٢٠١٩ لأول مرة في تاريخنا، في دليل آخر على أهمية الرؤية التي وضعها الشيخ حمد بن خليفة آل ثاني وجنى ثمارها في مختلف القطاعات لخير شعبنا الأصيل.

قطر أبهرت العالم بتنظيمها الألعاب الآسيوية عام ٢٠٠٦ وفازت بالاستضافة مرة أخرى لعام ٢٠٣٠

مستشفى «سبيتار» أوّل مستشفى متخصّص في جراحة العظام والطبّ الرياضي في المنطقة، اعتمده الاتحاد الدولي لكرة القدم (فيفا) مركز تميّز طبيًّا سنة ٢٠٠٨.

FIFA WORLD CUP
Qatar2022

كأس العالم لكرة القدم ٢٠٢٢
مونديال كل العرب

أبهَرْنا العالم في عهد الشيخ حمد بن خليفة آل ثاني، بفوز قطر سنة ٢٠١٠ بتنظيم كأس العالم لكرة القدم ٢٠٢٢ لأول مرة في العالم العربي والشرق الأوسط.

وحدثت مواقف لا أنساها حين تقدمت قطر لاستضافة البطولة، فبعد النجاح الكبير لاستضافة قطر دورة الألعاب الآسيوية آسياد ٢٠٠٦، تقدمت قطر من جديد لاستضافة بطولة كبرى أخرى ولم يحالفها التوفيق، ورغم ذلك قال الشيخ جاسم بن حمد، ولي العهد حينذاك، سوف نتقدم لتنظيم كأس العالم لكرة القدم!

وأتذكر كيف كان البعض يسخر من فكرة تقدمنا بطلب استضافة كأس العالم، فلم تستضف أي دولة عربية شرق أوسطية البطولة من قبل، ولم يكن لدينا ملاعب كافية، بل لم يكن لدينا سوى استاد خليفة الدولي، وينقصه التطوير لمواكبة مستوى ملاعب المونديال. وكانت الملفات المنافسة كلها متميزة إلا أن ملف قطر تمتع بالابتكار في المرافق الرياضية وأفكار الاستدامة، والترابط والإرث الذي سيتم الانتفاع به لتطوير اللعبة في أنحاء متفرقة من العالم، فمن المقرر التبرع بعدد كبير من مقاعد الملاعب لدول أخرى بعد ختام البطولة.

وتميز الملف القطري بالصدق في مواجهة التحديات وعدم إنكارها، بل التعامل معها على اعتبار أنها فرص للتطور والابتكار، مثلما حدث

في تعاملها مع مسألة حرارة الصيف، قبل الموافقة على إقامة البطولة في الشتاء باعتمادها تقنيات تبريد مبهرة لكافة الملاعب، وقيامها بإصلاحات لقوانين العمالة وتعزيز حقوقهم ووضع نظم لحماية الأجور وصدارتها لدول المنطقة في إلغاء نظام الكفالة لضمان حرية التنقل بين أرباب العمل وغيرها. ولذلك فإن فوز قطر بالاستضافة والتنظيم يؤكد أنه بالرجال نطوّع الصعاب وننجز المستحيل، فقد استطعنا بفريق محترف وكفاءات من أبناء قطر ومتخصصين من الخارج، تقديم ملف عالمي ينافس الكبار ويتفوق عليهم، فلم تكن المنافسة سهلة أمام دول عظمى مثل الولايات المتحدة الأمريكية، بما لها من باع طويل وخبرة في تنظيم الأحداث الرياضية الكبرى.

وأثبتت التجربة صحة مثل شائع في قطر يقول: «اندب رجال ولا تندب دراهم» أي اعتمد على الرجال والكفاءات وليس الأموال لتحقيق هدفك ورؤيتك، وهو ما قامت به قطر، فرغم محاربتنا من عدة دول ومؤسسات وشخصيات، إلا أن رجال قطر هم من حققوا هذا الإنجاز أمثال الشيخ حمد والشيخ جاسم والشيخ تميم وإخوانهم وأعوانهم.

وكان لهذا الفوز مردود إيجابي كبير على بلادنا، ليس فقط على مستوى تطوير البنية التحتية العملاقة، ودفع عجلة التنمية والبناء، بل أيضًا تعزيز اسمها وسمعتها حول العالم. فقد زرت عديد الدول، وأخبرني كثيرون أنهم يدخرون من الحين لحضور مونديال قطر ٢٠٢٢. وصار بعضهم يسألني بفضول لا يخلو من الشك، عن قدرة قطر على تنظيم هذا الحدث الكبير. فقلت لهم: إذا كنتم تريدون معرفة الإجابة، فانظروا إلى المستوى المميز الذي تقدمه قطر في ناقلها

الوطني، الخطوط الجوية القطرية، صاحبة أفضل الخدمات وأعلى التصنيفات على مستوى العالم، فهذا هو المستوى الذي نعمل ونحرص عليه على الدوام، وذلك على سبيل المثال لا الحصر.

وشاء القدر نصرة قطر، فرغم عدم توقف حملات التشكيك ضدها منذ فوزها باستضافة البطولة عام ٢٠١٠، والادعاءات البائسة المتكررة عن سحب التنظيم منها، ومحاولات استهدافها بذريعة أنه لا تاريخ لها في كرة القدم، استطاع منتخبنا الوطني الفوز بكأس آسيا لأول مرة عام ٢٠١٩ بعد أداء رائع أمام منتخب اليابان القوي في المبارة النهائية التي جرت في أبو ظبي.

وهكذا اختارت قطر مواصلة المسيرة بإرادة صلبة نحو استضافة البطولة الأشهر في العالم دون الالتفات لهذه الحملات، ورفعت شعار تطويع الصعايب، والإنجاز على الأرض، لتسير بخطى ثابتة نحو استضافة نسخة مذهلة لا مثيل لها من قبل أو من بعد، كأس العالم ٢٠٢٢.

لحظة خالدة في تاريخ قطر بإعلان فوزها باستضافة كأس العالم لكرة القدم ٢٠٢٢ لأول مرة في المنطقة العربية والشرق أوسطية - مقر الاتحاد الدولي لكرة القدم (فيفا) - زيورخ، سويسرا، ٢ ديسمبر ٢٠١٠.

التنازل عن الحكم
خطاب تاريخي عام ٢٠١٣

في ٢٥ يونيو ٢٠١٣، عاشت قطر لحظة تاريخية أخرى غير مسبوقة في منطقتنا الخليجية والعربية. ولأول مرة في التاريخ الحديث للدول العربية، يتنازل حاكم عن سلطته طوعيًّا، بإعلان صاحب السمو الأمير الوالد الشيخ حمد بن خليفة آل ثاني، بعد التشاور مع كبار الشخصيات وممثلي الشعب القطري، عن تسليم الحكم إلى ولي عهده الأمين الشيخ تميم بن حمد آل ثاني.

ولفت انتباهي في خطاب الشيخ حمد، توضيحه لأمرين مهمين هما: لماذا تقلد السلطة، ولماذا يتركها. وقال الشيخ حمد في خطابه «الله يعلم أنني ما أردت السلطة غاية في ذاتها، ولا سعيت إليها من دوافع شخصية، بل هي مصلحة الوطن أملت علينا أن نعبر به إلى مرحلة جديدة» وأوضح سبب تنازله عنها قائلًا «لقد حان الوقت أن نفتح صفحة جديدة أخرى في مسيرة وطننا يتولى فيها جيل جديد المسؤولية بطاقاتهم المتوثبة وأفكارهم الخلاقة».

وطمأن أهل قطر بقوله «إنني أسلّم مقاليد الحكم للشيخ تميم بن حمد آل ثاني، وأنا على قناعة تامة أنه أهل للمسؤولية، جدير بالثقة، وقادر على حمل الأمانة، وتأدية الرسالة».

ومرت السنون لتؤكد صحة القرار، وصواب الرؤية، وشجاعة الخطوة، التي اتخذها الشيخ حمد بن خليفة الذي نقل بلادنا من

محدودية الموارد إلى طفرة العوائد، باستثمارات ضخمة في كبرى اقتصادات العالم، ومن الانغلاق والتهميش إلى الفاعلية والنشاط كدولة صاحبة دور وكلمة على الساحة الإقليمية والدولية حيث واصل من بعده الشيخ تميم مسيرة الخير والنهضة على أكمل وجه، واستطاع ترويض تحديات، وتطويع صعاب، أثبتت أنه خير خلف لخير سلف كما ستكشف السطور القادمة.

الشيخ حمد يعلن في كلمة للشعب على تليفزيون قطر تسليم مقاليد الحكم لولي عهده الشيخ تميم بن حمد آل ثاني لبدء مرحلة جديدة في تاريخ قطر الحديث، ٢٥ يونيو ٢٠١٣

مع سمو الأمير الوالد الشيخ حمد بن خليفة آل ثاني، وعلى يمينه السيد عبد الله بن حمد العطية نائب رئيس مجلس الوزراء وزير الطاقة والصناعة حينذاك، والذي حقق طفرة كبيرة في هذا القطاع، وهو نموذج للرجال المخلصين حول القيادة، ويجسد أهمية الكفاءات في تحقيق رؤية البلاد وطموحات شعبها، وهم كثر ويستحقون مجلدات لتأريخ دورهم في مسيرة قطر.

سمو الشيخ حمد أثناء تشريفه افتتاح مبنى «سيتي سنتر» أول مول تجاري في قطر عام ٢٠٠١

سمو الأمير الوالد الشيخ حمد في مناسبات مختلفة وتواصل مباشر مع الجميع

الشيخ حمد ببساطته وتواضعه المعهود في زيارة خاصة في مجلسنا بالغرافة

خَيْرُ خَلَفٍ لِخَيْرِ سَلَفٍ

صاحب السمو الشيخ تميم بن حمد آل ثاني، أمير البلاد المفدى، يدًا بيد مع والده سمو الأمير الوالد الشيخ حمد بن خليفة آل ثاني، بعد بضع سنوات من تسلمه الحكم

الفصل الخامس

حامي السيادة وصانع النهضة

"لـم تكـن البدايـة سـهلة لسـمو الشيخ تميم بـن حمد آل ثاني، فبعد شـهور قليلـة مـن توليـه الحكـم، واجـه الأميـر الشـاب ظروفًـا استثنائية، وأزمـات مفتعلـة، إلا أنهـا صقلـت قيادتـه، ورسـخت عزيمتـه، وأظهـرت قدرتـه على إدارة دفة البلاد وحمايـة سيادتها بالتفـاف تاريخي من أهل قطر. وشكلت قيادته في تلك الفترة العصيبة مرحلة حاسمة ليس فقط في مسيرة حكمـه، بـل في تاريخ قطر ومصيرهـا للأبـد. وصعد نجمـه على السـاحة العالميَّـة كزعيم شـاب يدافـع عن بلـده بكل تحضّر ورقي وحكمة. وطوى الله لنا الزمن معه، فحققنا في ثلاث سنوات فقط، ما يحتاج إنجـازه عقودًا طويلة. ويقولون إن المهـارة هي أن تصيب هدفًا لا يمكن لأحد أن يصيبه، أمـا العبقريـة فهي أن تصيب هدفًا لا يمكن لأحد أن يـراه، وهو مـا تحقق في عدة قطاعات في عهد الشيخ تميم، حامي السيادة وصانع النهضة"

صاحب السمو
الشيخ تميم بن حمد آل ثاني
أمير البلاد المفدى

في ٢٥ يونيو ٢٠١٣، برز صاحب السمو الشيخ تميم بن حمد آل ثاني، أمير البلاد المفدى، باعتباره أول زعيم عربي شاب (٣٣ عامًا) وأحد أبرز حكام العالم بهذه السن، إثر إعلان سمو الأمير الوالد الشيخ حمد بن خليفة آل ثاني - في خطاب موجه لأهل قطر بعد الشورى مع ممثلي الشعب وكبار الشخصيات - تسليم مقاليد الحكم لولي عهده الأمين، ومبايعة الشعب القطري له أميرًا للبلاد.

بداية صعبة

ولم تكن البداية سهلة، فقد واجه الأمير الشاب ظروفًا استثنائية أظهرت قدرته على إدارة دفة البلاد وسط أمواج عاتية لخلافات قاسية لم نشهد لحدتها مثيلًا في منطقتنا الخليجية المعروف عن شعوبها أنها عائلة واحدة تربطها صلات رحم وقربى، ووحدة هدف ومصير.

وواجهت دولته أولى التحديات بعد نحو ٩ شهور فقط من توليه الحكم، بسحب ثلاث دول جارة هي السعودية والإمارات والبحرين، سفراءها لدى الدوحة في مارس عام ٢٠١٤، وذلك بعد رفضه محاولتهم فرض إملاءات على قطر وأهلها، وتغيير سياستها الداعمة لخيارات الشعوب بعد ثورات الربيع العربي، ثم مواجهته حصارًا فرضته تلك الدول في ٥ يونيو ٢٠١٧، إلا أنه لم يزد قطر إلا استقلالية وسيادة وتلاحمًا بين الشعب والقيادة.

وعاصرتُ لحظة بلحظة أزمة الحصار التي اندلعت بإعلان أربع دول عربية هي السعودية والبحرين والإمارات ومصر، قطع العلاقات مع قطر، وإغلاق كافة المنافذ البرية والبحرية والجوية معها، ومنع المواد الغذائية عنها مع طرد القطريين المقيمين بالدول الخليجية الثلاث، بمن فيهم الطلاب والمرضى وزوار المقدسات الدينية، فضلًا عن تمزيق الأسر والعائلات المشتركة، وغيرها من الإجراءات التي صدمت ضمير العالم ووصفها تقرير مستقل للمفوضية السامية للأمم المتحدة لحقوق الإنسان بالتعسفية والتمييزية.[1]

(١) تقرير البعثة الفنية للمفوضية السامية للأمم المتحدة لحقوق الإنسان بدولة قطر، ١٧-٢٤ نوفمبر ٢٠١٧، حول تأثير الأزمة الخليجية الراهنة على حقوق الإنسان، ديسمبر ٢٠١٧، متاح على: https://tinyurl.com/y7nfrq7r

ورأيتُ كيف تعامل الشيخ تميم بحكمة واقتدار مع هذه الأزمة التي تم افتعالها بناءً على جريمة قرصنة إلكترونية لموقع وكالة الأنباء القطرية الرسمية في ٢٣ مايو ٢٠١٧ وبث أخبار مفبركة منسوبة للشيخ تميم لتبرير الحصار، وهو ما أكدته تحقيقات شارك بها مكتب التحقيقات الفيدرالي (إف بي أي) FBI ونشرتها صحيفة الواشنطن بوست الأمريكية[١] بأن إحدى دول الحصار نفسها، وهي الإمارات وقفت وراء جريمة القرصنة، ومن ثم افتعال الأزمة الخليجية بمزاعم دعم الإرهاب لتشويه صورة قطر، ولكن دون جدوى.

وكان الشيخ تميم يعقد اجتماعات ليل نهار، ولم تفارق الابتسامة وجهه رغم تلك التحديات، فكان تبسُّم الواثق من نصر الله، المتيقّن من محبة ومساندة شعبه. واستطاع خلال ٤٨ ساعة فقط توفير احتياجات السوق القطري من السلع والمواد الغذائية بعد انتشار الشائعات في إعلام دول الحصار أن القطريين سيموتون جوعًا حيث كنا نستورد نحو ٩٠٪ من احتياجاتنا الغذائية من الخارج، ونحو ٤٠٪ منها عبر المنفذ البري مع السعودية قبل إغلاقه.[٢]

وفورًا صدرت التوجيهات من الشيخ تميم بفتح طرق تجارية بديلة، وتدشين جسور جوية مع عدة دول منها تركيا وإيران والكويت وعمان والمغرب وجورجيا وأذربيجان وغيرها من الدول التي تسابقت للوقوف إلى جانب قطر، وستظل مواقفها النبيلة راسخة في ذاكرة القطريين للأبد.

---

(١) واشنطن بوست، مسؤولون استخباراتيون أمريكيون: الإمارات دبرت اختراق مواقع حكومية قطرية، ما أثار اضطرابات إقليمية، تاريخ النشر ١٦ يوليو ٢٠١٧، متاح على: https://cutt.us/JfrlB

(٢) موقع الجزيرة، توجه قطري للاستثمار بالصناعات الغذائية بعد الحصار، تاريخ النشر ١٩ يونيو ٢٠١٧، متاح على: https://cutt.us/GomiP

وكان لدينا مخزون من السلع والمواد الغذائية والأدوية ساعدنا على امتصاص الصدمة في الأيام الأولى للأزمة، حيث كان المستهدف هو تركيع قطر، وتأليب الشعب على القيادة لتغيير النظام الحاكم بعد المواقف والنجاحات البارزة التي حققها، وهو ما أكده وزير الخارجية الأمريكي حينذاك، ريكس تيلرسون، الذي عارض ومعه وزير الدفاع الأمريكي السابق جيمس ماتيس، موقف الرئيس الأمريكي دونالد ترامب وصهره ومستشاره جاريد كوشنر اللذين أيدا الحصار في بدايته، ولكن ترامب وكوشنر عادا بعد مرور أكثر من ثلاث سنوات على الحصار للضغط من أجل إنهائه، وذلك قبل خروج ترامب من البيت الأبيض بأيام، وتسلم الإدارة الأمريكية الجديدة للرئيس جو بايدن.

وفيما تعززت مكانة الشيخ تميم على الساحة العالميَّة كزعيم شاب يدافع عن بلده بكل تحضّر ورقي وحكمة، كشف تيلرسون في شهادته أمام لجنة الشؤون الخارجية في مجلس النواب الأمريكي عن رؤيته للسبب الحقيقي وراء الأزمة، ونشرت نصها كاملًا مجلة "فورين بوليسي" في ٢٧ يونيو ٢٠١٩، وقال تيلرسون، "إن ثروة قطر وأداءها دورًا فعالًا بالمنطقة، ورؤية أمير قطر الإصلاحية، تخلق ضغوطًا على الآخرين في المنطقة". [١]

(١) تقرير فورين بوليسي، شهادة وزير الخارجية الأمريكي ريكس تيلرسون أمام لجنة الشؤون الخارجية بمجلس النواب الأمريكي، تاريخ النشر ٢٧ يونيو ٢٠١٩، متاح على: https://cutt.us/K3Xgd

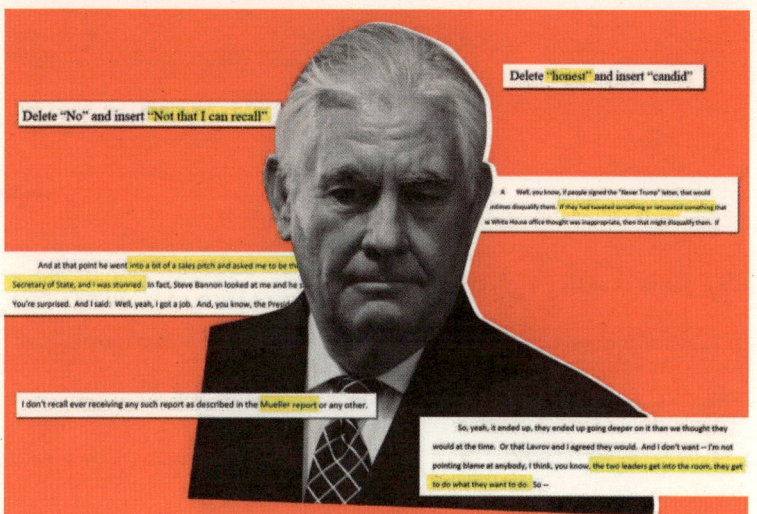

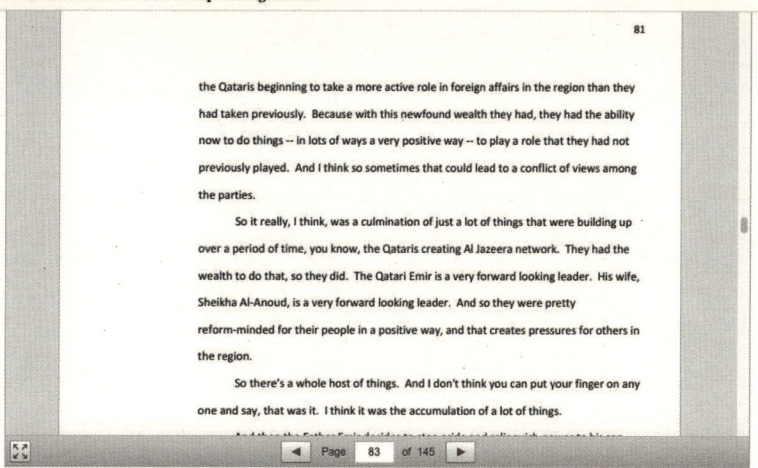

FP

REPORT: Tillerson to Kushner: We've Got to Stop Meeting Like This

81

the Qataris beginning to take a more active role in foreign affairs in the region than they had taken previously. Because with this newfound wealth they had, they had the ability now to do things -- in lots of ways a very positive way -- to play a role that they had not previously played. And I think so sometimes that could lead to a conflict of views among the parties.

So it really, I think, was a culmination of just a lot of things that were building up over a period of time, you know, the Qataris creating Al Jazeera network. They had the wealth to do that, so they did. The Qatari Emir is a very forward looking leader. His wife, Sheikha Al-Anoud, is a very forward looking leader. And so they were pretty reform-minded for their people in a positive way, and that creates pressures for others in the region.

So there's a whole host of things. And I don't think you can put your finger on any one and say, that was it. I think it was the accumulation of a lot of things.

Page 83 of 145

شهادة وزير الخارجية ريكس تيلرسون أمام مجلس النواب الأمريكي في تقرير مجلة فورين بوليسي والفقرة الخاصة بحصار قطر بالصفحة رقم ٨٣ من التقرير بتاريخ ٢٧ يونيو ٢٠١٩

تميم المجد

هبّت الرياح المعاكسة لمخططات الحصار، بالتفاف تاريخي من أهل قطر من المواطنين والمقيمين حول الشيخ تميم. وفاضت أراضينا بتأييد غير مسبوق لقيادته تحت شعار شعبي عفوي جذب أنظار العالم بصورة سموه مع كلمتين اختصرتا كل شيء هما «تميم المجد»، أي أن محبتنا لقيادتنا فوق كل شيء أو كما انتشر وقتها من معاني التأييد «لكم العالم ولنا تميم». وانتشرت حملات التأييد بشعار «تميم المجد» في كل حدب وصوب، في الشوارع والميادين وعلى جدران البيوت والمنشآت، ووضع الأهالي جداريات لجمع توقيعات التأييد وتجديد البيعة، وقبلها تأكيد المحبة والثقة التي يحملونها للشيخ تميم في القلوب والعقول.

ومن مقولات الشيخ تميم الخالدة عن حماية السيادة خلال الأزمة قوله **"نحن قوم نلتزم بمبادئنا وقيمنا، لا نعيش على هامش الحياة ولا نمضي تائهين بلا وجهة ولا تابعين لأحد ننتظر منه توجيهًا".**

وكان لتعامل أهل قطر الهادئ والحكيم مع صدمة الأزمة في بدايتها دون هلع أو خوف دور كبير في تجاوزها وعودة الحياة لطبيعتها، وحتى

حركة الطيران والمسافرين عبر مطار حمد سرعان ما تم التعامل معها بتعديل المسارات بعد ساعات قليلة من إعلان الحصار.

كما سارع القطاع الخاص ورابطة رجال الأعمال وغرفة تجارة وصناعة قطر، بأخذ مبادرات مهمة للاستثمار بالصناعات الغذائية ومختلف المنتجات التي كنا نعتمد على استيرادها من بعض الدول أطراف الأزمة في مجلس التعاون الخليجي، في إطار الحفاظ على التكامل الاقتصادي بين دولنا.

ولم تلتفت الدولة لادعاءات دول الحصار ومطالبهم العبثية لحل الأزمة مثل طلبهم إغلاق قناة الجزيرة، والتي وصفها وزير الخارجية الألماني زيغمار غابرييل، بالمطالب «المستفزة جدًّا» في تصريحات نقلتها عنه وكالة رويترز، في ٢٦ يونيو ٢٠١٧م[١].

وفي زمن صارت فيه الكذبة تسافر الكرة الأرضية كلها قبل أن تربط الحقيقة حذاءها،[٢] كانت مصداقية قطر مثل عصا موسى تلقف ما يصنعون من افتراءات وأكاذيب وتحريض، ووضع الشيخ تميم تلك المزاعم خلف ظهره، وانطلق ليعزز مكانة قطر بين دول العالم المتحضر بتعاون وشراكات استراتيجية نوعية مثل الحوار الاستراتيجي القطري الأمريكي بعد ٧ أشهر فقط من الأزمة[٣]، وهو حوار لا يمكن لواشنطن إجراءه مع دول داعمة للإرهاب كما حاولت عبثًا دول الحصار الترويج عن قطر.

---

(١) رويترز، وزير الخارجية الألماني: مطالب سعودية من قطر ‹استفزازية جدًا، تاريخ النشر ٢٦ يونيو ٢٠١٧، متاح على: https://www.reuters.com/article/us-gulf-qatar-germany-idUSKBN19H2A3

(٢) مارك توين، كاتب أمريكي ساخر (١٨٣٥-١٩١٠)

(٣) وزارة الخارجية الأمريكية، بيان مشترك للحوار الاستراتيجي بين قطر والولايات المتحدة، ٣٠ يناير ٢٠١٨، متاح على: https://www.state.gov/joint-statement-of-the-inaugural-united-states-qatar-strategic-dialogue/

وتسارعت وتيرة العمل والإنجاز في كل اتجاه، واستطعنا تحويل مهددات الحصار إلى فرص للتنمية، وتحقيق أعلى معدلات للاكتفاء الذاتي. وصارت عندنا شركات منتجة في مختلف القطاعات، بل إننا تجاوزنا ذلك إلى بدء تصدير بعض المواد الغذائية بجهود ذاتية من الشركات القطرية، وساعدنا على ذلك نافذتان عملاقتان للدولة على العالم هما: مطار وميناء حمد الدوليان.

"وأثبتت الأيام أننا بألف خير من دونهم"، بل إن الأزمة أكسبتنا خبرة للتغلب على إجراءات الإغلاق الكبير الذي شهده العالم بعد جائحة فيروس كوفيد-١٩ (كورونا)، وهو ما سرده تقرير لشبكة الجزيرة الإنجليزية في الذكرى الثالثة للأزمة عن كيفية تغلب قطر على الحصار والتعامل مع الجائحة العالميَّة في يونيو ٢٠٢٠.[١]

(١) الجزيرة الإنجليزية، كيف تغلبت قطر على الحصار، تاريخ النشر ٥ يونيو ٢٠٢٠، متاح على: https://www.aljazeera.com/news/2020/6/5/beating-the-blockade-how-qatar-prevailed-over-a-siege

REUTERS

World Business Markets Breakingviews Video More

WORLD NEWS JUNE 26, 2017 / 9:30 PM / UPDATED 4 YEARS AGO

Saudi demands from Qatar 'very provocative': Germany

By Andrea Shalal

3 MIN READ

BERLIN (Reuters) - A list of 13 demands submitted by four Arab states to Qatar as a condition to lift their boycott on the Gulf country is "very provocative" because some items challenge Doha's sovereignty, German Foreign Minister Sigmar Gabriel said on Monday.

FILE PHOTO: German Foreign Minister Sigmar Gabriel attend the weekly cabinet meeting at the Chancellery in Berlin, Germany June 21, 2017. REUTERS/Stefanie Loos

وزير الخارجية الألماني زيغمار غابرييل، يصف مطالب الحصار بـ «المستفزة جدًّا»

Sections The Washington Post Sign In

National Security Foreign Policy Justice Military

National Security

UAE orchestrated hacking of Qatari government sites, sparking regional upheaval, according to U.S. intelligence officials

الاستخبارات الأمريكية تكشف وقوف الإمارات وراء جريمة قرصنة مواقع حكومية قطرية لافتعال الأزمة - صحيفة الواشنطن بوست، ١٦ يوليو ٢٠١٧

جدارية «تميم المجد» أمام منزلنا في منطقة الغرافة حيث توافد أهل قطر للتوقيع عليها تعبيرًا عن المحبة والولاء وتجديد البيعة للشيخ تميم بعد أيام معدودة من إعلان الحصار، وكانت فكرة أبنائي محمد وتركي وجاسم وتوافد عليها المواطنون والمقيمون على حد سواء وانتظروا في صفوف طويلة على مدار الساعة للتعبير عن محبتهم والتفافهم حول قيادتهم، ونحتفظ بأكثر من نسخة بعد امتلائها بالتوقيعات كوثائق تاريخية للأجيال القادمة في متحف الشيخ فيصل بن قاسم آل ثاني في منطقة السامرية شمال غرب الدوحة.

جانب من مظاهر التأييد الواسع للشيخ تميم بعد إعلان الحصار وتسابق أهل قطر للتعبير عن ولائهم ومحبتهم لقيادته الحكيمة

سمعة قطر

سافرت في بداية أزمة الحصار إلى عدة دول أوروبية والولايات المتحدة الأمريكية لاحقًا، مع وفود رسمية وأخرى مع وفود لرجال الأعمال لإطلاع حكومات تلك الدول على حقيقة الحملات الدعائية المغرضة التي تشنها دول الحصار ضد قطر لتشويه سمعتها، وتحريضهم الشركات الكبرى على عدم التعامل معنا خاصة تلك التي تقع فروعها الإقليمية في الإمارات والسعودية، إلا أنني وجدت مهمتي أسهل مما توقعت، فلا أحد يصدق تلك الحملات، بل إنهم يسخرون منها، ويقولون إنهم يعرفون قطر والشيخ تميم ودوره وقيادته جيدًا.

وتيقنت أن سمعة قطر وثقة العالم في قيادتها وشعبها تسبقنا إلى حيث نذهب، ولا أنسى أبدًا مواقف بعض مسؤولي تلك الدول، وحفاوة استقبالهم وتعاملهم معنا، ورغم مرور سنوات، ما زلت أتذكرها كأنها حدثت بالأمس فقط، فقد كان بعض الوزراء وكبار المسؤولين يلتقون معنا أكثر من مرة في اليوم الواحد، بل منهم من كان يلتقينا في غير أوقات عمله المعتادة، وقال لي أحد كبار المسؤولين في النمسا "إنها المرة الأولى في حياتي التي أعمل بها يوم الأحد من أجلكم فقط".

واستمعت بشكل مباشر إلى تأكيد مسؤولين بارزين في حكومات العديد من دول العالم على قناعاتهم بصدق وصواب موقف قطر، ولذلك فإننا نقدر عاليًا موقف هذه الحكومات، وأيضًا الشركات التي وقفت إلى جانب قطر، ومنها شركات أدوية أرسلت على الفور كميات من الأدوية الحساسة الخاصة بغرف العمليات والعناية المركزة، وهي مواقف إنسانية ستبقى خالدة في أذهان أهل قطر.

ومرت سنوات الحصار وزادت قطر قوة ومناعة حتى إن بعض الدول التي قطعت علاقاتها مع قطر بضغوط من دول الحصار، مثل موريشيوس وتشاد والسنغال وجزر المالديف، وموريتانيا، عادت من

جديد بعد أن تبين لها زيف ادعاءات دول الحصار. وتراجع الأردن أيضًا عن تخفيض التمثيل الدبلوماسي، وعادت العلاقات القطرية الأردنية التاريخية إلى سابق عهدها[1]

صمود جدير بالدراسة

لقد كنا على مفترق طرق، إما الخضوع والانكسار بالانصياع لمطالب الحصار وتجرع مرارة التبعية على مر الزمن، أو الصمود والذود عن سيادتنا وكرامتنا لنهاية العمر، فكان الصمود خيارنا والاستقلالية طريقنا.

وأخبرني بعض كبار المسؤولين في عدة دول، أن تعامل أمير قطر مع أزمة الحصار سوف يُدرّس في الجامعات والمؤسسات العسكرية عن صمود دولة صغيرة الجغرافيا كبيرة الدور والعلاقات، في وجه تحالف من أربع دول بينها ثلاث دول جارة. كما أن انفتاح الشيخ تميم على الحوار لحل الأزمة منذ لحظة افتعالها، لعب دورًا كبيرًا في ترك نافذة مفتوحة للمصالحة، وتمهيد طريق عودة العلاقات لأن استمرار الخلاف رغم قسوته وجرحه العميق لم يكن منطقيًا في ظل روابط الدم والقربى والمصير المشترك لشعوبنا الخليجية والعربية.

وبعد مرور ثلاث سنوات ونصف السنة، وبدعم أمريكي قوي للوساطة الكويتية المقدرة، تم الإعلان عن رفع الحصار عن قطر وفتح الحدود في الرابع من يناير ٢٠٢١، وفي اليوم التالي حضر الشيخ تميم القمة الخليجية بمدينة العلا السعودية، وتم الاتفاق على احترام سيادة الدول وعدم التدخل في الشؤون الداخلية للبلاد، وتم الصلح، ونأمل أن يتجاوز الجميع ما حدث و أن تصبح هذه الأحداث من الماضي.

---

(١) رويترز، الأردن يعين مبعوثًا جديدًا لقطر بعد عامين من خفض العلاقات، تاريخ النشر ١٦ يوليو ٢٠١٩، متاح على:https://www.reuters.com/article/us-jordan-qatar-ties-idUSKCN١UB١HE

استقبال حاشد للشيخ تميم لدى عودته إلى أرض الوطن بعد أول زيارة خارجية لسموه خلال أزمة الحصار للمشاركة في اجتماعات الجمعية العامة للأمم المتحدة بنيويورك، سبتمبر ٢٠١٧، وكان الاستقبال تجديدًا للبيعة والولاء لسمو الأمير.

أيقونة «تميم المجد» الشهيرة تزين صدور الأطفال في انتظار عودة سمو الأمير من نيويورك- سبتمبر ٢٠١٧

الفصل السادس

الشيخ تميم
النشأة والدراسة و ولاية العهد

النشأة والدراسة

ولد الشيخ تميم بن حمد آل ثاني في مدينة الدوحة يوم ٣ يونيو ١٩٨٠، وفيها نشأ وتلقى تعليمه الابتدائي والإعدادي، ثم التحق بمدرسة شيربورن بالمملكة المتحدة وحصل على الشهادة الثانوية عام ١٩٩٧.

وأكمل تعليمه العالي بالمملكة المتحدة حيث التحق بأكاديمية ساند هيرست العسكرية الملكية وتخرج فيها عام ١٩٩٨. وبعد تخرجه التحق بالقوات المسلحة القطرية لتلتقي الدراسة الأكاديمية العسكرية بالتجربة العملية والميدانية.

وبالإضافة إلى اللغة العربية، يجيد الشيخ تميم اللغتين الإنجليزية والفرنسية.

ولاية العهد

قبل الوصول إلى سدة الحكم، اكتسب الشيخ تميم خبرات واسعة في إدارة شؤون الدولة وتدرج في عدة مناصب، إذ شغل منصب رئيس مجلس إدارة هيئة الأشغال العامة والهيئة العامة للتخطيط والتطوير العمراني، ورئيس مجلس إدارة جهاز قطر للاستثمار، إضافة إلى توليه رئاسة مجلس أمناء جامعة قطر ورئاسة اللجنة الأولمبية الأهلية القطرية.

وفي ٥ أغسطس ٢٠٠٣ عُيّن وليًّا للعهد ونائبًا للقائد العام للقوات المسلحة. وأثناء ولايته للعهد ترأس عددًا من الأجهزة والمجالس العليا

للتعليم، والصحة، والبيئة والاتصالات وتكنولوجيا المعلومات، واللجنة العليا للتخطيط التنموي، ومركز قطر للقيادات.

وكانت للشيخ تميم لمسة بارزة وبنّاءة في رؤية قطر الوطنية ٢٠٣٠، من خلال رئاسته اللجنة العليا المشرفة على وضع رؤية الدولة، وذلك بتكليف من والده الشيخ حمد بن خليفة، أمير البلاد آنذاك، لحين إطلاقها عام ٢٠٠٨، ومتابعته لتنفيذ هذه الرؤية إلى اليوم.

وفي الشأن السياسي والدبلوماسي، كان للشيخ تميم دور بارز في تقريب وجهات النظر بين فرقاء سياسيين عديدين من خلال حوارات سياسية استضافتها الدوحة، ورعاها سموه شخصيًّا.

كما أشرف سموه خلال ولاية العهد، على انطلاقة اليوم الوطني للدولة، لأهمية معرفة الأجيال الصاعدة بتاريخ قطر وسيرة الأجداد المؤسسين وقيمهم الخالدة.

ولشغفه بالرياضة، ساهم في انطلاقة اليوم الرياضي للدولة، كما يُشْرف الشيخ تميم بنفسه على ملف مونديال كأس العالم ٢٠٢٢.

يوم تخرج الشيخ تميم من كلية سانت هيرست العسكرية البريطانية، بحضور الأمير الوالد الشيخ حمد بن خليفة آل ثاني، أغسطس ١٩٩٨

الشيخ تميم في سن الطفولة

تولي الحكم

صار الشيخ تميم بتوليه مقاليد الحكم في ٢٥ يونيو ٢٠١٣، رئيس الدولة والقائد الأعلى للقوات المسلحة، إضافة إلى رئاسته للمجلس الأعلى للشؤون الاقتصادية والاستثمار، واللجنة العليا للمشاريع والإرث، ومجلس الأمن الوطني.

وفور الإعلان عن تسلمه الحكم، توافد أهل قطر على الديوان الأميري على مدار يومين لتحية الشيخ تميم ومبايعته، وإلى جواره وقف الأمير الوالد الشيخ حمد بن خليفة آل ثاني، يصافح الجميع بابتسامة عريضة في صورة تاريخية لتداول السلطة سلميًا من النادر رؤيتها في منطقتنا العربية والشرق أوسطية.

أهل قطر يتوافدون لمبايعة الشيخ تميم بن حمد آل ثاني، أميرًا للبلاد، ويستقبلهم الشيخ تميم وإلى جواره صاحب السمو الأمير الوالد الشيخ حمد بن خليفة آل ثاني - ٢٥ يونيو ٢٠١٣

رؤية لا أحلام

تكشف رؤية الشيخ تميم عن ارتكازها على رؤية بلادنا لعام ٢٠٣٠، فهي جزء لا يتجزأ منها. ويطمح سموه ومعه أهل قطر أن تواصل بلادنا مسيرة التنمية للجيل الحالي والأجيال المقبلة، من خلال تطوير مواطنين متعلمين قادرين على التعامل بندية مع الآخرين، ومجتمع أساسه العدل، يصون الحريات ويحمي القيم، ويكفل الأمن والاستقرار، ويضمن تكافؤ الفرص لجميع أبنائه. فيما تصبو رؤيته إلى أن يواصل مجتمعنا التعامل بإيجابية مع الثقافات الأخرى، ويقوم بدور مهم في الشراكة مع العالم.

ويؤمن الشيخ تميم بأن طموحاتنا هذه ليست مجرد أحلام، وأنها تعكس تطلعات أهل قطر وقناعات قيادتها.

وفي الجانب الاقتصادي، تتطلع رؤية الشيخ تميم إلى بناء اقتصاد مزدهر تنافسي قادر على تأمين الازدهار المنشود، في ظل العولمة والتنافسية الشديدة، وإدارة قادرة على الحفاظ على التناغم بين البيئة والنمو الاقتصادي. ويرى أن المرحلة الماضية للتنمية في دولة قطر تميزت باعتمادها الرئيسي على استغلال النفط والغاز، أما المرحلة المقبلة للتنمية فتهدف إلى تحقيق التنويع الاقتصادي، وتعزيز دور القطاع

الخاص، والتوسع في البحث والتطوير، والتقدم في تحقيق الاقتصاد المعرفي خاصة مع الطفرات الكبيرة التي تحققها ثورة التقنيات الحديثة والرقمنة والذكاء الاصطناعي ومستقبلها الواعد.

ويؤكد الشيخ تميم أن هذه المرحلة تتطلب سياسة اقتصادية على نفس الدرجة العالية من الانفتاح، التي تطلبتها المرحلة السابقة، وربما بدرجة أعلى. فسياسة الانفتاح التي تبنتها قطر كانت من أهم دعائم تنميتنا المستدامة، بسبب الضرورات التي تحتمها مواردنا الطبيعية وجغرافية بلدنا وحجم سكانه، وهو ما عمل على إنجازه بالفعل كما نستعرض في السطور التالية.

قرار فريد

أصدر الشيخ تميم قرارًا فريدًا وتاريخيًّا في مسيرة بلادنا بالإعلان عن إجراء انتخابات مجلس الشورى لأول مرة ليتحول من مجلس معين إلى مجلس منتخب بهدف توسيع المشاركة الشعبية في عملية صنع القرار بانتخابات مباشرة في أكتوبر ٢٠٢١.

وسبق أن قام سموه بمبادرة غير مسبوقة بتعيين ٤ نساء ضمن ٢٨ عضوًا جديدًا بمجلس الشورى، للمرة الأولى في تاريخ قطر، في نوفمبر عام ٢٠١٧.

سمو الأمير الشيخ تميم بن حمد آل ثاني، يعلن عن إجراء انتخابات مجلس الشورى للمرة الأولى في قطر في أكتوبر ٢٠٢١، وذلك أثناء افتتاح دور الانعقاد العادي الـ٤٩ لمجلس الشورى – نوفمبر ٢٠٢٠.

قطر والعالم

استطاع الشيخ تميم تعزيز علاقات قطر والعالم عبر جولات وزيارات رسمية واتفاقيات وشراكات استراتيجية، يصعب حصرها لتعددها وتنوعها. ويبرز توقيع اتفاقيات للشراكة الاستراتيجية في عهده مع كبرى الدول مثل الولايات المتحدة الأمريكية والصين واليابان والهند، فضلًا عن تركيا التي تتمتع بعلاقات تعاون مميزة واستثنائية مع قطر، فيما عزز التعاون مع كبرى الاقتصادات الأوروبية الموثوقة مثل ألمانيا وبريطانيا وفرنسا وإيطاليا وإسبانيا، وغيرها من الدول الصديقة التي تمتلك قطر بها استثمارات بمليارات الدولارات، وتساهم بقوة في تنويع مصادر الدخل بعيدًا عن ثروة الغاز.

كما عزز الشيخ تميم تعاون بلادنا مع كبرى المنظمات الدولية المرموقة مثل الأمم المتحدة. ويمثل افتتاح مكاتبها في الدوحة اعترافًا من المنظمة الأممية بفاعلية ونشاط الدور القطري، ومنها مكاتب للشؤون الإنسانية واللاجئين ومكافحة الإرهاب وغيرها.

وتأكيدًا للموثوقية التي تتمتع بها بلادنا واحترام العالم لدورها، وقعت قطر اتفاقًا مع أقوى تحالف عسكري في العصر الحديث، حلف شمال الأطلنطي (نيتو)، لفتح مكاتب بعثة قطر وممثليتها العسكرية، في داخل مقر قيادة الحلف في العاصمة البلجيكية بروكسل، في فبراير ٢٠٢١.

تركيا

تعززت علاقاتنا بصورة استثنائية مع الجمهورية التركية الشقيقة في كافة المجالات السياسية والاقتصادية والتجارية، وصارت علاقاتنا الأكثر قربًا وتوافقًا بين بلدين على مستوى العالم. وشكلت تركيا موردًا مهمًا لمختلف السلع الحيوية خاصة المواد الغذائية في الأيام الأولى للحصار.

وحققت الاستثمارات القطرية في تركيا نجاحات بارزة في قطاعات متنوعة، وأطلقنا العنان لفرص تعاون كبيرة فاقت توقعاتنا ومبنية على شراكات مؤسساتية نأمل أن تستمر لصالح بلدينا، فقد صارت تركيا مركزًا حيويًا لاستثمارات القطاعين العام والخاص، وعززها ترابط وتضامن الشعبين الشقيقين.

والتقينا العديد من المسؤولين الأتراك على مستوى عالٍ من الرقي والتحضر، والشعب التركي بطبيعته مخلص وكريم ومضياف وله مواقف مقدرة مع قطر، ولا ننسَى موقف رجال الأعمال الأتراك أيضًا حيث ساهموا في تأسيس مصانع وشركات لصناعات حيوية مشتركة، صنعت الفارق وحققت عوائد كبيرة رسخت مكانة البلدين وأنعشت اقتصادهما بصورة غير مسبوقة في فترة قصيرة.

تقدم الرئيس التركي رجب طيب أردوغان، قادة وزعماء العالم، الذين ساندوا بلادنا بكل إخلاص ومحبة خلال أزمة الحصار. واستقبلني في إحدى زياراتنا إلى بلاده وأكد دعمه لقيادتنا وشعبنا في موقف نبيل وتاريخي خالد.

مصر والسعودية

وصارت علاقاتنا مع مختلف الدول أكثر قوة وحتى مع دول الحصار تجاوزنا الخلاف، وتربطنا بالسعودية ومصر علاقات تاريخية لا نغفلها رسميًا وشعبيًا ولا يوجد قطري لا يحب مصر أو السعودية لما لهما من مكانة كبيرة في الوجدان العربي والإسلامي، فالسعودية أرض الحرمين الشريفين والأماكن المقدسة التي تهفو إليها القلوب، وشريك لا غنى عنه للعالم في أمن الطاقة، وتطلعاتها كبيرة نحو التنمية المستدامة ، ومصر الكنانة حاضنة الأزهر الشريف ومنارة الحضارة التي علّمت البشرية صنوف الأدب والفنون وساهم أبناؤها وما زالوا في مسيرة بلادنا في كافة مجالات التنمية، لاسيما الصحة والتعليم والعمران. ويشكل استقرارمصر وأمنها جزءًا لا يتجزأ من أمن الخليج والعالم، لثقلها ووزنها الكبير إقليميًا ودوليًا.

روسيا

ومع روسيا تشهد علاقاتنا تطورًا متناميًا عامًا بعد عام، وحقق التبادل التجاري بين بلدينا قفزة كبيرة بنسبة ٢٤٠٪ مع استثمارات ضخمة ومشاريع مشتركة تتجاوز قيمتها ١٣ مليار دولار معظمها مشاريع قطرية في روسيا عام ٢٠١٨. وينتظر التعاون القطري الروسي آفاقًا واعدة لاسيما في قطاعي التجارة والاستثمار. واستطاعت قطر وروسيا وهما سيدتا إنتاج وتصدير الغاز في العالم، الانتقال من التنافس إلى التعاون والشراكة عبر استثمارات قطرية في اثنتين من كبرى الشركات الروسية ذات المكانة المرموقة عالميًا، هما "روس نفط" و"غاز بروم" فيما تمتلك قطر محفظة استثمارية منوعة في روسيا،

بين العقارات والأسهم والمصارف ومشاريع النقل والطاقة وغيرها. ونتوقع مزيدًا من الاستثمارات الروسية في قطر، أيضًا كونها من أكثر الدول استقرارا في المنطقة. كما شكلت استضافة البلدين لبطولتي كأس العالم ٢٠١٨، و٢٠٢٢ إضافة كبيرة لتعزيز علاقات التعاون في مجالات أوسع وأعمق.

الصين

الصين شريك استراتيجي لبلادنا وعملاق اقتصادي يَحسِب له العالم ألف حساب، وسوف تتعزز مكانتها أكثر في العقود المقبلة. وتربطنا بالصين علاقات تاريخية منذ طرق التجارة القديمة. وتدعم قطر مبادرة "الحزام والطريق" الصينية الاستثنائية لإحياء طريق الحرير القديم الذي يُعد أكبر مشروع بنية تحتية في تاريخ البشرية ويربط الصين بالعالم عبر طرق تجارة برية وبحرية واعدة. ويشهد اقتصاد الصين تطورات مبهرة والأهم أنه يستهدف تحقيق منافع مشتركة للجميع.

الهند

علاقاتنا بالهند ضاربة في جذور التاريخ منذ زمن الغوص على اللؤلؤ، وصولًا إلى شراكة لا غنى عنها في الوقت الحالي وتتجسد أبرز صورها في مشاركة أبناء الجالية الهندية المخلصين في مسيرة النمو والبناء في بلادنا. ونتوقع طفرات كبيرة في علاقات بلدينا في قادم السنوات، في ظل ما تتمتع به الهند من أسواق واعدة، وتقدم لافت في العديد من المجالات مثل التصنيع والاتصالات وتكنولوجيا المعلومات والرقمنة وغيرها.

إيران

ولا ننسى موقف إيران النبيل التي فتحت مجالها الجوي أمام طائراتنا وكانت النافذة الوحيدة للطيران من وإلى قطر خلال أزمة الحصار. وكان هذا المنفذ شريان حياة لجلب السلع والبضائع والأدوية إلى قطر حتى نجحنا في تنويع طرق التجارة وتحقيق معدلات مبهرة من الاكتفاء الذاتي في فترة وجيزة.

باكستان

باكستان تربطنا بها علاقات متينة قديمة وهي من أهم شركاء قطر التجاريين، خاصة بعد تدشين الخط الملاحي بين ميناءي حمد وكراتشي عام ٢٠١٧، وتساهم القوى العاملة الباكستانية الماهرة في تقدم وتطور دولة قطر وبناء نهضتها الحالية في جميع القطاعات.

رجال مخلصون

بعناية ورؤية ثاقبة، اختار الشيخ تميم، رجالًا أكفاء مخلصين، ممن أثبتوا قدرتهم على تحمل المسؤولية في أوقات عصيبة. وصارت قطر بتوجيهات سموه لهم، مع حسن إدارتهم لمناصبهم التي ملؤوها عملًا وجهدًا، رقمًا يصعب تجاهله، فاختار الشيخ عبد الله بن ناصر بن خليفة آل ثاني، رئيسًا لأول حكومة في عهده إضافة إلى توليه حقيبة الداخلية وتميز بجهد وحضور كبيرين. ويستكمل المسيرة من بعده بكل إخلاص الشيخ خالد بن خليفة بن عبد العزيز آل ثاني، رئيس مجلس الوزراء، وزير الداخلية الحالي.

كما اختار سموه لمنصب وزير الخارجية، شابًا يفيض بالحماس والذكاء هو الشيخ محمد بن عبد الرحمن آل ثاني، الذي لعب دورًا محوريًّا ومعه فريق دبلوماسي مميز في الداخل، وسفراؤنا في الخارج، لصد طوفان حملات مضللة ضدنا، بحكمة وعقلانية، والأهم بقيم وأخلاق أهل قطر التي لا ترد الإساءة إلا بإحسان، وتهزم ظلمات الكذب والافتراءات بنور الحقيقة والبرهان. ولوزارة الدفاع عيّن الدكتور خالد بن محمد العطية الذي امتاز هو الآخر بخطاب عقلاني يعتز بالسيادة ويتجنب التصعيد، ومعهم جهود مقدرة لنخبة من رجال الدولة من الوزراء والمسؤولين المخلصين، الذين استطاعوا بتوجيهات الشيخ تميم، طمأنة أهل قطر على قدرتها على التحليق بعيدًا في ضوء سياسة قطرية رسختها القيادة الحكيمة، بأولوية حماية السيادة مع الانفتاح على التفاوض والحوار لحل أي نزاع.

دبلوماسية موثوقة

تجسدت نجاحات الدبلوماسية القطرية الموثوقة في عدد من الملفات أبرزها على سبيل المثال لا الحصر، تعزيز موقف قطر خلال الأزمة الخليجية عام ٢٠١٧، وكسب تأييد الأمم المتحدة وقيادات العالم لمصداقية الشيخ تميم ولغته العقلانية المنفتحة، ودعوته المتحضرة لحل الخلاف عبر الحوار ووفق التزامات مشتركة، وهو ما تم التوصل إليه بالفعل بتوقيع اتفاق العلا بالسعودية يوم ٥ يناير عام ٢٠٢١.

كما تم في عهده توقيع اتفاق سلام تاريخي بالدوحة بوساطة قطرية، بين الولايات المتحدة الأمريكية وحركة طالبان الأفغانية في فبراير ٢٠٢٠، لإنهاء عقود من الحروب بين الطرفين. وأيضًا استضافة وتسهيل حوار غير مسبوق بين الحكومة الأفغانية وطالبان بالدوحة لأول مرة بعد نحو ١٩ عامًا من الاقتتال بينهما، بهدف إيجاد حل سياسي للصراع الأفغاني على السلطة، سبتمبر ٢٠٢٠.

و مؤخرًا نجحت الوساطة القطرية في رأب الصدع بين كينيا والصومال وعودة العلاقات بين الدولتين الجارتين في مايو ٢٠٢١، وسبق ذلك تنفيذ وثيقة الدوحة لسلام دارفور وزيارة سموه التاريخية للإقليم عام ٢٠١٦، وإطلاق سراح أسرى جيبوتيين في إريتريا بعد وساطة قطرية في العام نفسه. وتدشين جائزة الشيخ تميم بن حمد آل ثاني الدولية للتميز في مكافحة الفساد، بالتعاون مع منظمة الأمم المتحدة، أكتوبر ٢٠١٥، وتوقيع اتفاق سلام قبائل التبّو والطوارق الليبية، بالدوحة، نوفمبر من العام نفسه.

كما يبرز دعم دائم لا ينقطع للحق الفلسطيني سياسيًّا وتنمويًّا وإنسانيًّا وبما يتفق مع قرارات الشرعية الدولية، ولا تكفي موسوعات لحصر الدعم القطري للأشقاء في فلسطين - وهو واجب وحق لهم علينا - فلا ننسَى دورهم الكبير في مسيرة بلادنا في قطاعات حيوية كالتعليم والصحة وغيرهما.

المُناخ وكوفيد ١٩

وأيضًا حرص الشيخ تميم على دعم جهود العالم لمواجهة ظاهرة تغيّر المُناخ من منطلق الشراكة والمسؤولية الإنسانية بتبرع قطر بـ ١٠٠ مليون دولار، لدعم الدول الجزرية الصغيرة النامية والبلدان الأقل نموًا، للتعامل مع مخاطر المناخ عام ٢٠١٩. وأيضًا دعم جهود مكافحة فيروس كورونا (كوفيد ١٩) الفتاك الذي أودى بحياة ملايين البشر بإرسال مساعدات طبية شملت أكثر من ٨٠ دولة حول العالم، إلى جانب دعم منظمة الصحة العالميَّة والتحالف العالمي للقاحات «جافي» لمواجهة الجائحة عام ٢٠٢٠، فعزز حضور قطر ودورها لخير الإنسانية جمعاء.

الشيخ عبد الله بن ناصر بن خليفة آل ثاني
رئيس أول حكومة في عهد الشيخ تميم

الشيخ خالد بن خليفة بن عبد العزيز آل ثاني،
رئيس مجلس الوزراء وزير الداخلية منذ يناير ٢٠٢٠
شغل منصب رئيس الديوان الأميري عام ٢٠١٤ وقبلها مديرًا لمكتب سمو الأمير منذ توليه الحكم

الشيخ محمد بن عبد الرحمن آل ثاني
نائب رئيس مجلس الوزراء
وزير الخارجية

الدكتور خالد بن محمد العطية
نائب رئيس مجاس الوزراء
وزير الدولة لشؤون الدفاع

د. محمد عبد الواحد الحمادي
وزير التعليم والتعليم العالي

د. حنان محمد الكواري
وزيرة الصحة العامة

د. غيث بن مبارك الكواري
وزير الأوقاف والشؤون الإسلامية

يوسف بن محمد العثمان فخرو
وزير التنمية الإدارية والعمل والشؤون الاجتماعية

علي بن أحمد الكواري
وزير التجارة والصناعة والقائم بأعمال وزير المالية

جاسم بن سيف السليطي
وزير المواصلات والاتصالات

عبد الله بن عبد العزيز بن تركي السبيعي
وزير البلدية والبيئة والقائم بأعمال وزير الدولة لشؤون مجلس الوزراء

صلاح بن غانم العلي
وزير الثقافة والرياضة

د.عيسى بن سعد الجفالي النعيمي
وزير العدل وزير الدولة لشؤون مجلس الوزراء (السابق)
و تم تعيينه نائبًا عامًا في يونيو ٢٠٢١

سعد بن شريده الكعبي
وزير الدولة لشؤون الطاقة

وزراء قطر ممن لعبوا دورًا فارقًا بتوجيهات قيادتنا الرشيدة في اجتياز أزمة الحصار ومواصلة مسيرة النهضة والبناء

سعادة السيد علي بن أحمد الكواري	سعادة السيد جاسم بن سيف بن أحمد السليطي	سعادة السيد صلاح بن غانم العلي	سعادة السيد عبدالله بن عبدالعزيز بن تركي السبيعي	سعادة السيد غانم بن شاهين بن غانم الغانم

بتعيينه وزيراً للمالية	بتعيينه وزيراً للمواصلات	بتعيينه وزيراً للرياضة والشباب	بتعيينه وزيراً للبلدية	بتعيينه وزيراً للأوقاف والشؤون الإسلامية

سعادة الشيخ محمد بن حمد بن قاسم العبدالله آل ثاني	سعادة السيدة بثينة بنت علي الجبر النعيمي	سعادة الشيخ عبدالرحمن بن حمد بن جاسم بن حمد آل ثاني	سعادة الشيخ الدكتور فالح بن ناصر بن أحمد بن علي آل ثاني	سعادة الدكتور علي بن سعيد بن صميخ المري

بتعيينه وزيراً للتجارة والصناعة	بتعيينها وزيراً للتربية والتعليم والتعليم العالي	بتعيينه وزيراً للثقافة	بتعيينه وزيراً للبيئة والتغير المناخي	بتعيينه وزيراً للعمل

سعادة السيد محمد بن علي بن محمد المناعي	سعادة السيدة مريم بنت علي بن ناصر المسند	سعادة السيد محمد بن عبدالله بن محمد اليوسف السليطي

بتعيينه وزيراً للاتصالات وتكنولوجيا المعلومات	بتعيينها وزيراً للتنمية الاجتماعية والأسرة	بتعيينه وزيراً للدولة لشؤون مجلس الوزراء ، عضواً بمجلس الوزراء

وزراء قطر ممن شملهم أحدث تعديل لتشكيل مجلس الوزراء - أكتوبر ٢٠٢١

الشيخ بندر بن محمد بن سعود آل ثاني
محافظا لمصرف البنك المركزي

عبد العزيز بن محمد بن أحمد العمادي
رئيسا لديوان المحاسبة

فهد بن حمد بن سعود العبدالرحمن ال ثاني
نائبا لرئيس ديوان المحاسبة

صدرت قرارات اميرية خلال طباعة هذا الكتاب بتعيين كوادر قطرية واعدة من ذوي الكفاءات لتولي مناصب قيادية تجدد دماء مؤسسات الدولة لتؤكد أن بلادنا دائما عامرة بأبنائها وشبابها المؤهلين في كافة الأوقات والظروف من أجل خدمة الوطن وأهل قطر

قطريات مُلهمات

تزخر بلادنا بالنساء المُلهمات والمؤثرات في شتى نواحي الحياة، بعد أن أضاء لهن الطريق سمو الأمير الوالد الشيخ حمد بن خليفة آل ثاني إلى أرقى الجامعات والبعثات، وفتح أمامهن نوافذ الثقافة المستنيرة وأرسى ركائز الرعاية الصحية عالمية المستوى، فيما أعطت - ولا تزال - حرمه صاحبة السمو الشيخة موزا بنت ناصر النموذج والقدوة لكافة النساء والفتيات في قطر وخارجها.

وأخذا معًا بيد الفتاة والمرأة القطرية لتعبر إلى واحات العلم والحداثة، والانفتاح على العالم دون تفريط في قيم وتقاليد مجتمعنا الأصيل، فحققا معًا المعادلة الصعبة بجمع المعاصرة والأصالة في شخصية المرأة القطرية، عصب الحياة وصانعة الرجال.

وقامت الشيخة موزا بدور مؤثر ليس فقط في زيادة إقبال الفتيات على نيل أعلى درجات العلم والدراسة بل وخوضهن سوق العمل بكفاءة واقتدار، فقد جلست سموها على مقاعد الدراسة وحصلت على درجة الماجستير في السياسة العامة في جامعة حمد بن خليفة عام ٢٠١٥. وكان لذلك بالغ الأثر في زيادة أعداد الفتيات بالدراسات العليا بمختلف الجامعات.

ولا يزال نهر العطاء يتدفق في بلادنا بروافد من خيرة النساء المُلهمات البارزات، ممن يتمسكن بتقاليدنا الضاربة بجذورها في عمق الأرض، فيما يشق طموحهن عنان السماء، وهو ما رأيناه في حفل خريجي جامعة قطر عام ٢٠٢١ حين برزت سمو الشيخة جواهر بنت حمد بن سحيم آل ثاني، حرم سمو الأمير الشيخ تميم بحصولها على درجة الماجستير في نفس الدفعة.

الشيخة جواهر بنت حمد بن سحيم آل ثاني

وأحدثت كلماتها العفوية خلال الحفل، سيلًا من المشاعر الفياضة لما جسدته من معانٍ صادقة تعكس أصالة المرأة القطرية واعتزازها بأسرتها وعائلتها، وقيم وأخلاق مجتمعها.

وقالت سموها بعد تأكيدها أهمية الاستثمار في التعليم والبحث العلمي "اسمحوا لي أن أخرج عن النص.. سموّه له الفضل عليّ بعد الله في حياتي العلمية والعملية، وكزوجة وأمْ.. شُكرًا تميم بن حمد" وعند نزولها من على منصة التخرج ذهبت إلى والدها الشيخ حمد بن سحيم آل ثاني، وقبلت يده في موقف نبيل تقشعر له الأبدان.

ونالت كلمات ومواقف الشيخة جواهر اهتمامًا كبيرًا وتفاعلًا واسعًا بين الناس، وعلى مواقع التواصل الاجتماعي مع تقدير كبير ليس فقط لطموحها الذي يعانق السحاب، بل أيضًا لحفاظها على أصالة المرأة القطرية.

ولك أن تتخيل مشاعر بناتنا الصغار حين يفتحن عيونهن على مثل هذه الأيقونات السامية، وتأثيرهن في حياة الفتيات - والنساء ككل - بترسيخ قيمة العلم والعمل، فالقدوة خير دافع للإنسان للارتقاء بالذات، وعامل تحول فعّال في مصير الأمم.

كما يتجلى دور المرأة في مسيرة بلادنا على الساحة الدولية مع مندوبة قطر الدائمة لدى الأمم المتحدة الشيخة علياء بنت أحمد آل ثاني، والسيدة لولوة بنت راشد الخاطر، أول متحدثة لخارجية بلادنا، وأثبتتا معًا وغيرهما كثيرات في الداخل والخارج ممن يصعب حصرهن، أن قطر غنية برجالها ونسائها على حد سواء.

وتطول قائمة النماذج النسائية الملهمة في قطر، فبعد تطور مجتمعنا والحياة التي كانت تعتمد بشكل أساسي على الرجال، وصلنا

إلى خوض ٢٨ امرأة لانتخابات أول مجلس شورى منتخب في قطر في الثاني من أكتوبر عام ٢٠٢١، في دليل دامغ على مستوى التعليم والوعي بين النساء في بلادنا، فرغم أعبائهن الكثيرة في رعاية الأسرة والأبناء، استطعن شق طريقهن بالعلم والثقافة وطرح أفكارهن برقيّ وتحضر، في نقلة نوعية جديدة تضاف لرصيد التقدم والتطور الذي تشهده قطر على مر العصور، فيما تواصل أخريات العمل في مختلف التخصصات ويتبوأن مناصب قيادية، فالمرأة القطرية أصبحت وزيرة وطبيبة وقاضية ومعلمة وكاتبة وأديبة ومشاركة بفعالية في الحياة العامة وتدعمها قيادة رشيدة ورؤية وطنية تؤمن أن مستقبل المرأة هو الآن وليس غدًا أو بعد غد.

الشيخة علياء بنت أحمد آل ثاني
مندوبة قطر الدائمة لدى الأمم المتحدة

لولوة بنت راشد الخاطر
أول متحدثة باسم وزارة الخارجية

بثينة بنت علي الجبر النعيمي
وزيرَة التربية والتعليم والتعليم العالي - أكتوبر ٢٠٢١

مريم بنت علي بن ناصر المسند
وزيرة التنمية الاجتماعية والأسرة - اكتوبر ٢٠٢١

الشيخة موزة بنت ناصر
سفيرتنا لدى مملكة السويد

فوزية بنت إدريس السليطي
سفيرتنا لدى إندونيسيا ورابطة الآسيان

الشيخة مها بنت منصور آل ثاني
أول قاضية قطرية

صباح الهيدوس
الرئيس التنفيذي السابق لمؤسسة صلتك

فوزية عبدالعزيز الخاطر
وكيل الوزارة المساعد للشؤون التعليمية

دانه الفردان
المؤلفة السمفونية العالمية والسفيرة
الثقافية لاوركسترا قطر الفلهارموني

مرشحات أول مجلس شورى منتخب في قطر

يتشكل مجلس الشورى من ٤٥ عضوًا، بينهم ٣٠ عضوًا بالانتخاب الحر المباشر و ١٥ عضوًا بالتعيين

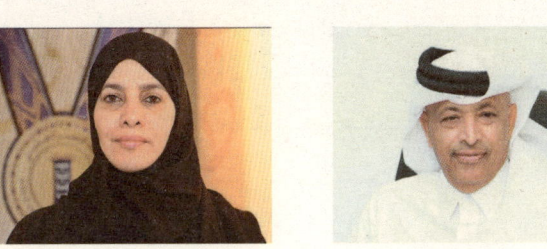

حسن بن عبدالله الغانم
رئيس مجلس الشورى

د. حمدة بنت حسن السليطي
نائبة رئيس المجلس

د. أحمد ناصر الفضالة
أمين عام المجلس

يوسف بن أحمد
بن علي بن
عمران الكواري

سعد بن أحمد بن
محمد الإبراهيم
المهندي

بادي بن علي
بن محمد البادي

محمد بن فهد
بن محمد المسلم

محمد بن مهدي
بن عجيان الاحبابي

شيخة بنت يوسف
الجفيري

أحمد بن إبراهيم
بن راشد المالكي

سعود بن جاسم
بن محمد البوعينين

سعد بن أحمد
بن عبدالله المسند

محمد بن منصور
بن خليل آل خليل
الشهواني

حمدة بنت حسن بن
عبدالرحمن ابوظاعن
السليطي

أحمد بن سلطان
بن محمد بن صباح
العسيري

عبدالله بن جابر
بن محمد لبده

عبدالله بن ناصر
بن تركي السبيعي

عمير بن عبدالله
بن خالد الجبر النعيمي

أعضاء مجلس الشورى المعيّنون

مؤشرات مهمة

حققت بلادنا تحت قيادة الشيخ تميم أعلى المؤشرات والتصنيفات فهي الأولى عالميًّا في تدفق رؤوس الأموال، والمجال السياسي والتشريعي، ونصيب الفرد من الناتج الإجمالي، ومعدل تدني البطالة. كما حافظت على مكانتها باعتبارها الدولة الأكثر أمانًا في العالم والأقل في معدل الجريمة. وصنفت أنها الأولى عربيًّا في تقرير جودة التعليم العالي، والشؤون الإنسانية، ومؤشر السلام، ودليل التنمية البشرية.

وصية المؤسس حاضرة

ظلت قطر مخلصة لوصية المؤسس تجاه العمل الخيري والإنساني في عهد الشيخ تميم، وبرزت بلادنا طاقة خير للعالم بمساعدات إنسانية وإغاثية للعديد من الشعوب، التي تواجه أزمات اقتصادية وكوارث طبيعية. وعلى سبيل المثال، تصدرت قطر المرتبة الأولى عربيًّا والسابعة عالميًّا في قائمة الدول المانحة لمنظمات الأمم المتحدة الإنسانية، وفق تصنيف مكتب الأمم المتحدة لتنسيق الشؤون الإنسانية «الأوتشا" عام ٢٠١٧، وهذا غيض من فيض أيادي قطر البيضاء، حيث تحتاج جهودها الإنسانية في عهد الشيخ تميم سواء على المستوى الحكومي أو الخيري القائم على تبرعات أهل قطر المحبين لأعمال الخير منذ عهد المؤسس، إلى موسوعة كاملة لتعدد المستفيدين منها في شتى بقاع الأرض.

كما أبهرت قطر العالم بنجاح مبادرتها غير المسبوقة عبر برنامج «علم طفلًا»، برعاية صاحبة السمو الشيخة موزا بنت ناصر، رئيس مجلس إدارة مؤسسة قطر للتربية والعلوم وتنمية المجتمع، ومؤسسة التعليم فوق الجميع، حين أعلنت في عام ٢٠١٨، عن بلوغ هدفها بإعادة إلحاق ١٠ ملايين طفل بالمدارس حول العالم.

أول خطاب يلقيه سمو الشيخ تميم أمام الجمعية العامة للأمم المتحدة، بعد توليه مقاليد الحكم، نيويورك- سبتمبر ٢٠١٣

الشيخ تميم يرحب بالسيد بان كي مون، الأمين العام للأمم المتحدة خلال مؤتمر الأمم المتحدة الـ١٣ لمنع الجريمة والعدالة الجنائية، الدوحة- أبريل ٢٠١٥

سمو الأمير وقادة الخليج يكرمون أمير الكويت الشيخ صباح الأحمد الصباح، رحمه الله، بمناسبة منح منظمة الأمم المتحدة لسموه لقب قائد إنساني- القمة الخليجية ٣٥ بالدوحة - ديسمبر ٢٠١٤

ويستقبل سمو أمير الكويت الراحل الشيخ صباح الأحمد الصباح- يونيو ٢٠١٧

وخادم الحرمين الشريفين الملك سلمان بن عبد العزيز- ديسمبر ٢٠١٦

زيارة أخوية إلى عُمان بعد تولي سموه الحكم، ويستقبله جلالة السلطان الراحل قابوس بن سعيد- أكتوبر ٢٠١٣

زيارة أخوية إلى الإمارات ويستقبله الشيخ خليفة بن زايد، حاكم الإمارات- أكتوبر ٢٠١٣

استقبال ملك المغرب محمد السادس- أبريل ٢٠١٦

ورئيس الوزراء الهندي ناريندا مودي- يونيو ٢٠١٦

استقبال رئيس وزراء باكستان عمران خان- يناير ٢٠١٧

والرئيس التركي رجب طيب أردوغان- يوليو ٢٠١٧

استقبال الرئيس الفرنسي إيمانويل ماكرون- ديسمبر ٢٠١٧

والرئيس العراقي برهم صالح- يناير ٢٠١٩

مع الرئيس الأمريكي باراك أوباما- فبراير ٢٠١٥ والرئيس الأمريكي دونالد ترامب- أبريل ٢٠١٨

سمو الأمير مع الرئيس الأمريكي جو بايدن، نائب الرئيس آنذاك- فبراير ٢٠١٥

مع رئيس الوزراء البريطاني ديفيد كاميرون لندن، أكتوبر ٢٠١٤

وتيريزا ماي رئيسة الوزراء البريطانية- لندن، سبتمبر ٢٠١٦

زيارة عمل إلى بريطانيا ولقاء مع رئيس الوزراء بوريس جونسون- سبتمبر ٢٠١٩

زيارة رسمية إلى فرنسا ولقاء الرئيس السابق
فرانسوا أولاند- يونيو ٢٠١٤

ومراسم استقبال رسمية في قصر الشعب
ببكين- نوفمبر ٢٠١٤

ولقاء مع جلالة إمبراطور اليابان أكيهيتو، في
القصر الإمبراطوري بطوكيو- فبراير ٢٠١٥

سمو الأمير يلتقي الرئيس الإيطالي سيرجيو
متاريلا- يناير ٢٠١٦

مع دولة د. أنجيلا ميركل المستشارة الألمانية
بمقر المستشارية خلال زيارة عمل إلى
ألمانيا- سبتمبر ٢٠١٧

مباحثات مع الرئيس الروسي فلاديمير بوتين
بقصر الكرملين- مارس ٢٠١٨

حفل استكمال إنفاذ وثيقة الدوحة لسلام دارفور بوساطة ورعاية قطرية – دارفور، سبتمبر ٢٠١٦

اتفاق تاريخي بوساطة قطرية لسلام أفغانستان وإنهاء عقود من الحرب والاقتتال بين الولايات المتحدة وطالبان. الدوحة - فبراير ٢٠٢٠

جائزة الشيخ تميم بن حمد آل ثاني الدولية للتميز في مكافحة الفساد، كوالالمبور، ديسمبر ٢٠١٨، جائزة سنوية بدأت عام ٢٠١٤.

الشيخ تميم يعلن عن دعم قطر للدول التي تواجه مخاطر مناخية - الأمم المتحدة، نيويورك، سبتمبر ٢٠١٩

مناعة الاقتصاد

رغم محاولات دول الحصار ضرب العملة القطرية في الأسواق العالميَّة، أثبت اقتصادنا قوته ومناعته[1]. وحلَّت دولة قطر تحت قيادة الشيخ تميم في المرتبة الأولى عالميًّا في مؤشر الدول المحققة للنمو الاقتصادي خلال ٢٠ عامًا مضت بحسب إحصائيات عام ٢٠١٨.

وحققنا نموًا بنسبة ٣٪ في عام ٢٠١٩، وبنسبة ٢,٨٪ في عام ٢٠١٨، وتجاوزنا توقعات صندوق النقد الدولي، الذي قال بتقرير نشره في نوفمبر ٢٠١٩، إن اقتصاد قطر سينمو بنسبة ٢,٤٪، وسط توسعات غير مسبوقة في البوابات الرئيسية للدولة ونوافذها على العالم المتمثلة في ميناء ومطار حمد الدوليين. كما تم افتتاح أكثر من ٨٠٠ شركة قطرية في مجالات مختلفة.

ريادة الطاقة

عززت قطر مكانتها على عرش الطاقة وريادتها لقطاع الغاز، بالإعلان عن زيادة طاقتها الإنتاجية من الغاز الطبيعي المسال من ٧٧ مليون طن إلى ١١٠ ملايين طن بحلول عام ٢٠٢٥ ، وزيادتها إلى ١٢٦ مليون طن سنويًّا بحلول عام ٢٠٢٧، بنسبة زيادة تبلغ ٦٤٪. وتعد قطر للبترول حاليًّا أكبر مُنتج للغاز الطبيعي المسال في العالم.

كما تم التعاقد على بناء ١٠٠ ناقلة للغاز الطبيعي المسال عام ٢٠٢٠. والاتفاق على بناء أكبر مجمع للبتروكيماويات في الولايات المتحدة، يوليو ٢٠١٩.

---

(١) رويترز، قطر تقاضي بنوك لوكسمبورج والإمارات والسعودية في قضية التلاعب في العملات الأجنبية، متاح على: https://www.reuters.com/article/us-qatar-currency-idUSKCN1RK1FJ

وكعادتها مع النمو السريع والطموحات الكبيرة، كانت بلادنا على موعد مع طفرة جديدة في قطاع الطاقة، بالانطلاق إلى خارج الحدود، والمشاركة لأول مرة في عمليات التنقيب عن النفط والغاز في دول أخرى منها الولايات المتحدة الأمريكية والمكسيك والأرجنتين وجنوب إفريقيا وغيرها، في استراتيجية جديدة لتنويع مصادر الدخل والاستثمار.

ومن الأحداث البارزة في تلك الفترة، قرار قطر بالخروج من منظمة الدول المصدرة للنفط «أوبك» بداية عام ٢٠١٩، والتركيز على تميّزها في صناعة الغاز الطبيعي المسال وتصديره.

كما تم دمج شركتي راس غاز وقطر غاز وبدء أعمال شركة قطر غاز الجديدة، لتصبح من كبرى شركات الغاز في العالم، وهي الشركة الوحيدة لتصدير الغاز القطري في ديسمبر ٢٠١٦، ونتج عن هذا القرار توفير حوالي ٢ مليار ريال من التكلفة التشغيلية. وتم أيضًا تدشين أعمال "شركة نفط الشمال"، لإدارة وتطوير حقل الشاهين البحري.

ولأول مرة في بلادنا ولمواكبة التوجه العالمي نحو الطاقة المتجددة، تم إطلاق مشروع "محطة الخرسعة للطاقة الشمسية" لإنتاج الكهرباء بتقنية الخلايا الكهروضوئية، بطاقة تبلغ حوالي ٨٠٠ ميغاواط وهو ما يقارب ١٠٪ من ذروة الطلب على الكهرباء في قطر.

مشروعات عملاقة

شهد عهد الشيخ تميم إنجاز عدة مشروعات عملاقة للبنية التحتية والمواصلات والاتصالات ومنها على سبيل المثال لا الحصر افتتاح مطار حمد الدولي عام ٢٠١٤، والذي حاز على جائزة أفضل مطار في العالم عام ٢٠٢١[١] وإنجاز مشروع ميناء حمد البحري عام ٢٠١٧، ومترو الدوحة (الريل). وتوسعات في البنية التحتية وشبكات طرق سريعة متطورة وانسيابية. كما تم تدشين مشروع الخزانات الاستراتيجية الكبرى لتأمين المياه ديسمبر ٢٠١٨، فضلًا عن دعم المنتجات الوطنية، وغيرها من المشروعات الحيوية التي يصعب حصرها.

ومن بعد هاتف منزلنا ذي الرقمين في خمسينيَّات القرن الماضي، أطلقنا أول قمر صناعي قطري إلى الفضاء «سهيل ١» في أغسطس ٢٠١٣، ثم سهيل ٢ عام ٢٠١٨م لخدمات البث والاتصالات، وسبقها إطلاق خدمة الإنترنت في قطر عام ١٩٩٦، وإنشاء شركة للاتصالات أدرجت باسم"كيوتل" في بورصة لندن عام ١٩٩٩ قبل أن تتوسع باستثمارات عالميَّة وملايين العملاء في الداخل والخارج باسم "أوريدو" حاليًّا، وأيضًا تأسيس الشركة القطرية للأقمار الصناعية عام ٢٠١٠.

(١) موقع فوج، "مطار حمد الدولي أفضل مطار في العالم"، تاريخ النشر ١٠ اغسطس ٢٠٢١، متاح على https://www.vogue.com/article/hamad-international-airport-doha-qatar-best-airport-in-the-world

افتتاح مطار حمد الدولي، مايو ٢٠١٤، بطاقة استيعابية لأكثر من ٣٠ مليون مسافر سنويًّا، ومع إكمال عملية التوسعة سيتمكن من استيعاب أكثر من ٥٠ مليون مسافر سنويًّا

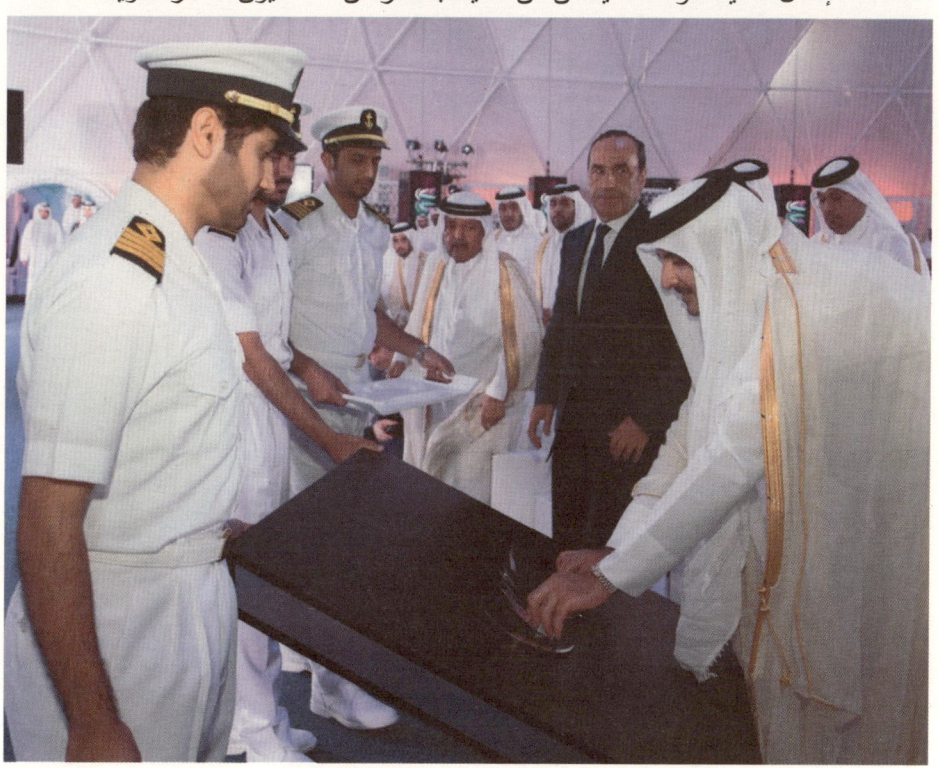

افتتاح ميناء حمد، سبتمبر ٢٠١٧، للتعامل مع نحو ٧,٨ مليون طن من المنتجات سنويًّا

تدشين مصفاة لفان لتكرير ١٤٦ ألف برميل من المكثفات يوميًا من إنتاج حقل الشمال، أكبر حقل لاحتياطي الغاز الطبيعي غير المصاحب للنفط في العالم، ٢ فبراير ٢٠١٧

افتتاح محطة أم الحول للطاقة، تؤمن وحدها ٣٠٪ من احتياجات الدولة بالكامل من الكهرباء و٤٠ ٪ من احتياجاتها من المياه - مارس ٢٠١٩

تدشين مشروع الخزانات الاستراتيجية الكبرى لتأمين المياه - ديسمبر ٢٠١٨

افتتاح معرض صنع في قطر لدعم المنتجات الوطنية - ديسمبر ٢٠١٧

مترو الدوحة ساهم في تغيير نمط حياة البعض في مدينة لم تتعود على ثقافة النقل الجماعي، وشهد إقبال شرائح واسعة منذ أيام تشغيله الأولى في مايو ٢٠١٩

أول جسر معلق في قطر (في الإطار) على محور صباح الأحمد، نموذج لطفرة البنية التحتية منذ فوزنا باستضافة مونديال ٢٠٢٢، حيث تم تخصيص ٢٠٠ مليار دولار للبنى التحتية من طرق وملاعب ووسائل نقل وغيرها.

نافذة جديدة

يقولون إن المهارة هي أن تصيب هدفًا لا يمكن لأحد أن يصيبه، أما العبقرية فهي أن تصيب هدفًا لا يمكن لأحد أن يراه[1]، ففي ديسمبر ٢٠١٨، فتح الشيخ تميم نافذة جديدة لتنويع اقتصاد بلادنا واستثمار قدراتها الكامنة، من شواطئ وصحارى وفنادق ومنتجعات وضيافة ومعالم تراثية فريدة، بإنشاء مجلس وطني للسياحة بهدف الترويج لقطر كوجهة سياحية عالميَّة.

وعلى قدم وساق، دارت عجلة العمل لتطوير مناطق على ساحل قطر الممتد لنحو ٥٦٣ كم، مثل سيلين وخور العديد وغيرهما، حيث الشواطئ الخلابة، والرياضات المائية والصحراوية التي تستهوي الكثيرين، والتخييم الشتوي على ساحل البحر وبين ضفاف كثبان رملية عجيبة التكوين، شكلتها قدرة الخالق في لوحة فنية عفوية فريدة يصعب وصفها، فيما يفضل آخرون خوض رحلات بحرية في السفن التراثية التي حملت اللؤلؤ إلى بومباي وباريس وأوروبا قديمًا في تجربة يصعب نسيانها.

وسريعًا ارتقت قطر إلى المرتبة الثامنة عالميًّا ضمن قائمة الدول الأكثر انفتاحًا أمام الزوار، بحسب منظمة السياحة العالميَّة التابعة للأمم المتحدة، وذلك بعد تطبيقها لإجراءات التأشيرة الميسرة، التي تعفي أكثر من ثلثي سكان العالم من أكثر من ٨٠ دولة من شرط الحصول على تأشيرة دخول مسبقة.

(١) آرثر شوبنهاور- فليسوف ألماني.

كما تَصدَّر قطاع الضيافة القطري ترتيب قطاعات الضيافة في منطقة الشرق الأوسط، وتم إدراج قطر ضمن الوجهات السياحية التي تزورها البواخر والسفن العملاقة مع خطط لتجربة سياحية فريدة بتوفير خيارات الإقامة بفنادق عائمة لزوار قطر خلال بطولة كأس العالم ٢٠٢٢.

وجذبت حركة التطوير آلاف السياح في فترة وجيزة، ومنها سياحة المهرجانات والمعارض والمؤتمرات، والفعاليات الكبرى، بمشاركة علامات تجارية عالميَّة مثل معرض الدوحة للمجوهرات والساعات، ومعرض قطر للسيارات، ومهرجان قطر للتسوق، إضافة إلى حزمة من الفعاليات الترفيهية التي حققت إقبالًا فريدًا، صارت بعده بلادنا وجهة جذابة ورائدة في تقديم تجارب سياحية مميزة وكأننا نرى قطر مثلما لم نرَها من قبل.

منتجع شاطئ سلوى أحدث الوجهات السياحية الترفيهية في قطر - يوليو ٢٠٢٠

باخرة سياحية عملاقة في ميناء الدوحة بموسم السياحة البحرية ٢٠١٨/٢٠١٧، ضمن عدة بواخر أخرى تعكس نمو هذا القطاع حيث تضاعف عدد الركاب الذين وصلوا إلى قطر بنسبة ١٠٠٠٪ عن الموسم الذي سبقه.

خور العديد جنوب الدوحة، مناظر خلابة بلقاء الكثبان الرملية مع مياه البحر

الطيران المظلي على شاطئ سيلين

الانفتاح الكبير

لـم يمـض وقـت طويـل حتـى بدأنـا الانفتـاح الاقتصـادي الكبيـر الـذي استشـرفه الشـيخ تميم فـي رؤيتـه حيـن قـال: إن المرحلـة المقبلـة للتنميـة تتطلـب سياسـة اقتصاديـة علـى نفس الدرجـة العاليـة مـن الانفتـاح، التـي تطلبتهـا المرحلـة السـابقة وربمـا بدرجـة أعلـى.

ولأول مـرة شـهدت قطـر حزمـة مـن تشـريعات نوعيـة جـددت دمـاء بيئـة الاقتصـاد والاسـتثمار، لتكـون أكثـر مرونـة وجاذبيـة وانفتاحًـا. ففـي ينايـر ٢٠١٩، تـم إصـدار قانـون تنظيـم اسـتثمار رأس المـال غيـر القطـري فـي النشـاط الاقتصـادي، الـذي يسـمح بتملـك الأجانـب للمشـروعات بنسـبة ١٠٠٪، فيمـا كان يُشترط سابقًا وجـود شـريك قطـري، فضـلًا عـن حوافـز الإعفـاءات الضريبيـة والجمركيـة وتخصيـص الأراضـي والسـماح بتحويـل عائـدات الاسـتثمار وبـأي عملـة.

كمـا تـم تنظيـم تملـك غيـر القطرييـن للعقـارات والانتفـاع بهـا، وإمكانيـة إعطائهـم الإقامـة الدائمـة وفـق ضوابـط محـددة، وأيضًـا تنشـيط المناطـق الحـرة بإزالـة الحواجـز أمـام رؤوس الأمـوال، لتحـل قطـر فـي المرتبـة الـ ١١ عالميًّا متفوقـة علـى ١٥١ دولـة فـي مؤشـر التشـريعات الاقتصاديـة الـذي يضـم ١٦٢ دولـة حـول العالـم.

ومـع اقتصـاد وطنـي قـوي ومسـتقر، وموقـع جغرافـي مميـز وبنيـة تحتيـة متطـورة رُصـد لهـا ٢٠٠ مليـار دولار منـذ فوزنـا باسـتضافة مونديـال ٢٠٢٢، ينتظـر المناطـق الحـرة فـي قطـر مسـتقبل اسـتثماريّ واعـد، خاصـة مـع قربهـا مـن مطـار وميـنـاء حمـد الدولييـن مـا يسـهل عمليـة تدفـق البضائـع مـن وإلـى الأسـواق المحليـة والعالميَّـة.

وفي مايو ٢٠٢٠، ورغم أزمتي الحصار والضبابية التي سببها وباء كورونا، أكدت وكالة «ستاندرد آند بورز» للتصنيف الائتماني، تصنيف قطر عند "-AA" وأبقت الوكالة على النظرة المستقبلية لدولة قطر عند "مستقرة"، مشيرة إلى أن مستويات الدخل في قطر لا تزال من أعلى الدول.[١]

وسبقت هذه التشريعات، خطوات وإصلاحات لا تقل عنها أهمية لزيادة جاذبية قطر الاستثمارية وتطوير سوق العمل بإلغاء نظام الكفالة، وتعزيز حرية التنقل بين الوظائف والأعمال للوافدين بدءًا من ديسمبر ٢٠٢٠، مع وضع نظم متطورة لعقود العمل وحماية الأجور وغيرها من الإصلاحات والتشريعات التي صار معها المناخ الاستثماري في قطر ضمن الأفضل في العالم.

---

(١) رويترز، ستاندرد آند بورز تؤكد تصنيف قطر عند '-AA' والنظرة المستقبلية عند 'مستقرة'، مايو ٢٠٢٠ ومتاح على: https://www.reuters.com/article/us-qatar-ratings-s-p-idUSKBN22K2TK

ميناء حمد نافذة قطرية عملاقة على طرق التجارة الدولية تم افتتاحه عام ٢٠١٧

هيئة المناطق الحرة تم إنشاؤها عام ٢٠١٨ للإشراف على تطوير مناطق حرة ذات مستوى عالمي وتوفير فرص استثمارية وحوافز مميزة للمستثمرين.

درع الأمن

يبرز اهتمام قطر في عهد الشيخ تميم بتعزيز القدرات الأمنية والدفاعية للدولة عبر تطوير الكادر البشري كدرع أساسي لحفظ الأمن والأمان المعهود عن بلادنا. وتم تخريج الدفعة الأولى من الكلية الجوية يناير ٢٠١٤، والخدمة الوطنية يونيو ٢٠١٤ والدفعة الأولى من كلية الشرطة يناير ٢٠١٩.

وحافظت قطر على تصدرها الدول الأكثر أمانًا عام ٢٠٢٠، فيما تم توقيع اتفاقيات شراكات دفاعية استراتيجية مع كبرى جيوش العالم مثل الولايات المتحدة الأمريكية وبريطانيا وفرنسا وإيطاليا وتركيا وغيرها، فضلًا عن تعزيز قدرات قواتنا بأحدث طائرات الرافال الفرنسية والتايفون الأوروبية لتأمين الأجواء القطرية، وأيضًا تعزيز قدرات القوات البحرية بزوارق تركية وغواصات إيطالية، وغيرها من الإنجازات التي يطول سردها.

الشيخ تميم مع مرشحي الدفعة الأولى للكلية الجوية- يناير ٢٠١٤

حفل تخريج الدفعة الأولى من مرشحي كلية الشرطة- يناير ٢٠١٩

حفل تخريج دفعة من الخدمة الوطنية- يونيو ٢٠١٤

استقبال الفوج الأول من مقاتلات رافال وتسميتها «العاديات» تيمنًا بذكر اسم العاديات في القرآن الكريم، وتعني الخيل التي تجري في المعارك- يونيو ٢٠١٩

بناء الإنسان

بناء البشر لا الحجر، مقولة تجسدها مسيرة قطر في العصر الحديث، فلطالما شكلت الصحة والتعليم والثقافة ركائز أساسية لبناء الشخصية القطرية، فقيمة العمران والثروة والمؤسسات عالميَّة المستوى تزداد بقيمة الإنسان الذي يصون ويطور هذه النعم.

واهتم الشيخ تميم بتعزيز هذه الركائز، بتخصيص ميزانيات ضخمة لدعم بناء الإنسان في بلادنا، ففي موازنة عام ٢٠٢١ على سبيل المثال، خصصت قطر مبلغ ١٧.٤ مليار ريال (٤.٧ مليار دولار) لقطاع التعليم، ومبلغ ١٦.٥ مليار ريال (٤.٥ مليار دولار) لقطاع الصحة. وزادت أعداد المدارس والمنشآت التعليمية، كما زادت أعداد الخريجين في مختلف التخصصات في كبرى الجامعات الوطنية والدولية المرموقة، وإطلاق جامعة لوسيل أول جامعة وطنية خاصة في قطر عام ٢٠٢٠، مع اهتمام متزايد بالبحث العلمي والرقمنة والذكاء الاصطناعي لمواكبة التطور المتسارع في كافة نواحي الحياة.

وفي ديسمبر ٢٠١٧، افتتح الشيخ تميم، ثلاثة مستشفيات جديدة في مدينة حمد بن خليفة الطبية، وتشمل "مركز صحة المرأة والأبحاث"، و"مركز قطر لإعادة التأهيل"، و"مركز الرعاية الطبية اليومية" فيما يستمر التطوير في مؤسسة حمد الطبية المؤسسة الرائدة غير الربحية التي تُعنى بتقديم الرعاية الصحية في قطر. وتأسست في عام ١٩٧٩، وتدير خمسة مستشفيات متخصصة و٢٤ مركزًا للرعاية الصحية الأولية. وتوفر الرعاية الصحية الأشمل في دولة قطر، وتغطي جميع فروع الطب والصحة.

وعلى نهج الأوّلين، تواصل قطر تقديم الرعاية الصحية لكل من يعيش على أرضها من مواطنين ومقيمين بأعلى المستويات الطبية وبخدمات مجانية، وبعضها بأسعار رمزية تكاد لا تذكر من خلال بطاقة صحية تصدرها الحكومة.

قوى ناعمة

تؤمن قطر بقيمة الإعلام والثقافة في تشكيل وعي الإنسان والشعوب، كونهما قوة ناعمة لا يستهان بها، خاصة بالنسبة للدول صغيرة الجغرافيا والسكان.

وفي حدث استثنائي، في أكتوبر ٢٠١٧، تأهل مرشح قطر الدكتور حمد بن عبد العزيز الكواري، للجولة الأخيرة من الانتخابات على منصب مدير عام أهم وأكبر منظمة أممية للتربية والعلم والثقافة (يونسكو). ورغم تجاذبات الحصار وحملاته ضد قطر ومرشحها، إلا أنه تصدر السباق طيلة جولاته الأربع في شهادة دولية بمكانة قطر ومرشحها الدبلوماسي المثقف. وخرجت قطر مرفوعة الرأس بعد فوز المرشحة الفرنسية أودري أزولاي بفارق صوتين فقط. ونتج ذلك عن نظرة قاصرة للبعض ممن رأوا أن قيادة قطر للمنظمة الأممية تعني تعظيمًا لدورها، وتقزيمًا لأدوار هم على غير الحقيقة، لأننا نقدر الجميع ونحفظ للكل مكانته وتاريخه، وخاصة مصر التي لها مكانة مميزة في القلوب والعقول، وتظل درة التاج العربي للحضارة والثقافة والفنون. وضاعت فرصة ثمينة لشعوب منطقتنا بتولي أول عربي إدارة اليونسكو لتضاف إلى قائمة الفرص الضائعة للعرب على الساحة الدولية.

ولـم تتوقـف قطـر، وواصلـت نهجهـا فـي رعايـة الثقافـة بفعاليـات متنوعـة، بافتتـاح مكتبـة قطـر الوطنيـة أبريـل ٢٠١٨، ووضـع الشـيخ تميم الكتـاب رقـم مليـون علـى رفـوف هـذا الصـرح المميـز والمبهـر لـزواره. كمـا تـم افتتـاح المبنـى الجديـد لمتحـف قطـر الوطنـي فـي ديسـمبر عـام ٢٠١٩، ويتميـز بتصميمـه الرائـع علـى شـكل وردة الصحـراء أمـام شـاطئ الدوحـة، فيمـا تُخلّـد مقتنياتـه تاريخنـا علـى مـر العصـور لربـط الأجيـال الجديـدة بـإرث الأجـداد. كمـا عـززت بلادنـا مـن انفتاحهـا علـى العالـم وثقافتـه الأوسـع بإقامـة أعـوام للتبـادل الثقافـي والتعـارف بيـن الشـعوب شـرقًا وغربًـا مثـل الصيـن وألمانيـا وفرنسـا وآخرهـا مـع الولايـات المتحـدة الأمريكيـة عـام ٢٠٢١.

وفـي الإعلام اسـتمرت بلادنـا فـي كتابـة قصـص نجـاح مـع شـبكتي الجزيـرة وبـي إن سـبورت العالميتيـن. وأعلنـت فـي مايـو ٢٠١٩، عـن إطـلاق مدينـة إعلاميـة فـي مدينـة لوسـيل لجـذب أهـم وأقـوى الشـبكات الإعلاميـة العالميَّـة، وبالفعـل عقـدت شـراكة مهمـة مـع شـبكة يورونيـوز فـي فبرايـر ٢٠٢١، مـا يعـزز تسـليط الضـوء علـى قطـر واقتصادهـا واسـتثماراتها وجاذبيتهـا السـياحية مـع تنظيمهـا لمونديـال ٢٠٢٢. كمـا تـم تعزيـز الاهتمـام بصناعـة السـينما وجاذبيتهـا بالنسـبة للملاييـن حـول العالـم بتصويـر أفـلام عالميَّـة علـى أرضنـا.

حفل تخرج طلبة جامعات المدينة التعليمية التي تضم فروعًا لجامعات رائدة عالميًّا - دفعة ٢٠١٩

سمو الأمير يضع الكتاب رقم مليون[1] على رفوف مكتبة قطر الوطنية خلال افتتاحها - أبريل ٢٠١٨

(١) الكتاب رقم مليون على رفوف مكتبة قطر الوطنية هو نسخة نادرة من «صحيح البخاري»، تمّت كتابتها قبل ٨٤٣ عامًا.

سمو الأمير في صورة جماعية مع منسوبي مدينة حمد بن خليفة الطبية وافتتاح ٣ مستشفيات جديدة ديسمبر ٢٠١٧

زيارة مجمع البحوث بمؤسسة قطر

الشيخ تميم حريص على الاهتمام بالمواهب والأجيال الصاعدة خلال زيارته مهرجان أجيال السينمائي الخامس- ديسمبر ٢٠١٧

افتتاح المبنى الجديد لمتحف قطر الوطني الذي يروي قصة شعبنا ومسيرته عبر التاريخ، تم تصميمه على شكل وردة الصحراء الصخرية الظاهرة في الإطار - مارس ٢٠١٩

جامعة لوسيل أول جامعة وطنية خاصة في قطر ٢٠٢٠

مدينة لوسيل العصرية تضم تحفًا معمارية من الأبراج وناطحات السحاب

الاختبار الصعب

تجاوزنا اختبارًا صعبًا للحفاظ على ثقة العالم في قدرة بلادنا على تنظيم كبرى البطولات الرياضية، بإشراف مباشر من سمو الشيخ تميم أمير البلاد، خلال أزمتي الحصار عام ٢٠١٧ وجائحة كورونا العالميَّة عام ٢٠٢٠.

وهددت تلك الأزمات وتيرة العمل والبناء خاصة بالنسبة لملاعب كأس العالم ٢٠٢٢، علمًا بأن جميع تلك الملاعب تم بناؤها من الصفر عدا استاد خليفة الذي تم تجديده وإعلان جاهزيته لاستضافة البطولة في مايو ٢٠١٧. ولكن قطر كعادتها كانت على قدر المسؤولية، واستطعنا رغم الحصار، توفير مواد البناء من طرق تجارية بديلة مع إعادة تنظيم جدول العمل والإنشاءات وفق تدابير صحية للحفاظ على سلامة العمال من الوباء، وبمساهماتهم المقدرة من كافة الجنسيات، تم افتتاح ملاعب المونديال الواحد تلو الآخر وسط إحساس لا يوصف بالسعادة والفخر والاعتزاز بوطننا الحبيب الذي أثبت للعالم أنه إذا وعد، أوفى.

وعبر لجنة مميزة في أعمالها ورجالها - اللجنة العليا للمشاريع والإرث ١ - حرصت قطر على إهداء جماهير كرة القدم اللعبة الأكثر

---

(١) اللجنة العليا للمشاريع والإرث، هي اللجنة المسؤولة عن مشاريع بناء الملاعب والبنية التحتية ومرافق الإقامة ووسائل النقل المرتبطة بمونديال قطر ٢٠٢٢ فضلًا عن تعزيز إرث ما بعد البطولة من بنية تحتية وابتكارات وملاعب لأهل قطر والمنطقة والعالم، فمن المقرر التبرع بنحو ٥٠٪ من مقاعد بعض ملاعب المونديال لدول أخرى عقب البطولة لتطوير اللعبة حول العالم.

شعبية في العالم، بطولة استثنائية لا مثيل لها، بأجواء ممتعة، وملاعب مبهرة، وضيافة سخية، ومواصفات عالميَّة، وتقنية تبريد غير مسبوقة في استادات مفتوحة ضخمة، تجعل من حضور المباريات تجربة لا تُنسى، يحكون عنها لأبنائهم وأحفادهم، ويعتزون بأنهم يومًا ما كانوا هنا على أرض قطر، واستمتعوا معنا بهذه الأجواء المفعمة بالمحبة والحماس.

وبالتزامن مع تدشين ملاعب المونديال المبهرة، عمّت الفرحة بلادنا مع إنجاز رياضي تاريخي جديد بفوز منتخبنا الوطني لكرة القدم بكأس آسيا لأول مرة في تاريخه عام ٢٠١٩.

ورغم تلك الفترة العصيبة للحصار، أذهلت قطر الجميع بتنظيمها بطولة العالم لألعاب القوى عام ٢٠١٩، بمشاركة لاعبين من ٢١٣ دولة. وكانت هذه أول مرة تقام فيها البطولة في العالم العربي ومنطقة الشرق الأوسط ككل. ونالت قطر إشادة كبيرة بحسن تنظيمها، واحترافية إدارتها، وكرم استضافتها، فضلًا عن تقنيات التبريد عالية الجودة التي أدهشت الحضور داخل استاد خليفة الدولي.

وتوالت النجاحات باستضافة وتنظيم كأس العالم للأندية لكرة القدم مرتين عامي ٢٠١٩، ٢٠٢١، وبطولات عالميَّة دورية للتنس مثل بطولات قطر توتال وإكسون موبيل، وأيضًا تنظيمها بطولة كأس الخليج لكرة القدم (خليجي ٢٤) عام ٢٠١٩، حيث استقبلت الدوحة الفرق المشاركة من دول الحصار في تجسيد واضح لعدم خلط بلادنا بين اختلافات السياسة وروح الرياضة ورسالتها السامية لتعزيز المحبة والتواصل بين الشعوب.

ولم يكن النجاح وليد اللحظة، فقد اعتادت قطر منافسة الكبار ونجحت من قبل في تنظيم بطولة كأس العالم لكرة اليد عام ٢٠١٥ وفازت بالمركز الثاني أمام فرنسا، فيما أبى عام ٢٠٢٠ أن يغادر بلادنا دون إنجاز رياضي جديد بإعلان فوز الدوحة باستضافة دورة الألعاب الآسيوية (آسياد) لعام ٢٠٣٠ في اعتراف واضح بإمكانيات وكفاءة لجنتها الأوليمبية[1] وصارت قطر الأفضل عربيًا وخليجيًا في أولمبياد "طوكيو ٢٠٢٠" بعد الحصول على ميداليتين ذهبيتين للبطلين معتز برشم، وفارس إبراهيم ، وبرونزية الكرة الطائرة الشاطئية للاعبين شريف يونس و أحمد تيجان، وبعدها مباشرة برونزية رمي الجُلة للبطل عبد الرحمن عبدالقادر في بطولة الألعاب البارالمبية.

لقد تعرضنا لحروب نفسية عنيفة خلال الحصار، ولكنها باءت بالفشل. وكان هدفها تشويه صورتنا، وتقزيم دورنا، واغتيال طموحنا، والتشكيك في قدراتنا على استضافة الأحداث الكبرى، ولكن بحكمة الشيخ تميم وإشرافه المباشر على هذه الأمور، ووجود رجال مخلصين من حوله من المواطنين والمقيمين على حد سواء، تحقق النجاح وتعزز الإنجاز، ليس فقط لدولة قطر ولكن لكل شعوب المنطقة والعالم المُحبة للرياضة والسلام.

(١) تأسست اللجنة الأولمبية القطرية عام ١٩٧٩، وحققت نجاحات كبيرة بتنظيم دورة الألعاب الآسيوية عام ٢٠٠٦ والفوز باستضافة دورة ٢٠٣٠، فيما تتلخص رؤيتها أن نكون وطنًا رائدًا يجمع العالم من خلال الرياضة.

حفل الإعلان عن تصميم استاد لوسيل بحضور أنطونيو غوتيريس، الأمين العام للأمم المتحدة ولينين مورينو، رئيس الإكوادور، ووزير الخارجية الألماني السابق، زيغمار غابرييل - ديسمبر ٢٠١٨

افتتاح بطولة العالم لألعاب القوى- الدوحة ٢٠١٩

افتتاح بطولة كأس الخليج العربي ٢٤ - الدوحة ديسمبر ٢٠١٩

استقبال لاعبي منتخبنا الفائز ببطولة كأس آسيا لأول مرة عام ٢٠١٩

نهائي بطولة العالم لكرة اليد، وفوز قطر بالمركز الثاني أمام فرنسا- الدوحة ٢٠١٥

الشيخ تميم يشهد جانبًا من افتتاح بطولة قطر توتال المفتوحة للتنس للسيدات وسط إجراءات احترازية بارتداء الكمامات لكبح انتشار جائحة كوفيد-١٩ العالميَّة - الدوحة، مارس ٢٠٢١

سمو الأمير يعلن جاهزية أول استاد لاستضافة كأس العالم ٢٠٢٢
استاد خليفة الدولي - مايو ٢٠١٧

استاد خليفة الدولي أول الملاعب جاهزية لاستضافة المونديال

استاد لوسيل يستضيف المباراه النهائية ١٨ ديسمبر ٢٠٢٢ ويتسع لـ ٨٠ ألف متفرج وهو أكبر استادات المونديال من حيث الطاقة الاستيعابية

استاد البيت يستضيف المباراة الافتتاحية ٢١ نوفمبر ٢٠٢٢ في مدينة الخور تم تصميمه على شكل خيام وبيوت الشَعْر التراثية ويتسع لـ ٦٠ ألف متفرج

استاد الثمامة على شكل القحفية وهي قبعة تقليدية يرتديها الرجال في الوطن العربي

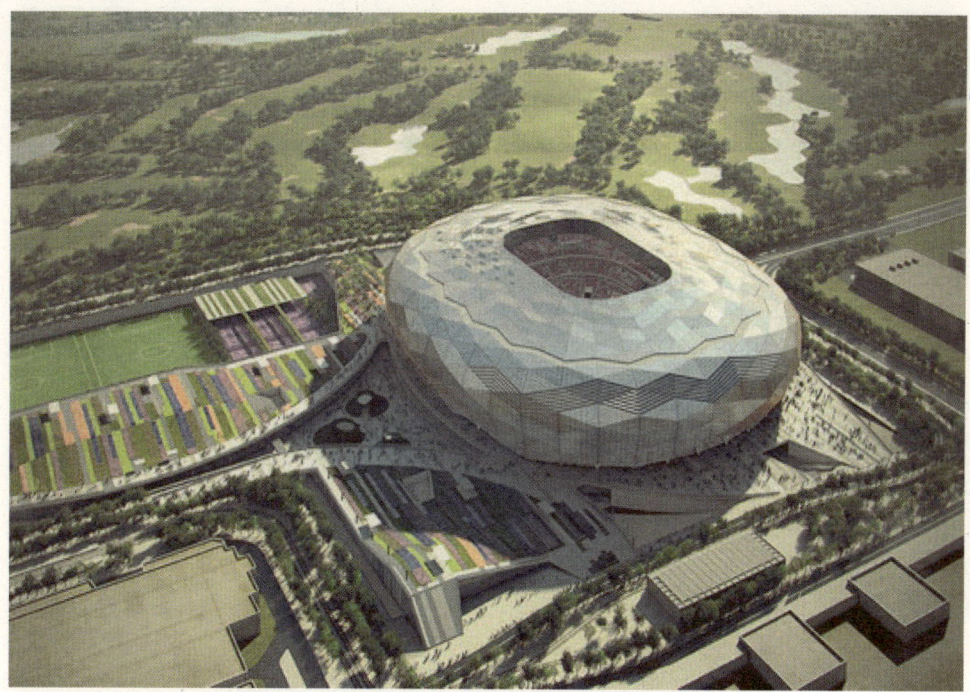

استاد المدينة التعليمية على شكل ماسة تعكس نور الشمس بشكل مبهر

استاد أحمد بن علي في الريان، تحفة معمارية مستوحاة من حياة الصحراء، سيتم تفكيك نصف مقاعده (٢٠ ألف مقعد) ومنحها لمشاريع تطوير كرة القدم حول العالم

استاد ٩٧٤[١]، أول ملعب قابل للتفكيك بالكامل في تاريخ البطولة، مكوّن من حاويات الشحن البحري والعوارض الفولاذية.

استاد الجنوب في مدينة الوكرة استوحيت خطوطه من أشرعة المراكب القطرية التقليدية التي حملت الصيادين والغواصين إلى عرض البحر للصيد والبحث عن اللؤلؤ.

(١) يرمز ٩٧٤ إلي كود الاتصال الدولي لدولة قطر وأيضاً استخدام ٩٧٤ حاوية شحن بحرية في تشييد الاستاد.

الفصل السابع

أهل قطر

”أول ما يجذب الانتباه في أهل قطر، مودتهم، وتواضعهم، وحفاوة استقبالهم، وكرم ضيافتهم، فلا يشعر الزوار والمقيمون بيننا أنهم غرباء. وتجدهم جميعًا جنبًا إلى جنب، صفًّا واحدًا، من أعلى منصب إلى أدنى مرتبة، ولا تفرقة بين القبائل ولا تنافس بينهم إلا في محبة وطنهم“

عائلة واحدة

بين هدوء وسكينة الصحراء، وكنوز وخيرات البحر، لعبت الطبيعة دورًا مهمًا في رسم هوية وملامح أهل قطر، فالإنسان ابن بيئته، منها يتعلم، وبها يؤثر ويتأثر.

ويتميز أهل قطر بالتواضع والكرم والتسامح والتضامن مع بعضهم بعضًا في الأفراح والأتراح، فلا تفرقة بين القبائل ولا تنافس بينهم إلا في محبة وطنهم. وكلهم عائلة واحدة، يعيشون معًا في إطار العروبة والإسلام، فالعروبة أصلهم والإسلام عقيدتهم.

وأول ما يجذب الانتباه في أهل قطر، كرمهم ومودتهم وحفاوة استقبالهم وضيافتهم للغريب، فلا يشعر الزوار والمقيمون بيننا أنهم في غربة، فبيوتنا بيوتهم، وطعامنا طعامهم، لدرجة أن كثيرًا منهم لا يحب مغادرة أرضنا، بعدما غرس بها علاقات وذكريات عصيّة على المَحْو والنسيان. والقطريون لا يهدرون طعامهم، ويقدرون حق النعمة بالإنفاق والإكثار من فعل الخيرات. وتجدهم جميعًا جنبًا إلى جنب، صفًّا واحدًا، من أعلى منصب إلى أدنى مرتبة، لا فرق بينهم. ويسود السلام والأمان ربوعهم، أبوابهم مثل قلوبهم مفتوحة للجميع.

ومن الشائع في قطر ترك باب منزلك أو سيارتك مفتوحًا دون قلق من سرقة أو نهب، فلا جريمة بين القطريين.

ومنذ نشأتهم، كانت الإبل الخاصة بهم تجوب وديان الصحراء الشاسعة دون قلق أو خوف من ضياعها أو سرقتها، فالكل يعرف حق أخيه ويصونه، وابن قطر الأصيل يحب بلده وأهلها، ويعتز بانتمائه لها، ويرفض الظلم ويكره الكذب، ويتصف بالسماحة وحسن المعاملة.

صورة تعبر عن بساطة الحياة في قطر قديمًا وفيها الشيخ محمد بن قاسم، نجل المؤسس (وسط الصورة) وعلى يساره ناصر العطية، ويمينه نجله وحفيد المؤسس الشيخ جاسم جالسًا على الأرض فيما يستضيفون بحفاوتهم المعهودة بعض الزوار الأجانب

أصول مجتمعنا المعاصر

يتشكل مجتمعنا المعاصر من مجموعة من القبائل التي استقرت في شبه جزيرة قطر، وبعض العوائل النازحة من المناطق العربية المحيطة بها. وتشهد هذه القبائل تمازجًا اجتماعيًّا قويًّا منذ التفافهم حول الشيخ محمد بن ثاني، أول حكام قطر الذي وحد كلمتهم ومواقفهم تجاه تحديات فارقة، وقادهم لتشكيل هوية المجتمع القطري.

وتعززت هذه الهوية مع تولي الشيخ قاسم بن محمد آل ثاني، للمسؤولية، لما كان يتميز به من صفات قيادية وحكمة ودراية، ورفضه المساس بوحدة ومصير أهل قطر، ما ساهم في ترسيخ هويتهم كمجتمع موحد، مستقل، ومميز بعاداته وتقاليده.

ومنحت جغرافيا قطر- كشبه جزيرة في مياه الخليج - فرصًا عديدة لسكانها، فالخير في قطر دائمًا في الأعماق، برًّا وبحرًّا، من أيام الغوص على اللؤلؤ حتى اكتشاف آبار النفط والغاز. وفي الزمن القديم، اتجه القطريون بمختلف انتماءاتهم القبلية والاجتماعية إلى مهنة صيد اللؤلؤ وتجارته، وما يرتبط بها من صناعات السفن وشباك الصيد وغيرها، وكان هذا النشاط الأبرز بين كافة دول الخليج حينذاك.

وكانت جموع السفن الشراعية تتجه إلى البحر حتى يكاد لونه الأزرق يتحول إلى الأبيض من كثرة الأشرعة في موسم الصيف. وامتلكت قطر المئات من هذه السفن، ووصل عدد سفن الغوص في سنة ١٩٢٨م نحو ٤٠٠ سفينة قطرية[1]، فيما كانت تسود الشواطئ حركة بلا توقف للصيادين، والغواصين، والطواشين، والنوخذة، فضلًا عن قوارب تقدم خدمات الطعام والشراب، واحتياجات الصيد والغوص، فيما تباشر النساء تربية الأبناء في المدن والقرى، ومتابعة تعليمهم القراءة والكتابة وعلوم القرآن في كتاتيب تشبه رياض الأطفال حاليًا.

واعتاد القطريون قضاء جزء كبير من فصل الشتاء في بر الصحراء، وهي عادة مستمرة إلى الآن لما تتمتع به قطر من أجواء خلابة، وطقس رائع في الفترة من نوفمبر حتى مارس من كل عام. ويتم التغلب على حرارة ورطوبة الصيف بتكييف الهواء في كافة المنازل والمنشآت وحتى بعض الشوارع والملاعب المفتوحة المنتشرة في جميع أنحاء الدولة.

ويتسم المجتمع القطري بالانسجام والتآلف بين مكوناته، فمنذ تسلّم المؤسس الشيخ قاسم بن محمد آل ثاني، للمسؤولية وانتهاء النزاعات ما بين القبائل والتكتلات السكانية، لم تشهد قطر أي نزاع اجتماعي أو قبلي. وصار كل مواطن مندمجًا في المجتمع اندماجًا كاملًا وراء قيادة الشيخ المؤسس ومن جاء بعده في الحكم إلى اليوم، وهو ما يفسر تربّع قطر على قمة الدول الأكثر أمانًا في العالم في العصر الحديث

(١) عبد البديع صقر، دليل قطر الجغرافي، ص٣٠

مهن زمان

تنوعت المهن التي مارسها أهل قطر، فبعضهم اشتغل بمهنة صيد الأسماك، فيما اهتم آخرون برعي الإبل والأغنام وتربية الخيول وتصديرها. ومن قلة الزراعة في قطر لطبيعتها الصحراوية، كان يتم استيراد أغلب السلع من الخارج، وهنا يبرز اهتمام قسم آخر من القطريين بالعمل في التجارة والاستيراد والتصدير مع عدة بلدان أهمها الهند والعراق وإيران وكذلك ساحل عمان وزنجبار على الساحل الشرقي لإفريقيا.

وبسبب تقاليد قبلية، لم يعتد أغلب القطريين منذ قديم الزمان على ممارسة المهن الحرفية المهمة مثل الميكانيكا والحياكة والحدادة وغيرها، وحتى التجارة وممارسة بيع وشراء الأشياء كانت تعد عيبًا في أعراف القبائل قديمًا حتى بداية الخمسينيات والستينيات، لإيمانهم بأن أشياء مثل الملابس والسلع الغذائية يجب ألا تتم التجارة بها بالبيع والشراء، وإنما منحها لمن يريد دون مقابل، وهو ما يعكس جذور الشخصية القطرية المحبة للعطاء والكرم السخي، وهناك آخرون امتهنوا هذه المهن.

ومع اكتشاف النفط وزيادة حركة الأعمال، تغيرت العادات القديمة وزاد عدد التجار والمستوردين، فقد كان كل شيء تقريبًا يأتينا من الخارج، الخضراوات والفاكهة تصل إلينا جوًّا كل يوم من لبنان وسوريا ومصر، ومن الهند وإيران وعمان والعراق عن طريق البحر.

ولعبت المرأة ولا تزال دورًا محوريًّا في مسيرة المجتمع القطري،

وتنوعت مهامها قديمًا من حماية الخطوط الخلفية ورعاية المصابين وشحذ همم الرجال وتجهيز المؤن والسلاح لصد العدوان، إلى رعاية الأبناء في غياب رب الأسرة خلال رحلات الصيد البحرية الطويلة، وأيضًا تجهيز مستلزمات رحلات البر من طعام ونسج للسجاد وحياكة الملابس وغيرها.

◀ حياة البر في قطر قديمًا

▶ الاعتماد على الآبار الجوفية كمصدر أساسي للمياه

◀ شرب القهوة في صحراء بين الهفوف وقطر ـ يناير ١٩٠٤

▶ عند بئر سقاية الجمال ـ يناير ١٩٠٤

حياة البحر في قطر قديمًا

سفينة غوص قطرية في طريقها لأماكن تجمع المحار - الهيرات

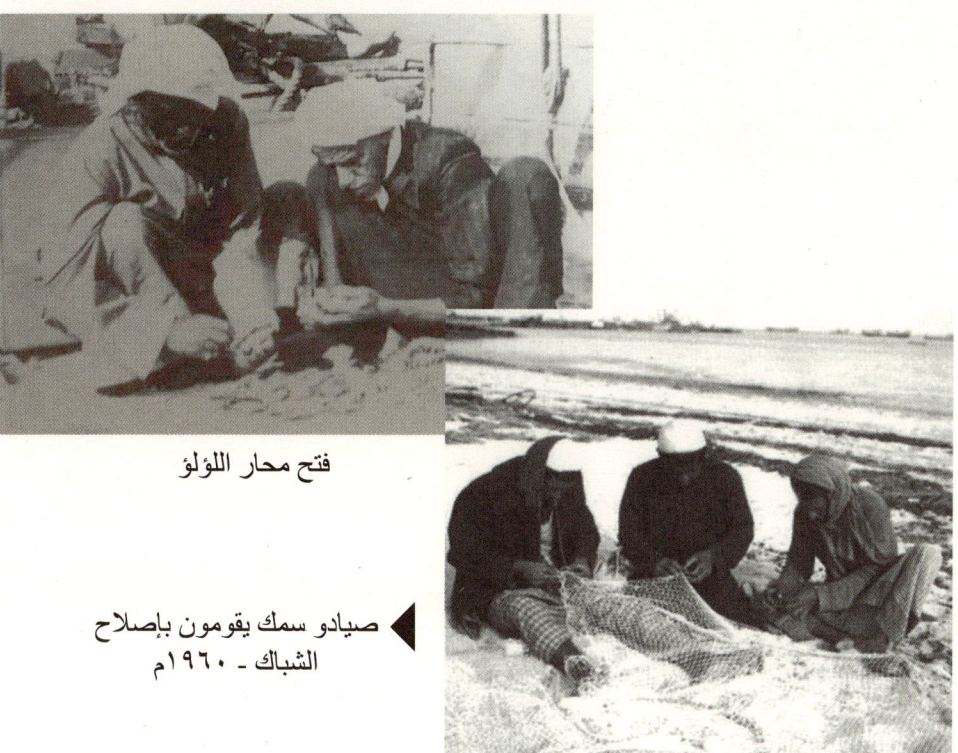

فتح محار اللؤلؤ

◀ صيادو سمك يقومون بإصلاح الشباك - ١٩٦٠م

عندما يبحث الغواصون عن اللؤلؤ في قاع البحر

هنا أكبر تجار اللؤلؤ الطبيعي في العالم كله

«هنا أكبر تجار اللؤلؤ الطبيعي في العالم»
تقرير إخباري يوثق ريادة قطر في تجارة اللؤلؤ - أرشيف صحيفة الأهرام المصرية

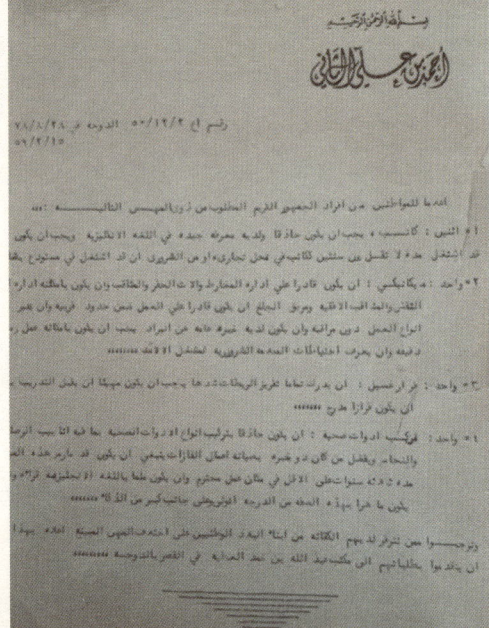

بسم الله الرحمن الرحيم

أحمد بن علي آل ثاني

إعلان عن فرص عمل لمهن حرفية صادر من مكتب الشيخ أحمد بن علي آل ثاني، بتاريخ ١٥ فبراير ١٩٥٩م

دكان بسوق الدوحة، عام ١٩٦٥م حيث فتح عدم اعتياد القطريين على التجارة وممارسة البيع والشراء قديمًا العديد من فرص العمل لجنسيات أخرى

التعليم في الزمن القديم

يبرز اهتمام المجتمع القطري بالتعليم منذ القدم، فلم تنل قطر ثقة العالم كمنارة للتعليم بافتتاح فروع كبرى الجامعات المرموقة على أرضها مثل جورجتاون، ونورثويسترن وغيرها، إلا بعد مسيرة طويلة لأهل قطر وحكامها مع الاهتمام بالتعليم كركيزة أساسية لبناء الأمم.

واهتم القطريون منذ بداية تأسيس مجتمعهم بالتعليم، وفيما كان الأبناء يتعلمون القرآن الكريم ومبادئ القراءة والكتابة والخط والحساب على أيدي شيوخ دين في الكتاتيب، كانت بعض النسوة من المتعلمات والمتطوعات يقمن بتعليم الفتيات ومنهن: المعلمة عائشة البدر وفاطمة السويدي والمعلمة آمنة المساعيد، وكثيرات غيرهن مثل: حصة المطاوعة وفاطمة وعائشة إبراهيم، والجليلة أم أمين، وآمنة بنت محمود الجيدة، والمُعلمة نافعة، وشيخة السويدي، وآمنة الملا، وكانت بيوتهن مدارس، مثل مريم بنت محمد بن إبراهيم التي فتحت بيتها لتعليم البنين والبنات في منطقة البراحة.

ولم يُعرف التعليم النظامي في قطر إلا عام ١٩٥١ مع افتتاح أول مبنى مدرسي باسم (مدرسه قطر الابتدائية)، وكانت تضم أربعة صفوف ابتدائية يدرس فيها ١٩٠ تلميذًا. وفي العام نفسه، قام الشيخ

علي بن عبد الله آل ثاني، بتشكيل لجنة وطنية للإشراف على التعليم سميت (لجنة المعارف).

وبعد فتح المزيد من المدارس الحكومية واستقدام المعلمين من الأقطار العربية، تطورت الحياة التعليمية في قطر، وزاد اهتمام القطريين بإرسال أبنائهم وبناتهم للتعليم، ما يفسر تميز المجتمع القطري، بوجود نسبة ضئيلة من الأمية، وأعداد كبيرة من المتعلمين الذين استكملوا دراستهم في الجامعات العربية والغربية العريقة، وهو ما انعكس على الكادر الوظيفي مع إعلان استقلال البلاد في بداية السبعينيات وتأسيس أول جامعة قطرية (جامعة قطر) عام ١٩٧٣.

أحد الصفوف الدراسية التي زاد عددها مع خيرات عوائد النفط في خمسينيّات وستينيّات القرن الماضي، حيث أسست قطر نهضتها على أساس الاستثمار في الإنسان وصحته وتعليمه

مجموعة من الطلاب يلتقطون صورة جماعية خلال إحدى الرحلات المدرسية

الفصل الثامن

الإرث الخالد

"منذ زمن القبيلة والخيام إلى زمن الحداثة وناطحات السحاب، يحافظ المجتمع القطري على مجموعة من العادات والتقاليد الأصيلة التي تحفظ هويته وإرثه الخالد في مزيج فريد بين قيم الأصالة وآفاق المعاصرة "

الإرث الخالد

يحافظ المجتمع القطري على مجموعة من العادات والتقاليد الأصيلة، التي تنثر عبق ماضيهم وتحفظ هويتهم، وإرثهم الخالد منذ زمن القبيلة والخيام وبيوت الشَّعْر، المصنوعة من شَعر ووبر الأغنام في عمق الصحراء، وحتى عصر التمدن والحداثة وناطحات السحاب من كبرى مراكز المال والأعمال وأرقى الجامعات، في مزيج فريد بين قيم الأصالة وآفاق الحداثة.

القبائل والكُنية العشائرية

يحرص القطريون على لقب القبائل والعائلات ويُلاحظ تكرار بعض الأسماء لاعتزازنا بتخليد ذكرى الآباء والأجداد.

واعتادت القبائل القطرية والعربية في المنطقة عمومًا على اتخاذ كل قبيلة كنية لها تسمى نخوة أو عزوة. وعزوة القطريين هي (النفيعي) وعزوة آل ثاني (إخوان روضة)، فكل القطريين - آنذاك - هم عزوة أو أبناء النفيعي، ولذلك قصة في الموروث القطري القديم عن شخص يُدعى محمد بن سعد النفيعي، من قبيلة عتيبة، وكان عليه ثأر في نجد بالسعودية، وحضر إلى قطر وأقام بها لسنوات طويلة، ولم يكن لديه أبناء ذكور، وإنما فقط خمس بنات وأختان، وتزوجن جميعًا من

قطريين، ومرت السنوات وصار عنده أحفاد رجال، تزوج كل منهم من قبيلة وعائلة مختلفة، وبعد أن تقدم به العمر، جاء أشخاص من نجد وقتلوه وهو شيبة (طاعن في السن)، وصرخت ابنته قائلة: لو والدي كان عنده ولد، ما كان يروح دمه هدر، فقام أهل قطر على قلب رجل واحد وقالوا: من اليوم كلنا ولاد النفيعي، واقتصوا له، ومن وقتها صارت عزوتهم «ولاد النفيعي».

ويقول مؤرخ الأسرة الحاكمة في كتابه (إمارة قطر العربية بين الماضي والحاضر) إن جميع القبائل ارتبطت بعلاقة ثقة ومحبة مع قبيلة المعاضيد ورئيسها حينئذٍ الشيخ محمد بن ثاني، حيث كان من أبرز شيوخ القبائل القطرية والعربية وتميّز بالعطاء، والجود، والكرم، والنخوة، والشجاعة، وكان الزعيم العام والمسؤول عن جميع تلك القبائل. وأرسى قواعد قيادته بناء على تاريخ مليء بالعطاء لوالده الشيخ ثاني بن محمد وعائلة آل ثاني من قبله حيث كانوا أهل صدق وأمانة ونخوة وعدالة توارثتها الأجيال حتى يومنا هذا.[1]

والمثل يقول: كلنا أهل قرية وكلن يعرف خيّه (أخيه)

(١) إمارة قطر العربية بين الماضي والحاضر، مرجع سابق

مجالس الضيافة

يشتهر أهل قطر بالكرم ففي كل بيت مجلس للضيافة لاستقبال الزوار، وهو تقليد توارثناه من آبائنا وأجدادنا. وغالبًا ما يكون المجلس قاعة خارجية منفصلة عن منزل الإقامة، أو مبنى مستقل بذاته، تقدم فيه القهوة العربية والتمور، وعادة ما يُعد صاحب المجلس ولائم يومية أو أسبوعية.

وللمجلس عاداته وتقاليده وآدابه التي يتربّى عليها الأبناء جيلًا بعد جيل. ويُقال إن المجالس مدارس وتتميز بعض المجالس بكونها صالونات ثقافية يغمرها حديث الشعر والأدب والتاريخ وغيرها من قصص الحياة.

صورة قديمة لمجلس الوالد الشيخ قاسم، شُيِّدَ عام ١٩٥٥م

أحد المجالس الخاصة بُني على الطراز الإسلامي القديم

نماذج بيوت قطر قديمًا بعضها تم بناؤه بالحصى والطين وقوالب الطوب اللبن. ويُلاحظ وجود فتحات جانبية في السقف لتجديد الهواء بصورة طبيعية في زمن بلا أجهزة تكييف. وهذه النماذج موجودة في متحفنا في منطقة السامرية. واللافت أنه مع بدء بناء البيوت بالخرسانة والأسمنت، لقي بعض الناس مصرعهم حيث اعتادوا استخدام "الدوة" وهي نار على فحم للتدفئة أو عمل القهوة والشاي، ومع غياب فتحات التهوية كما في المنازل القديمة، أصيب بعضهم بالاختناق حتى الوفاة.

الصيد والقنص

لدى القطريين شغفٌ كبيرٌ بهواية الصيد والقنص في ارتباط وثيق بتاريخ بلدنا القديم حيث كان الاعتماد على الصيد بالصقور والكلاب في البر، وصيد الأسماك والغوص على اللؤلؤ باهظ الثمن في الضفاف الساحلية الغنية بالمحار.

واعتاد أهل قطر في أوائل كل شتاء على الخروج للصيد في الصحراء، حيث مواطن الطير والغزلان والأرانب الجبلية، ويعودون محملين بخيرات الصيد، فيحتفظون بجزء منها ويقدمون البقية هدية للأصدقاء وذوي القربى.

ويُعد الصقر هو الطائر الأشهر في قطر والخليج، وكان ثروة في حد ذاته لقدرته الفائقة على صيد الطيور، والأرانب البرية وتوفير الطعام لأصحابه في الأزمنة القديمة. وكثيرًا ما تمتد رحلات الصيد خارج الحدود إلى دول أخرى. وللحفاظ على هذا التراث وحمايته من الاندثار، تُقام لهواية القنص بالصقور العديد من المهرجانات والبطولات المحلية والدولية بمشاركة واسعة من القطريين والخليجيين.

وفي البحر كانت السفن الشراعية أفضل وسائل النقل والسفر

والتجارة والأكثر أمانًا حينذاك. وعلى متنها كان هناك شخص يدعى "النهّام" وهو مغنٍّ يُرَوِّح بصوته العذب عن الصيادين والغواصين، ويشحذ هممهم للعمل بلا كلل أو ملل مع صوت التجديف، وكان له حصة في الأرباح. وتخليدًا لهذا التراث، يبرز أكبر حدث سنوي لاصطياد اللؤلؤ في قطر في فعاليات مهرجان "سنيار" بالدوحة، الذي ينظمه الحي الثقافي (كتارا) كل عام ويتخلله تجسيد حقيقي لمهنة الغوص ومغامراتها الخالدة.

ولا تخلو منازل كثير من القطريين من مجسمات صغيرة للسفن وأدوات الصيد، كنوع من الزينة، والاعتزاز بالماضي، ويمتد ذلك إلى الشوارع والميادين العامة، مثل مجسم اللؤلؤة الشهير في قلب الدوحة أمام سوق واقف العامر أيضًا بمظاهر التراث القطري القديم.

ورغم العادات الخليجية المتقاربة والعادات الخاصة بكل قبيلة في قطر، إلا أنها انصهرت جميعًا في بوتقة واحدة لتشكل الموروث الثقافي المميز لأهل قطر في البادية والحضر والبر والبحر.

ويشير واقع حياة القطريين إلى إتقانهم هذا المزج الفريد بين التمسك بتقاليد الماضي، والانفتاح على المُعاصرة والتطور، دون إفراط أو تفريط، فالأصالة لا تعني التقوقع على الماضي، والحداثة لا تعني التنكر له أو إهماله ليندثر ويطويه النسيان. ويصون هذا المزج الفريد للقطريين هويتهم، وشخصيتهم بين شعوب العالم. وأثبتت تجربة بلادنا أن العراقة والمعاصرة، والأصالة والحداثة يمكن أن تجمعهما أرض واحدة، ومعًا يشكلان الهوية المميزة للشعوب والأوطان.

القنص أو الصيد بالصقور شغف قديم متجدد في قطر والخليج

التخييم في الصحراء عادة تراثية يحرص عليها القطريون في فصل الشتاء

المها، الحيوان الرسمي لدولة قطر مثل الكنغر لأستراليا، وكانت أعداده وأنواع أخرى من الغزلان كثيرة في قطر، وتجده في شعار الخطوط الجوية القطرية

إحدى فعاليات مهرجان سنيار الدوحة لإحياء تراث الغوص على اللؤلؤ.

الثوب القطري

بعيدًا عن مشهد الأبراج الشاهقة التي تخطف عيون زوار مدينتي الدوحة ولوسيل، يلفت انتباه الزائر والوافد الجديد إلى قطر، التزام شعبنا - كبارًا وصغارًا - بارتداء الثوب الأبيض والغترة والعقال. والغترة وشاح طويل يوضع على الرأس ويثبّته عقال دائري أسود غالبًا. وصار هذا الزي مميزًا للهوية القطرية وتراثها الشعبي.

القهوة العربية

يثير إعجاب زوار قطر، انتشار القهوة العربية في البيوت والمجالس وأماكن العمل، فهي عنوان الكرم وحسن الضيافة، وتراها في كل مكان حتى في متجر «هارودز» اللندني الأشهر في العالم في «ركن البادية» بعد أن صار ملكًا لجهاز قطر للاستثمار. ويمكن رؤية «المقهوي» يصب القهوة لزواره، باعتبارها إرثًا مميزًا للهوية القطرية ونحرص على مشاركته مع شعوب العالم.

وسم الإبل

يشترك أغلب القطريين في وضع وسم يسمى مشغار يشبه حدوة الفرس أو رقم (٨) على الإبل الخاصة بهم، فيما تضع كل قبيلة وسمًا آخر مميزًا للإبل الخاصة بها بجوار وسم حدوة الفرس مثل دائرة صغيرة علوية أو سفلية وغيرها كما هو مبين في الصورة. والسبب أنهم كانوا يتركون الإبل تسرح في البر عند خروجهم في رحلات صيد اللؤلؤ، فيميز كل وسم مطايا كل قبيلة حتى إن حدث واختلطت بعضها ببعض، يكون من السهل تمييزها دون أدنى مشكلة، فيما يلتزم من يجدها برعايتها لحين تسليمها لأصحابها.

سباقات الخيل والهجن

لايزال القطريون والخليجيون عمومًا مرتبطين بالتراث والماضي العريق حين كانت الإبل والخيول وسيلة النقل الوحيدة برًا. وتقام لها في قطر حاليًا سباقات عديدة امتدت لها يد الحداثة حيث يقوم المضمر أو المدرب بتوجيه ناقته عن بُعد خلال السباق عبر جهاز لاسلكي مثبت في روبوت على ظهرها، بعد منع ركوب الأطفال بقرار أميري.

كما تحافظ قطر على إرثها وتميزها في ساحة الفروسية مثل الشقب ـ عضو مؤسسة قطر ـ الذي يولي اهتمامًا كبيرًا بتربية الخيل العربية الأصلية ويقيم لها مسابقات كبيرة محليًا في قطر ودوليًا في فرنسا.

وسوم القبائل القطرية على باب خشبي في متحف الشيخ فيصل بن قاسم آل ثاني بالسامرية

سباقات الهجن في قطر في مضمار الشحانية على بُعد ساعة بالسيارة من الدوحة

مهرجان سمو الأمير لسباق الخيل

سباق الشقب في فرنسا يعزز أسس الفروسية والاهتمام بالخيل العربية الأصيلة

متحف الشيخ فيصل بن قاسم آل ثاني أكبر متحف شخصي في العالم

التراث الشعبي

تأثرت أغاني وألحان التراث الشعبي القطري، بنمط الحياة وأغاني وأناشيد البحر والبادية. وبرع عدد كبير منهم في نظم الشعر الغنائي وتلحينه وفي أداء الأغنية. واستخدم القطريون إلى جانب الآلات الموسيقية المعروفة مثل الربابة، آلات إيقاعية خاصة.

العرضة (الرزيف)

فن من فنون الحرب الاستعراضية للرجال. وتعتبر الفن المشترك بين جميع القطريين ويمارسها الشباب وكبار السن في كل المناسبات. وفيها يحمل كل مشارك سيفًا أو بندقية استعدادًا للحرب والدفاع عن الوطن. وصارت تؤدَّى في مناسبات الزفاف والأعياد الوطنية وغيرها. وللمناسبات الوطنية موقعها الخاص في نفوس القطريين فيحتفلون باليوم الوطني في ١٨ ديسمبر من كل عام، وكأنه عرس من أعراسهم الخاصة ويقيمون فيه الولائم ويؤدون فيه «العرضة» وغيرها من الفنون التقليدية، ويعبرون بذلك عن ولائهم وأصالة انتمائهم.

ليلة القرنقعوه

ما بين الأحياء التراثية القديمة والمراكز التجارية الفخمة، لا يزال أطفال قطر والخليج عمومًا يحتفلون بليلة «القرنقعوه»، في ليلة منتصف شهر رمضان من كل عام، ويطوفون طلبًا للحلوى، مرددين أغاني شعبية تعزف على وتر ذكريات الماضي. وهي عادة تراثية تناقلتها الأجيال منذ القدم وما زالت مستمرة حتى الآن.

لعبة الدامة

من الألعاب التراثية وهي قريبة من لعبة الشطرنج وتم تخصيص «مجلس الدامة» في سوق واقف لممارستها.

تأثرت أغاني وألحان التراث الشعبي القطري بنمط الحياة وأناشيد البحر والبادية

جانب من احتفال الأطفال بليلة القرنقعوه

الشيخ حمد نجل الشيخ تميم (يسار الصورة) يؤدي العرضة في إحدى المناسبات

الفصل التاسع

سنوات الكفاح

" عاش أهل قطر سنوات كفاح طويلة، وقدموا خلالها تضحيات جليلة في عدة معارك نسردها للتذكير بأهمية السلام والاستقرار لشعوبنا، فقد أثبتت تجارب الأمم والشعوب، أن التاريخ يمكن أن يُعاد ويُكتب مرتين وأكثر بسيناريوهات مشابهة، وأن تجنب الحديث عن اشتباكات الماضي لا يمنع تكرارها، ولذا وجبت التذكرة لنتحاشى أسباب النزاع، ونمضي قدمًا بنوايا مخلصة ولا نكرر الخيارات الصعبة للحرب والعدوان "

التاريخ يُكتب مرتين وأكثر

طبعت الصحراء الشخصية القطرية بصفات مميزة، فهم أهل تواضع، وهدوء، وكرم مع الأصدقاء والمحبين، وأهل خشونة وغيرة وحمِيّة ضد الغزاة والمعتدين. وهو ما يفسر انتصارهم على عدوهم مع قلة عددهم وعتادهم، فقد عاش أهل قطر سنوات كفاح طويلة، قدموا خلالها تضحيات جليلة، نسرد أبرزها بإيجاز واختصار لكثرة الأحداث، وتشابك التفاصيل، وتسارع التطورات في تلك الحقبة من الزمن، وتبقى الأبحاث والمراجع التاريخية حاضرة لمن أراد أن يستزيد.

ولا أريد من سرد تلك المعارك إلا التذكير بأهمية السلام والاستقرار لشعوبنا، فقد أثبتت السنون وتجارب الأمم والشعوب، أن التاريخ يمكن أن يعاد ويكتب مرتين وأكثر بسيناريوهات مشابهة ، وأن تجنب الحديث عن اشتباكات الماضي لا يمنع تكرارها، وأن تجاهلها لا يخرج عن كونه إزاحة لرماد الأزمات أسفل السجاد، أو تضميد جروح دون تطهيرها، ما ينذر بآلام أشد وجعًا وفتكًا بأصحابها.

ولنا في تجارب الحياة عبرة، فلماذا لا تعدم الدول الأوروبية وثائقها عن الحربين العالميتين الأولى والثانية؟ وتعيد إحياء ذكراها كل عام، رغم تأسيسهم اتحادًا أوروبيًّا مهما كانت تحدياته الراهنة إلا

أنـه يبقـى نموذجًـا للوحـدة والتعـاون بيـن مَـن كانـوا فرقـاء وأعـداء سـالت بينهم بحـور مـن الدمـاء وقـت النـزاع. ولمـاذا دعـت هـذه الـدول إلـى طـي صفحـات الماضـي لا حرقهـا، لأن الطـي يعنـي الحفـاظ عليهـا باقيـة للتذكـرة بفظائـع وعذابـات لا ينبغـي تكرارهـا.

ورغـم مـا حققتـه هـذه الـدول مـن اتحـاد وتعـاون، إلا أنهـا تحيـي ذكـرى تلـك الحقبـة القاسـية مـن تاريخهـا كل عـام، وتسـلط الضـوء علـى مـا خلفتـه مـن دمـار ومـآس إنسـانية كارثيـة، بـل وتخلدهـا فـي وثائـق للتاريـخ لتبقـى حاضـرة أمـام عيـون وعقـول الأجيـال المتعاقبـة فتتجنـب أسـبابها، وتسـتبعد خيـار الحـرب، وتُغلـب لغـة التفـاوض والحـوار عنـد الاختـلاف الـذي يبقـى طبيعيًّـا ومـن سـنن الحيـاة حتـى داخـل الأسـرة الواحـدة. فعلينـا أن نتذكـر لنقـدر الابتسـامة التـي يرسـمها الأمـان والاسـتقرار علـى وجوهنـا، ولنتحاشَـى المآسـي التـي تجلبهـا الصراعـات والنزاعـات، فنتعلـم الـدرس، ونمضـي قدمًـا، بنوايـا مخلصـة ونفـوس متسـامحة، ولا نسـلك طرقًـا لا رابـح فيهـا إلا تجـار الحـرب والـدم.

وفيمـا اعتـادت بلادنـا أن تصحـو وتغفـو علـى الأمـان والسـلام، كان مـن الشـائع عنهـا أنهـا شـؤم الغـزاة، فـلا يأتيهـا معتـدٍ أو غـازٍ إلا وعـاد خاسـرًا محسـورًا. وتميـزت منطقـة الخليـج العربـي بموقـع اسـتراتيجي كونهـا نقطـة تجاريـة وملاحيـة مهمـة بيـن الشـرق والغـرب علـى الطريـق التـي تصـل الهنـد بأوروبـا، فضـلًا عـن غناهـا بمصائـد اللؤلـؤ الثميـن، لذلـك كانـت محـط أطمـاع وصـراع القـوى الإقليميـة والدوليـة. وكان يطلـق اسـم «منطقـة البحريـن» علـى المنطقـة الممتـدة مـن حـدود الكويـت إلـى قـرب سـاحل عمـان.

وقعة نصور سنة ١١٩٧ هـ / ١٧٨٢ م

انتصر فيها القطريون على معتدين من البحرين في منطقة الزبارة. وهزموا قائدهم «نصر الله ابن مذكور»، ومن ذلك اليوم صغّر أهل البحرين اسم الشيخ نصر، وسموه نصورًا.

وقعة «أم سوية» أو «خراب الدوحة الأوّل» ١٢٦٤ هـ / ١٨٤٧ م

استشهد فيها الشيخ عيسى بن طريف شيخ قبيلة آل بن علي، بعد معركة مع جيش الشيخ محمد بن خليفة آل خليفة (حاكم البحرين) وكان الشيخ عيسى يسكن الدوحة فكأنها خربت باستشهاده.

وقعة مسيمير ١٢٦٧ هـ / ١٨٥٠ م

بين الإمام فيصل بن تركي آل سعود من جهة، وبين الشيخ علي آل خليفة (البحرين) والشيخ قاسم بن ثاني (قطر) من جهة أخرى، حيث أراد الإمام فيصل غزو قطر ولكنه انسحب وتم التصالح بينه وبين الشيخ محمد بن ثاني آل ثاني على غير رغبة الشيخ آل خليفة.

حصار الدوحة وصلح آل خليفة مع الإمام فيصل

لم يرق لآل خليفة صلح الشيخ محمد بن ثاني مع الإمام فيصل، فقرروا حصار الدوحة بالتحالف مع سعيد بن طحنون الفلاحي - حاكم أبو ظبي، ولكن مع صمود وشجاعة القطريين للدفاع عن أرضهم وارتفاع درجة الحرارة الشديدة، كانت المشورة بتوقيع الصلح بين آل خليفة والإمام فيصل.

وقعة الوكرة سنة ١٢٨٣ هـ / ١٨٦٦ م

تغيرت نفوس آل خليفة على آل ثاني وأهل قطر بعد صلح الإمام فيصل مع آل خليفة، وتم اعتقال علي بن ثامر رئيس قبيلة النعيم على يد الشيخ أحمد آل خليفة المقيم في الوكرة. واستغاثت القبيلة بالشيخ قاسم بن محمد آل ثاني الذي وحد رايات أهل قطر وهاجم حصن آل خليفة الذي هرب في سفينتين مع أهله وعياله، ودخل الشيخ قاسم القلعة، وكسر السجن، وأخرج علي بن ثامر. وبعدها تظاهر آل خليفة بالأسف عما فعله الشيخ أحمد، وأعطوا الأمان للشيخ قاسم لزيارتهم ولكنهم غدروا به واعتقلوه.

خراب الدوحة الثاني سنة ١٢٨٣ هـ / ١٨٦٦ م

بعد اعتقال آل خليفة للشيخ قاسم، أرسلوا جيشًا لغزو الدوحة، واستعد الشيخ محمد بن ثاني لصدهم إلا أنهم خدعوه قائلين إنهم لا يريدون قتالًا بل رد اعتبار بدخول سلمي للدوحة والمغادرة، مثلما دخل الشيخ قاسم الوكرة، وأعطاهم الشيخ محمد بن ثاني الأمان ولكن بمجرد وصول جيش آل خليفة إلى سوق الدوحة، نادى مناديهم بالسلب والنهب حتى أنهم نهبوا بيت الشيخ قاسم بن ثاني وسميت هذه الواقعة بـ «خراب الدوحة الثاني»

وقعة الحمرور سنة ١٢٨٣ هـ / ١٨٦٧ م

حط جيش آل خليفة رحاله في مشيرب، وواصل مسيره بقيادة الشيخ أحمد بن محمد آل خليفة لمطاردة إحدى القبائل، ولكنهم تمكنوا من

هزيمته وقتله عند منطقة تسمى الحمرور. وبعدها أقبلت بارجة إنجليزية التقى فيها الشيخ محمد بن ثاني آل ثاني مع مسؤول الخليج البريطاني الذي أعطاه معاهدة على سلامة قطر من أقصاها جنوبًا إلى أقصاها شمالًا بعد ما رأى أنه محبوب من أهل قطر جميعًا.

وقعة دامسة سنة ١٢٨٤ هـ / ١٨٦٨ م

أراد أهل قطر إطلاق سراح الشيخ قاسم، وذهبوا باتجاه البحرين بالسفن الشراعية، والتقى الجمعان عند محل في البحر يسمى «دامسة» ودارت معركة شرسة لم يتحقق لهم فيها النصر، وسقط الكثير من الشهداء في أعماق البحر، وعاد البقية إلى الوكرة ولاحقهم جيش آل خليفة إلا أن أهل قطر تمكنوا من هزيمته وأُسر الشيخ إبراهيم بن علي آل خليفة. وبعدها تم إطلاق سراحه مقابل تحرير الشيخ قاسم الذي عاد إلى أبيه الشيخ محمد بن ثاني وانتقلا معًا من الوكرة إلى الدوحة، حيث أجمع أهل قطر كلهم على مبايعة الشيخ قاسم، على السمع والطاعة، ولم يختلف على إمارته اثنان، واستمر على علاقاته الطيبة مع الناس، وسار بشعبه بسيرته الحسنة.

وقعة الربيقة سنة ١٢٨٧ هـ / ١٨٧٠ م

قادها الشيخ قاسم بن محمد بن ثاني ضد احدى القبائل بعد نهبهم مطايا لقبيلة اخرى، ورفضهم إعادتها، وتدخل الشيخ عيسى بن علي حاكم البحرين لدعم القبيلة الاولى، وتقابل الجيشان بالقرب من الربيقة على الساحل الغربي لقطر، فاقتتلوا قتالًا شديدًا، وأسفرت الواقعة عن انتصار الشيخ قاسم.

حصار الزبارة أو شد القليعة سنة ١٢٩٤ هـ / ١٨٧٧ م

قاده الشيخ قاسم بعد نهب قبيلة لإحدى السفن ورفضهم إعادة ما نهبوه وتحصنهم بقلعة مرير فحاصرهم أربعين يومًا حتى استسلموا.

وقعة الغارية سنة ١٣٠٣ هـ / ١٨٨٥ م

قادها الشيخ قاسم ضد محمد بن عبد الوهاب بن محمد بن ناصر الذي كان أحد كبار تجار اللؤلؤ وكان يأتي إلى قطر للتجارة وأقام في الغارية وبنى فيها قلعة محصنة، ودعا أثرياء البلد والتجار إلى سكناها، وأخذ يجمع الناس والقبائل حوله، وزاحم بتصرفاته حكم الشيخ قاسم بن ثاني، ما اضطره إلى إرسال جيشه إلى الغارية، وما كان من محمد بن عبد الوهاب إلا أن جمع أهله وعياله، وغادروا الغارية بسلام في الليل قبل الهجوم عليها بثماني ساعات، وأعلنت كافة القبائل ولاءها للشيخ قاسم بن ثاني.

وقعة بينونة سنة ١٣٠٤ هـ / ١٨٨٦ م

عزم الشيخ قاسم على غزو ساحل عمان، واستهدف بغزوه محمد بن سيف المزروعي وقومه من بني ياس وهم على بينونة، وذلك بعد أن قطعوا الطرق على بعض أهل قطر ونهبوهم. واستطاع الشيخ قاسم أن يأخذ منهم مالًا كثيرًا ثم رجع إلى قطر سالمًا.

غزوة الدوحة سنة ١٣٠٥ هـ / ١٨٨٨ م

قادها الشيخ خليفة بن زايد، حاكم أبوظبي في ساحل عمان ضد قطر بجيش قوامه سبعمائة رجل، وقُتل فيها الشيخ علي نجل الشيخ قاسم بن ثاني، الملقب بـ"جوعان" وكان الشيخ قاسم وقتها في الظعاين مع أهله ورفاقه، وحين جاء آخر النهار، كان الغزاة قد لاذوا بالفرار.

وقعة خنور سنة ١٣٠٥ هـ / ١٨٨٨ م

في أواخر سنة ١٣٠٥ هـ /١٨٨٨م، قرر الشيخ قاسم غزو ساحل عمان للقصاص لنجله، ودخلها حتى قلعة خنور التي تحصن بها أهل أبوظبي من ساحل عمان، وهزمهم بمساعدة أخيه الشيخ أحمد، وجعل القلعة نقطة ارتكاز للسيطرة على بقية المناطق، ثم رجعوا إلى قطر سالمين غانمين.

وقعة القارة سنة ١٣٠٦ هـ / ١٨٨٨ م

بعد واقعة خنور، حاول الشيخ زايد بن خليفة - حاكم أبو ظبي - غزو قطر بقوة عظيمة تعد بألفي رجل، ولكن الشيخ قاسم تصدى لمخططه بتجهيز أهل قطر للاستعداد للحرب وإظهار بأسهم وشجاعتهم في مناورات حربية بين الحين والآخر ما أدى إلى تراجع بن خليفة.

وقعة سويحان سنة ١٣٠٧ هـ / ١٨٨٩ م

غزا خلالها الشيخ أحمد بن ثاني، ساحل عمان، ووصل إلى أبو ظبي، ووقع قتلى وأسرى، وأخذ غنائم من الإبل تتجاوز الألف ناقة بعد معارك قوية بين الجانبين.

وقعة أم عنيج سنة ١٣٠٨ هـ / ١٨٩٠ م

أغار خلالها قوم من العجمان على أنصار للشيخ قاسم بن ثاني، في جولة للصيد والقنص ونهبوهم، فعزم الشيخ قاسم على غزو العجمان وحاصروهم في منطقة أم عنيج، وأخذوا ما لديهم من المال والإبل وعادوا. وبعد مرور خمسة أيام جاءوا طالبين الصلح والعفو من الشيخ قاسم وقبل التصالح.

يوم الصفا سنة ١٣٠٩ هـ / ١٨٩١ م

غزا خلالها الشيخ أحمد بن ثاني ساحل عمان ودارت المعركة مع عشيرة «دروع» في وادي صفاء في عمان، وكان النصر حليفه.

معركة الوجبة ١٣١١ هـ / ١٨٩٣ م

وقعت في ٢٥ مارس ١٨٩٣ م بين حاكم قطر المؤسس الشيخ قاسم بن محمد آل ثاني، ووالي البصرة محمد حافظ باشا في قلعة الوجبة، وانتهت بانتصار قوات الشيخ قاسم، وعزل والي البصرة.

بسم الله الرحمن الرحيم

من قاسم بن محمد

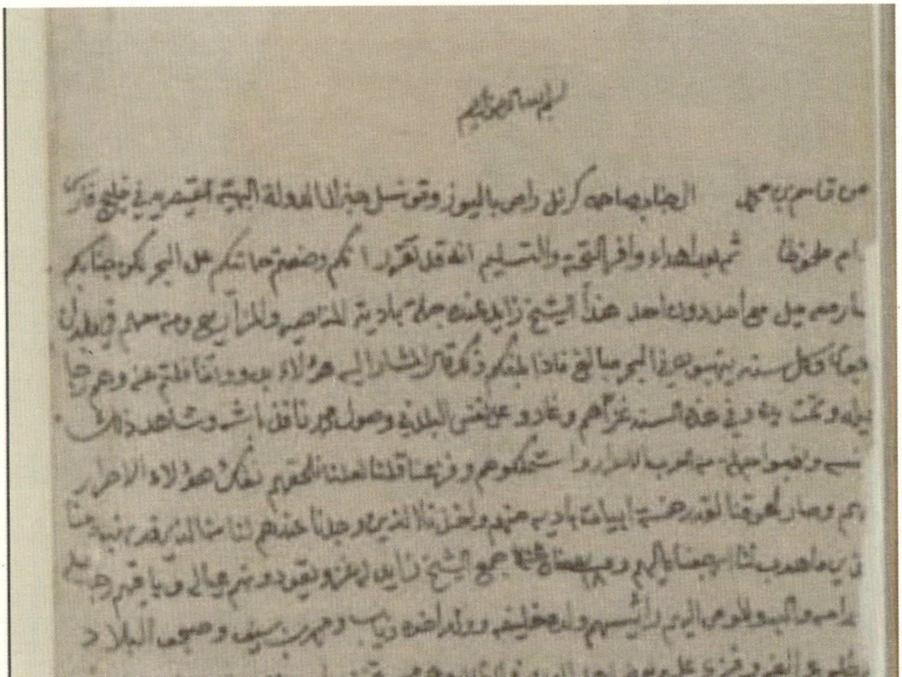

رسالة الشيخ قاسم للبريطانيين عن واقعة البدع

صورة تخيلية لكفاح أهل قطر قديمًا

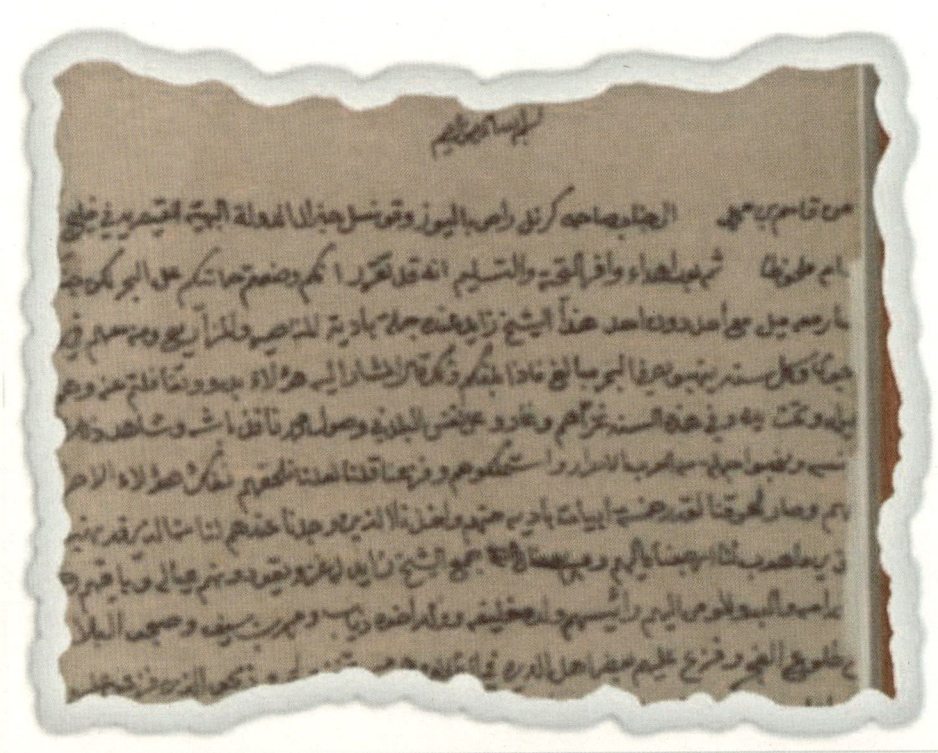

بسم الله الرحمن الرحيم

وثائق المكتبة البريطانية.JPG

وثيقة يخبر فيها الشيخ قاسم حاكم قطر المقيم السياسي البريطاني بالفوضى التي تسببها قبائل ساحل عمان (الإمارات حاليًّا) من غزو ونهب بين بعضهم بعضا

فرسان قطر

" أسماء قطرية برزت في ملاحم بطولية خاضها الآباء والأجداد قديمًا "

الشيخ قاسم بن محمد آل ثاني

القائد المؤسس، أبرز الفرسان القطريين، وقدم نموذجًا يُحتذى به لكل الفرسان الذين وردت أو لم ترد أسماؤهم من العوائل القطرية، وتبقى هذه الأسماء مجرد نماذج معدودة استدعتها الذاكرة، حيث يزخر تاريخ قطر بالعديد من القادة والفرسان الذين تصدوا لمحاولات غزوها قديمًا.

الشيخ أحمد بن محمد آل ثاني:

أخو الشيخ قاسم مؤسس قطر وكان يلقب بأسد الأسود نظرًا لشجاعته وبأسه وقد استشهد في قطر.

ارحمة بن جابر الجلاهمة:

فارس معروف خاض المعارك من أجل قطر واستشهد في رأس تنورة.

عيسى بن طريف:

شيخ قبيلة آل بن علي وقتل في وقعة أم سوية عام ١٨٤٧.

جوعان بن قاسم بن محمد آل ثاني

فارس مقدام، استشهد في غزوة الدوحة عام ١٣٠٥ هجري.

شاهين بن أحمد:

قاد وقعة الوكرة، وجمع أهل قطر وخطب فيهم وصلى ركعتين ثم كسر غمد السيف فوق رأسه مما حفز القطريين على القتال حتى النصر.

الشيخ ثاني بن قاسم بن محمد آل ثاني:

كان مشهودًا له بفروسيته وشجاعته، أصيب عدة مرات في أكثر من معركة قبل وفاته.

وأيضًا غانم المعضادي، وجمعة بن سيف، وعبد الله بن عطية، والحاج حسن بن بخيت، وصالح بن ماجد الخليفي

من الشخصيات القطرية التي أوردها المؤرخون لشجاعتهم في مواجهة قائد الجيش العثماني الذي سجنهم، ومنهم من استشهد.

الفصل العاشر

قطر
حقائق ومعلومات

"الموقع، والسكان، والمساحة، والدين، واللغة، والمناخ، والعملة"

الموقع الجغرافي

تقع قطر على الساحل الشرقي من شبه الجزيرة العربية، ويتبعها عدد من الجزر مثل حالول والأسحاط وشراعوة وغيرها.

تركيبة السكان

بلغ عدد السكان في قطر نحو ٢,٦ مليون نسمة حتى نهاية شهر أكتوبر ٢٠٢١[١] وبلغ عدد المواطنين القطريين قرابة ٣٣٣ ألف مواطن[٢]، فيما اقتربت نسبة أعداد الوافدين من جنسيات متنوعة نحو ٨٨٪ من إجمالي عدد السكان.

المساحة

١١,٥٢١ كيلومترًا مربعًا، ويبلغ طولها قرابة ١٦٠ كم، في حين يتراوح عرضها ما بين ٥٥ إلى ٩٠ كم. وتتمتع قطر بساحل يبلغ طوله ٥٦٣ كم. ويصل طول الحدود الجنوبية مع المملكة العربية السعودية ٦٠ كم.

العاصمة

مدينة الدوحة هي العاصمة ومقر الحكومة وموقع المؤسسات التجارية والمالية الرئيسية، ويسكن أكثر من نصف السكان في الدوحة. وتعد المدينة مركزًا ثقافيًا كبيرًا يحتوي على العديد من المتاحف ومراكز التعليم.

(١) إجمالي السكان المتواجدون في قطر، جهاز التخطيط والاحصاء أكتوبر ٢٠٢١، متاح على:
https://cutt.ly/9T7ycqb
(٢) مصدر سابق

أهم المدن

الدوحة، الوكرة، الخور، دخان، الشمال، الرويس والشحانية والجميلية والذخيرة ومسيعيد، رأس لفان.

الدين

الإسلام هو الدين الرسمي للدولة، والشريعة هي الأساس لكل تشريع وفقًا لدستور دولة قطر، وتستضيف الدولة أعدادًا كبيرة من أتباع الديانات الأخرى.

اللغة

اللغة العربية هي اللغة الرسمية في الدولة، وتستخدم اللغة الإنجليزية على نطاق واسع كلغة ثانية.

المناخ

تتمتع قطر بأجواء رائعة في فصل الشتاء الذي يمتد بين شهري أكتوبر ومارس، وهو طقس لطيف مائل للبرودة، وتتراوح درجات الحرارة بين ٢٤ و٣٢ درجة نهارًا، ومن ١٥ و٢٢ ليلًا. والصيف حار ورطب وتتراوح درجات الحرارة خلاله بين ٢٥ و٤٦ درجة مئوية.

حياة برية رائعة

رغم غلبة البيئة الصحراوية، إلا أن قطر تتميز بحياة نباتية وبرية متنوعة، ومنها جزيرة المانجروف (القرم) البنفسجية بالذخيرة شمال مدينة الخور الساحلية، فيما صنفت اليونسكو محمية الريم شمال غرب الدوحة محميةً طبيعيةً عام ٢٠٠٧. وتعد زهرة القطف زهرة قطر الوطنية، أما الحيوان الوطني فهو المها العربي.

العملة

الريال القطري هو العملة الوطنية لدولة قطر، ويرتبط بالدولار الأمريكي بسعر ثابت مقداره ٣,٦٥ ريال للدولار.

الدوحة العاصمة، الأصالة والحداثة على أرض واحدة

جزيرة المانجروف (القرم) البنفسجية بالذخيرة شمال مدينة الخور الساحلية وفي الإطار طيور الفلامنجو التي اعتادت الهجرة عبر سواحل قطر

القطف زهرة قطر الوطنية

الصقر في قطر والخليج، تراث وتجارة ورياضة

مناظر خلابة للصحاري القطرية في خور العديد

أكبر تجمع لأسماك القرش الحوت النادرة في المياه القطرية في حقل الشاهين يوليو ٢٠٢٠

العلم الوطني

العلم الوطني لدولة قطر لونه عنابي وأبيض، وبه تسعة رؤوس تنفذ في الجزء العنابيّ اللون. وكان الشيخ محمد بن ثاني أول من اتخذ لقطر راية حمراء أرجوانية، وذلك في عام ١٨٥١م.

وفي عهد الشيخ عبد الله بن قاسم آل ثاني، في أبريل من عام ١٩٣٢ أصبح العلم القطري بتسعة رؤوس تفصل بين كل رأس وآخر ماسات باللون الأحمر الأرجواني، في وسطها كلمة قطر باللون الأبيض.

وخلال عهد الشيخ علي بن عبد الله آل ثاني حاكم قطر، في عام ١٩٦٠ تحديدًا، وُضع شكل العلم القطري الذي ما زال معتمدًا حتى الوقت الحالي.

وفي عهد صاحب السمو الأمير الوالد الشيخ حمد بن خليفة آل ثاني، صدر قانون أكد على وجوب احترام هذا العلم بوصفه رمزًا للدولة، ووضع عقوبات على إهانته أو ازدرائه.

شعار دولة قطر

يحمل شعار دولة قطر مجموعة من المعاني والقيم ذات أبعاد جغرافية وحضارية مختلفة، فهو يعبّر عن التقاء الحياة البرية بالحياة البحرية في تفاعل وانسجام، ويتمثل النخيل في عطائه وشموخه، ويستحضر السيوف العربية في عراقتها ومَضَائها، وفي عزة الجانب وحماية المستجير.

اليوم الوطني

تحتفل دولة قطر في الثامن عشر من ديسمبر كل عام بذكرى تأسيسها في عام ١٨٧٨ على يد المؤسس الشيخ قاسم بن محمد بن ثاني، ويكون هذا اليوم عطلة رسمية في الدولة.

أول يوم وطني للشيخ تميم بن حمد آل ثاني، أميرًا للبلاد، مع سمو الأمير الوالد الشيخ حمد بن خليفة آل ثاني، وسط احتفاء شعبي كبير- ديسمبر ٢٠١٣.

اليوم الرياضي

اليوم الرياضي للدولة
National Sport Day

يُعد يوم الثلاثاء من الأسبوع الثاني من شهر فبراير من كل عام يومًا رياضيًّا للدولة، وعطلة رسمية بموجب قرار أميري صدر في عام ٢٠١١ للتشجيع على ممارسة الرياضة كنمط للحياة.

القيادة القطرية حريصة على إعطاء القدوة والمثل لتربية الأجيال القادمة على ممارسة الرياضة من أجل حياة أكثر صحة وسعادة تحت راية قطر العزة والخير (اليوم الرياضي للدولة - فبراير ٢٠٢٠)

النشيد الوطني

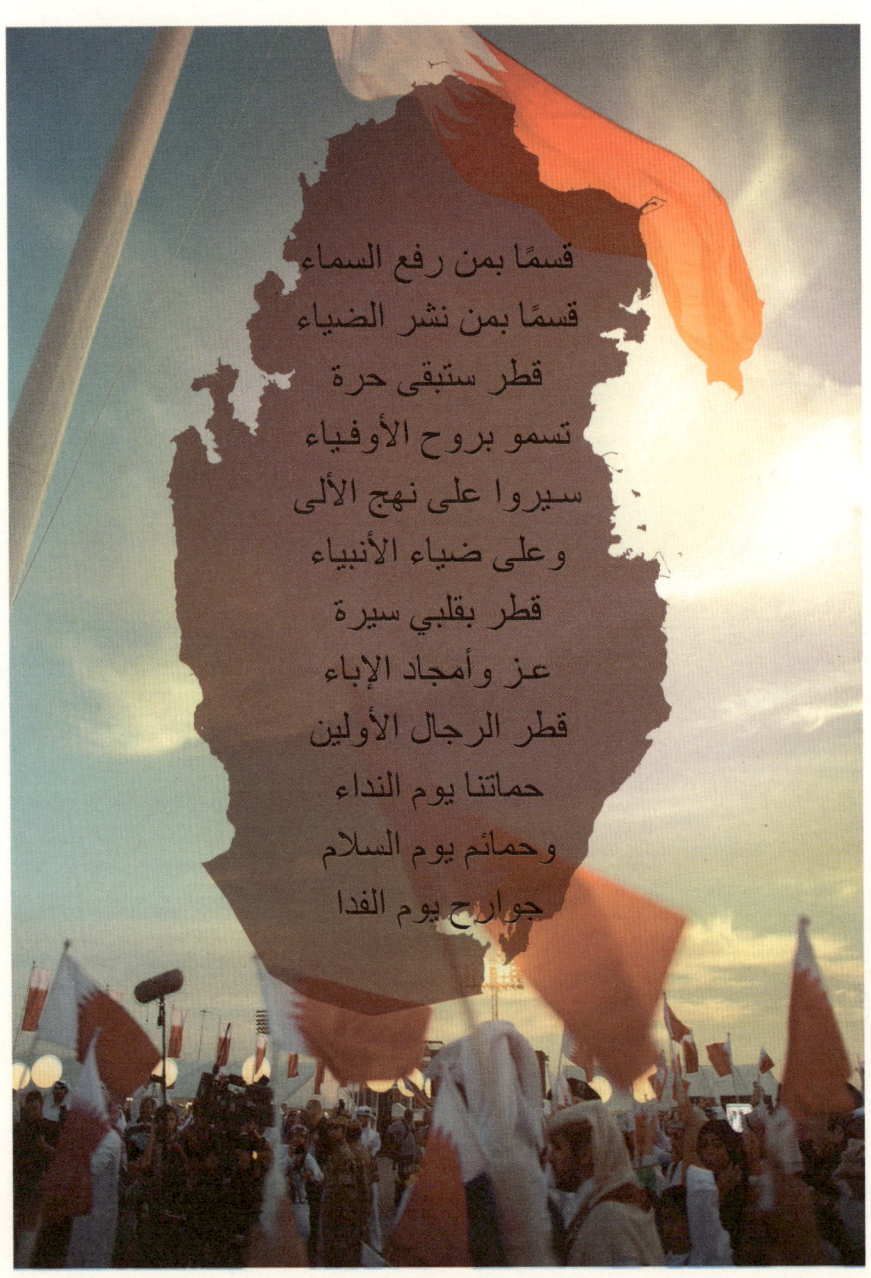

قسمًا بمن رفع السماء
قسمًا بمن نشر الضياء
قطر ستبقى حرة
تسمو بروح الأوفياء
سيروا على نهج الألى
وعلى ضياء الأنبياء
قطر بقلبي سيرة
عز وأمجاد الإباء
قطر الرجال الأولين
حماتنا يوم النداء
وحمائم يوم السلام
جوارح يوم الفدا

صور من قطر
بين الماضي والحاضر

كورنيش الدوحة عام ٢٠٢١

شاطئ الدوحة عام ١٩٠٤

إطلاق القمر الصناعي سهيل ٢ لخدمات البث والاتصالات- نوفمبر ٢٠١٨

تدشين خدمة الهاتف العمومية بسعة ١٥٠ خطًّا عام ١٩٥٣

سوق واقف ٢٠٢٠

سوق واقف في الخمسينيّات

استاد خليفة عام ٢٠٢١

استاد خليفة أنشئ عام ١٩٧٦

بطولة الشقب للفروسية الدوحة مارس ٢٠٢١

سباق الخيول العربية في قطر عام ١٩٥٨

التعليم في قطر مرَّ بمراحل من التطور وصولًا إلى تطبيق أعلى معايير الجودة والتقنيات الحديثة لتربية وبناء الإنسان محور وهدف التنمية في بلادنا

مكتبة قطر الوطنية حضر افتتاحها ضيوف من ٥٢ دولة حول العالم عام ٢٠١٨

مبنى دار الكتب تم إنشاؤه عام ١٩٦٢

ممارسة الرياضة في ملاعب أكاديمية أسباير

أطفال يلعبون كرة القدم في ساحات الدوحة قديمًا

سيتي سنتر الدوحة، أول مول تجاري في قطر عام ٢٠٠١

بعض المحال والأسواق التقليدية بالدوحة سبعينيّات القرن الماضي

الخطوط الجوية القطرية تأسست عام ١٩٩٣ بطائرة مستأجرة من طراز بوينج وطائرتين من طراز إيرباص، وبنهاية عام ٢٠١٩، صار لديها أسطول من ٢٩٠ طائرة لأكثر من ١٦٠ وجهة ونالت جائزة أفضل شركة طيران في العالم عدة مرات

السفن وسيلة النقل البحرية الآمنة قديمًا في قطر والخليج، نعتز بتاريخها وتراثها الخالد حتى اليوم

أبراج اللؤلؤة.. أول مشروع تطوير عمراني يوفر ميزة التملّك الحر في قطر وهي سلسلة من الجزر الاصطناعية على الجانب الشمالي لشاطئ الدوحة

أبراج اللؤلؤة خلال عملية الإنشاءات التي بدأت عام ٢٠٠٤

استاد لوسيل، التحفة المعمارية التي ستتجه إليها أنظار العالم لمتابعة نهائي أكبر حدث رياضي جماهيري، كأس العالم لكرة القدم في ١٨ ديسمبر عام ٢٠٢٢ ويقع على بعد ١٥ كم شمال الدوحة

تم بناء استاد لوسيل من الصفر ليكون نقطة التقاء شعوب العالم، وليعيد التاريخ نفسه حيث اعتادت قطر أن تكون مركزًا تجاريًا يربط الشرق بالغرب، وجسرًا للتواصل بين الشعوب والأمم منذ قرون

أول شارع مكيف في العالم - حي كتارا، الدوحة

نادي المدينة التعليمية للجولف

قرية الوسيل التاريخية

مسجد لوسيل التاريخي

أحد المنازل من الداخل بقرية لوسيل التاريخية

أشكال البناء في قرية لوسيل التاريخية التي عاش بها لفترة مؤسس دولة قطر وبانيها الشيخ قاسم بن محمد آل ثاني

مدينة لوسيل أحدث المدن القطرية تناطح أبراجها عنان السماء معلنة عن معالم جديدة من نمو ونهضة بلادنا التي بدأت مسيرتها منذ آلاف السنين

الخاتمة

في هذا الكتاب، قصدت بنوايا مخلصة تستند على الحقيقة الموثقة لا الدعاية والطموح، التعريف بتاريخ وشخصيّة دولة قطر التي عشنا فيها وعاشت فينا. وأتمنى أن أكون قد وفّقت في هذا المسعى من أجل فهم أعمق، ورؤيَة أوضح لواقع قطر شعبًا وقيادة، حكمها ونظامها، حاضرها وماضيها، مواردها واقتصادها، وآمالها ومستقبلها، وألتمس العذر إذا سقط شيء من الذاكرة سهوًا أو وقع خطأ، فالمسعى حميد، والنيّة طيبة.

لقد أثبتت تجربة قطر أن لا شيء مستحيلًا، فلا قلة عدد سكانها، ولا صغر مساحتها، ولا التقلبات الآنية للسياسة والطبيعة، منعتها من تبوّؤ مكانتها، شريكًا للعالم، ووسيطًا للسلام، ونموذجًا لحسن إدارة الثروة واستثمارها في بناء الإنسان.

وتبقى الرسالة الأهم في هذا الكتاب أنه لفهم حاضرنا، علينا نفض الغبار عن صفحات التاريخ الرابض على رفوف الماضي، ما يساعدنا على استشراف المستقبل برؤية واضحة واستعداد جيد، ركيزته الإرادة والمثابرة والعمل الدؤوب لتحقيق الذات شعوبًا وأوطانًا.

... وللحديث بقية

المراجع والمصادر

المراجع والمصادر

- د. بي. جيه. سلوت، أرشيف شركة الهند الشرقية الهولندية، صور قطر (١٧٧٢-١٣٠٠م) في التراث الخرائطي القديم، متاح على:
http://doccdn.simplesite.com/d/8b/20/283138343951402\35/886d6dae-a0a6-4414-9ef3-f9aad-cafc5d5/%2B%2B%2B%2B%2B-%2B%2B%2B%2B%2B.pdf
- صحيفة يو إس توداي، هذه هي أغنى 25 دولة في العالم، تاريخ النشر ٧ يوليو ٢٠١٩، متاح على: -https://www.usatoday.com/story/mon
ey/2019/07/07/richest-countries-in-the-world/39630693
- إن إس انيرجي بيزنس: قطر تتصدر صادرات الغاز الطبيعي المسال العالميَّة، تاريخ النشر ٢٣ أغسطس ٢٠١٩، متاح على:-https://www.nsenergybusi
/ness.com/features/qatar-global-lng-exports-top-5
- جهاز التخطيط والإحصاء، دولة قطر، التعداد السكاني، أكتوبر ٢٠٢١
- سي إن إن، الخطوط القطرية أفضل شركة طيران في العالم للمرة الخامسة عام ٢٠١٩، النشر ١٨ يونيو ٢٠١٩، متاح على: https://cutt.us/VNzw4
- مؤشر نامبيو للجريمة، قطر أكثر دول العالم أمانًا ٢٠٢٠، متاح على: //:https
www.numbeo.com/crime/rankings_bycountry.jsp
- نيويورك تايمز، اتفاق طالبان والولايات المتحدة لسحب القوات الأمريكية من أفغانستان، النشر ٢٩ فبراير ٢٠٢٠، متاح على: .https://www.nytimes
com/2020/02/29/world/asia/us-taliban-deal.html
- أرشيف شركة قطر للبترول، متاح على:
https://qp.com.qa/en/AboutQP/Pages/QPHistory.aspx
- وزارة الخارجية القطرية، قطر، نبذة تاريخية، متاح على:
https://cutt.us/vuGKa
- كزافيي بجين بيلكوك، قطر والفرنسيون: خمسة قرون من حكايات الرحلات والنصوص المعرفية، ترجمة أ.د. يونس لوليدي، باريس ٢٠٠٨، ص ١٩
- المكتبة البريطانية، مكتبة قطر الرقمية، «ملف 4/13 الزبارة ٣»: أوراق خاصة

- وسجلات من مكتب الهند، متاح على:
https://www.qdl.qa/archive/81055/vdc_100000000193.0x0003ab
- محمد شريف الشيباني، مؤرخ الأسرة الحاكمة في قطر، إمارة قطر العربية بين الماضي والحاضر، ٥ أكتوبر ١٩٦٢، متاح على:
https://ia801603.us.archive.org/10/items/Qatar_20170128/Qatar.pdf
- المكتبة البريطانية، مكتبة قطر الرقمية، فالنتينا ميرابللا، متخصصة أرشيف، امتياز النفط القطري يستهل عهدًا جديدًا في العلاقات البريطانية مع الدوحة، متاح على: https://cutt.us/PlYGx
- المكتبة البريطانية ومكتبة قطر الرقمية، أوراق خاصة وسجلات من مكتب الهند، نص معاهدة بتاريخ ٣ نوفمبر ١٩١٦، ومعتمدة في ٢٣ مارس ١٩١٨، بين حكومة بريطانيا والشيخ عبد الله بن قاسم آل ثاني، حاكم قطر، متاح على: https://cutt.us/mnWV5
- أحمد زكريا الشلق، فصول من تاريخ قطر السياسي، صـ٢٣٥، متاح على: https://cutt.us/Mafoe
- الديوان الأميري، دولة قطر، حكام قطر، الشيخ محمد بن ثاني، متاح على:
https://www.diwan.gov.qa/about-qatar/qatars-rulers/sheikh-mohammed-bin-thani
- الديوان الأميري، دولة قطر، حكام قطر، الشيخ قاسم بن محمد آل ثاني، متاح على:https://www.diwan.gov.qa/about-qatar/qatars-rulers/sheikh-jassim-bin-mohammed-bin-thani
- زكريا قورشون، بحث منشور بعنوان «علاقة الشيخ قاسم بن محمد بن ثاني بالدولة العثمانية»، جامعة مرمرة، اسطنبول، متاح على: https://cutt.us/P5wnA
- اللجنة المنظمة لاحتفالات اليوم الوطني للدولة، المؤسس، حروب البلقان، متاح على: https://cutt.us/tAa3V

- شافي بن سفر الهاجري، بحث منشور بعنوان «وصية الشيخ قاسم بن محمد آل ثاني، مؤسس دولة قطر»، جامعة قطر، متاح على: file:///Users/user/Downloads/1336-Article%20Text-1081-2-10-20210114%20.pdf
- علي الصلابي، مؤرخ وفقيه ومفكر سياسي ليبي، مدونات الجزيرة، قَطر: الدور التاريخي في انتصار الشعب الجزائري، متاح على: https://cutt.us/6u87Q
- الديوان الأميري، حكام قطر، الشيخ حمد بن خليفة آل ثاني، متاح على: https://www.diwan.gov.qa/about-qatar/qatars-rulers/father/achievements
- الخليج أونلاين، استثمارات قطر الخارجية.. ثروة ضخمة تجوب العالم، تاريخ النشر ١٢ فبراير ٢٠٢٠، متاح على: https://cutt.us/tgPUA
- تقرير البعثة الفنية للمفوضية السامية للأمم المتحدة لحقوق الإنسان بدولة قطر، ١٧-٢٤ نوفمبر ٢٠١٧، حول تأثير الأزمة الخليجية الراهنة على حقوق الإنسان، ديسمبر ٢٠١٧، متاح على: https://tinyurl.com/y7nfrq7r
- واشنطن بوست، مسؤولون استخباراتيون أمريكيون: الإمارات دبرت اختراق مواقع حكومية قطرية، ما أثار اضطرابات إقليمية، تاريخ النشر ١٦ يوليو ٢٠١٧، متاح على: https://cutt.us/JfrlB
- موقع الجزيرة، توجه قطري للاستثمار بالصناعات الغذائية بعد الحصار، تاريخ النشر ١٩ يونيو ٢٠١٧، متاح على: https://cutt.us/GomiP
- تقرير فورين بوليسي، شهادة وزير الخارجية الأمريكي ريكس تيلرسون أمام لجنة الشؤون الخارجية بمجلس النواب الأمريكي، تاريخ النشر ٢٧ يونيو ٢٠١٩، متاح على: https://cutt.us/K3Xgd
- رويترز، وزير الخارجية الألماني: مطالب سعودية من قطر ‹استفزازية جدًا، تاريخ النشر ٢٦ يونيو ٢٠١٧، متاح على: https://www.reuters.com/article/us-gulf-qatar-germany-idUSKBN19H2A3
- مارك توين، كاتب أمريكي ساخر (١٨٣٥-١٩١٠)
- وزارة الخارجية الأمريكية، بيان مشترك للحوار الاستراتيجي بين قطر والولايات المتحدة، ٣٠ يناير ٢٠١٨، متاح على: https://www.state.gov/

- joint-statement-of-the-inaugural-united-states-qatar-strategic-dialogue/
- الجزيرة الإنجليزية، كيف تغلبت قطر على الحصار، تاريخ النشر ٥ يونيو ٢٠٢٠، متاح على: -https://www.aljazeera.com/news/2020/6/5/beating the-blockade-how-qatar-prevailed-over-a-siege
- رويترز، الأردن يعين مبعوثًا جديدًا لقطر بعد عامين من خفض العلاقات، تاريخ النشر ١٦ يوليو ٢٠١٩، متاح على: https://www.reuters.com/article/us-jordan-qatar-ties-idUSKCN1UB1HE
- رويترز، قطر تقاضي بنوك لوكسمبورج والإمارات والسعودية في قضية التلاعب في العملات الأجنبية، متاح على: -https://www.reuters.com/article/us-qatar-currency-idUSKCN1RK1FJ
- موقع فوج، "مطار حمد الدولي افضل مطار في العالم"، تاريخ النشر ١٠ اغسطس ٢٠٢١، متاح على https://www.vogue.com/article/hamad-international-airport-doha-qatar-best-airport-in-the-world
- رويترز، ستاندرد آند بورز تؤكد تصنيف قطر عند ‹AA-› والنظرة المستقبلية عند ‹مستقرة›.- متاح على: -https://www.reuters.com/article/us-qatar ratings-s-p-idUSKBN22K2TK
- عبد البديع صقر، دليل قطر الجغرافي، ص٣٠
- مجموعة مؤلفين، "الغوص على اللؤلؤ في قطر، تأصيل وتوثيق"، جزئين، إصدار المؤسسة العامة للحي الثقافي «كتارا»، عام ٢٠١٢، و"من التراث البحري القطري"، إعداد وتحقيق، جاسم عبد الرحمن المناعي، الطبعة الأولى، ٢٠٢١.

محتويات الكتاب

المقدمة ٧

الفصل الأول : قطر النشأة والتاريخ.............................. ١٧
البداية ٢١
الأسرة الحاكمة ٤٧
سنوات الشدة (سنة الرحمة وسنة الطبعة) ٥٥
شخصية قطر وتأسيس الدولة ٦٣
نظام الحكم.. ٧٨
الشعب والحاكم ٧٩
معجزة قطر ٨٣

الفصل الثاني: حكام قطر ٨٦
الشيوخ المؤسسون والأمراء المتعاقبون وفترات حكمهم ٨٧

حاكم قطر الأول - الشيخ محمد بن ثاني (١٨٥١-١٨٧٨)............ ٩٣
الجد المؤسس - الشيخ قاسم بن محمد بن ثاني (١٨٧٨-١٩١٣)............ ٩٨
علاقة المؤسس بالدولة العثمانية ١٠١
حروب البلقان.. ١٠٢
كعبة المضيوم ١٠٢
معركة الوجبة ١٠٣

الفصل الثالث:
عهد الصمود - الشيخ عبد الله بن قاسم آل ثاني (١٩١٣-١٩٤٩)........ ١١٤
عصر النفط - الشيخ علي بن عبد الله آل ثاني (١٩٤٩-١٩٦٠) ١٣٠
أول أمير - الشيخ أحمد بن علي آل ثاني (١٩٦٠-١٩٧٢)............ ١٦٠
الأمير الأب - الشيخ خليفة بن حمد آل ثاني (١٩٧٢-١٩٩٥)............ ١٩٤

الفصل الرابع: عصر الحداثة ٢١٦
الشيخ حمد بن خليفة آل ثاني (١٩٩٥-٢٠١٣) ٢١٧

الميلاد وأبرز الإنجازات	٢٢١
دولة الحداثة «سيد القوانين»	٢٢٧
تحطيم أفكار مغلوطة	٢٢٨
صاحب الرؤية	٢٣٤
قفزات الاقتصاد وعرش الطاقة	٢٣٦
فائض ضخم	٢٣٨
استثمارات تجوب العالم	٢٤٣
منبر حر	٢٤٦
السر في الإنسان	٢٤٦
الصحة أولوية	٢٤٧
طفرة العمران	٢٥٣
منارة الثقافة	٢٥٦
عاصمة الرياضة	٢٦٠
كأس العالم لكرة القدم ٢٠٢٢ - مونديال كل العرب	٢٦٢
التنازل عن الحكم	٢٦٦
الفصل الخامس: حامي السيادة وصانع النهضة	٢٧٤
الشيخ تميم بن حمد آل ثاني (٢٠١٣- الآن)	٢٧٥
بداية صعبة	٢٧٦
تميم المجد	٢٨٠
سمعة قطر	٢٨٦
صمود جدير بالدراسة	٢٨٧
الفصل السادس: الشيخ تميم .. النشأة والدراسة وولاية العهد	٢٩١
تولي الحكم	٢٩٥
رؤية لا أحلام	٢٩٧
قرار فريد	٢٩٩
قطر والعالم	٣٠٠
رجال مخلصون	٣٠٦
دبلوماسية موثوقة	٣٠٧

المناخ وكوفيد 19	308
قطريات ملهمات	314
مؤشرات مهمة	322
وصية المؤسس حاضرة	322
مناعة الاقتصاد وريادة الطاقة	332
مشروعات عملاقة	334
نافذة جديدة	339
الانفتاح الكبير	343
درع الأمن	346
بناء الإنسان	349
قوى ناعمة	350
الاختبار الصعب	356
الفصل السابع: أهل قطر	367
عائلة واحدة	368
أصول مجتمعنا المعاصر	370
مهن زمان	372
التعليم في الزمن القديم	377
الفصل الثامن: الإرث الخالد	381
القبائل والكنية العشائرية	382
مجالس الضيافة	384
الصيد والقنص	387
الثوب القطري - القهوة العربية - وسم الإبل	391
سباقات الخيل والهجن	392
التراث الشعبي - العرضة - ليلة القرنقعوه	396
لعبة الدامة	397
الفصل التاسع: سنوات الكفاح	399
التاريخ يُكتب مرتين وأكثر	400

وقائع نصور وأم سوية ومسيمير 402
حصار الدوحة و صلح آل خليفة مع الإمام فيصل 402
وقعة الوكرة و خراب الدوحة الثاني و وقعة الحمرور 403
وقعة دامسة و الربيقة 404
حصار الزبارة و وقعة الغارية وبينونة 405
غزوة الدوحة و وقائع خنور والقارة وسويحان 406
وقعة ام غنيج و يوم الصفا و معركة الوجبة 407
فرسان قطر 417

الفصل العاشر: حقائق ومعلومات 415
الموقع الجغرافي وتركيبة السكان والمساحة والعاصمة 416
أهم المدن و الدين واللغة والمناخ 417
الحياة البرية والعملة 418
العلم الوطني 422
شعار دولة قطر 423
اليوم الوطني 424
اليوم الرياضي للدولة 425
النشيد الوطني 426
صور من قطر بين الماضي والحاضر 427

الخاتمة 443

المراجع والمصادر 444